Andreas Hackethal

DEIN FINANCIAL LIFESTYLE CODE

Stressfrei sparen, smart investieren und finanziell unabhängig leben

Campus Verlag
Frankfurt/New York

MIX
Papier | Fördert
gute Waldnutzung
FSC® C089473
FSC
www.fsc.org

ISBN 978-3-593-52062-9 Print
ISBN 978-3-593-46315-5 E-Book (PDF)
ISBN 978-3-593-46134-2 E-Book (EPUB)

Redaktionelle Mitarbeit: Anne Jacoby
Umschlaggestaltung: studioheyhey.com
Satz: Publikations Atelier, Weiterstadt
Druck und Bindung: Beltz Grafische Betriebe GmbH, Bad Langensalza
Beltz Grafische Betriebe ist ein Unternehmen mit finanziellem Klimabeitrag (ID 15985-2104-1001).
Printed in Germany

Campus Verlag® / www.campus.de

Inhalt

Ein Schlüssel zum Glück

»Endlich mehr Geld« ist wie »endlich gesünder essen«: Eigentlich weiß man, dass man sich mehr darum kümmern müsste. Eigentlich hat man sogar eine grobe Idee, wie das funktionieren könnte. Doch bleibt es oft bei Wunschträumen, in denen man sich nicht mehr schlapp fühlt, sondern endlich fit, gesund und rundum wohl. Genauso träumt man von einer Zukunft, in der die Schulden weg sind und endlich das Vermögen wächst, in der man finanziell sicher steht und sich entspannter fühlt. Vielleicht sogar glücklich? Jedenfalls angekommen in einem guten Leben. Nur: Wie anfangen? Noch schwieriger – wie dranbleiben? Wo die richtigen Informationen finden in einer Finanzmedienwelt, die abwechselnd Riesenchancen und Totalcrashs vorhersagt, die also heute unsere Lust am Gewinnen befeuert und morgen unsere Angst?

Hier die gute Nachricht: Du musst kein Finanzexperte sein, um die beste Finanzstrategie für Dich zu finden. Du musst jedoch dich und deine Situation kennen, du musst wissen, wo du finanziell hinwillst. Und du musst wissen, wie du den Finanzmarkt für dich so nutzt, dass es zu deiner Persönlichkeit, deiner Lebensphilosophie und deiner Situation passt.

Dieses Buch will dir genau das zeigen. Es bietet dir das Beste und Neueste aus der Finanzwissenschaft – also das viele Wissen, das ich mit meinem Team im Laufe der Jahre an der Frankfurter Goethe-Universität gesammelt habe. Dies aber so, dass es für dich verständlich ist und dass du es direkt anwenden kannst, und zwar pragmatisch und sicher. Dafür habe ich unseren Wissensfundus neu unter die Lupe genommen und habe alles bis auf das Wesentliche reduziert. Am Ende hast du deine persönliche Formel, mit der du dir die finanzielle Basis schaffst für genau das Leben, das du leben willst: Ich nenne sie deinen Finance Lifestyle Code. Mit der Betonung auf »deinen«. Genau wie es kein Wunderprogramm für den perfekten Körper gibt, gibt es auch nicht die eine Formel für den finanziellen Erfolg. Letztendlich geht es auch gar nicht nur um finanziellen Erfolg, es geht nicht darum, deine persönlichen Finanzen bis auf die letzte Kommastelle zu optimieren. Es geht um die richtigen finanziellen Entscheidungen für deine Lebensqualität, für dein Lebensglück – und zwar auf lange Sicht.

Vor allem geht es darum, endlich anzufangen. Aus der Forschung wissen wir, dass Menschen, die Wirtschaft oder Finanzen studiert haben, gerade *nicht* wegen besonderer Spezialkenntnisse erfolgreicher Vermögen aufbauen.[1] Sondern

- weil sie früh in ihrer Biografie angefangen haben,
- weil sie ihre Vermögen breit streuen und Kostenballast abwerfen
- und weil sie mit kühlem Kopf und cleveren Hacks eine klare Strategie verfolgen.

Sie tun also wenig, aber das Richtige. Und das kannst du auch. Dieses Buch will dir dabei helfen, dass du den richtigen Weg für dich findest und diesen Weg – wenn nichts Gravierendes dazwischenkommt – souverän und konsequent gehst. Dieser Weg beginnt bei dir. Deshalb beginnt auch dieses Buch bei dir.

Im ersten Teil schaust du, wie deine Persönlichkeit deinen Umgang mit Geld beeinflusst. Du setzt dich mit deiner Lebensphilosophie auseinander, entwirfst ein Bild davon, wie du leben willst – jetzt und in Zukunft. Du ermittelst, wie viel Geld für deinen Lifestyle nötig ist, wie viel Risiko du eingehen kannst und möchtest, um deinen persönlichen Financial Lifestyle zu verwirklichen. Dort, wo sich deine Persönlichkeit, deine Lebensphilosophie und dein Wunsch-Lifestyle treffen, steht dein Leitstern für deine Geldstrategie.

Im zweiten Teil geht es um die wichtigsten Prinzipien, mit denen du dein Geld wirklich zum Arbeiten bringst – ohne Formeln oder Finanzjargon.

Du lernst, was Rendite antreibt, die entscheidende Rolle von Risiko und warum beides zusammen über den langfristigen Vermögensaufbau entscheidet. Wenn du diese Mechanik einmal verstanden hast, kannst du gelassener mit Geld umgehen, dich von Schlagzeilen unabhängig machen und deine Finanzstrategie so gestalten, dass sie zu deinem Lebensstil und deinen Zielen passt.

Im dritten Teil stehen deine konkreten Finanzen im Mittelpunkt. Du verschaffst dir einen Überblick über dein finanzielles Big Picture: Deine Vermögensbilanz hält fest, was dir schon heute gehört und was bis zur Rente voraussichtlich noch dazukommt. Deine Risikobilanz zeigt dir, wie stabil dein Vermögen ist. Deine Prognosebilanz sagt dir voraus, wohin dich dein aktueller Plan bringt, ob bewusst oder unbewusst. Schließlich entwickelst du eine konkrete Geldstrategie, um das Beste aus deinen Möglichkeiten herauszuholen. Wahrscheinlich wirst du gleich zu Beginn sogar feststellen: Rein rechnerisch zählst du schon jetzt zu den Vermögenden – allein durch den Wert deiner Arbeitskraft. Und am Ende wirst du deine entscheidenden Stellhebel in der Hand haben. Eine kleine Warnung: Dieser dritte Teil wird dir etwas Konzentration abfordern, weil wir hier nicht nur über Geld reden, sondern es auch durchrechnen. Du wirst einige Zahlen wälzen, dein Vermögen strukturieren und Szenarien vergleichen. Aber keine Sorge: Es geht hier nicht darum, dir Finanzmathematik beizubringen, sondern darum, dir ein konkretes Bild deiner finanziellen Landkarte zu verschaffen. Und falls dir manches zu technisch erscheint, dann überfliege die Stelle einfach. Die Kernaussagen fasse ich dir immer auch in Worten zusammen.

Im vierten Teil schauen wir uns (ohne Taschenrechner) mögliche Finanzpartner an: Welche Geldangelegenheiten solltest du selbst entscheiden, welche Investitionen kannst du allein steuern und was überlässt du lieber Profis, der Künstlichen Intelligenz (KI) oder Apps – weil die das besser können und am Ende auch billiger für dich sind.

Zum Schluss bringen wir deinen Financial Lifestyle in Balance. In Teil V zeige ich dir ein paar Hacks aus der Verhaltensforschung, mit denen du mehr Geld für deine langfristigen Pläne zurücklegen kannst, ohne das

Gefühl zu haben, permanent auf Lebensqualität verzichten zu müssen. Ja: Es geht darum, sich in Geldfragen selbst auszutricksen, aber zum Guten.

Dieses Buch will dich ermutigen – nicht mit simplifizierenden Versprechen, wie man an der Börse schnell reich wird, sondern mit durchdachten Strategien für dauerhaft gesunde Finanzen. Die Strategien bauen auf den Erkenntnissen von gleich elf Nobelpreisträgern der Wirtschaftswissenschaften auf. Du musst ihre Theorien nicht verstehen, um von ihrem Wissen zu profitieren – das habe ich für dich übernommen. Wenn du neugierig bist, welche Denker mit ihren Ideen in die verschiedenen Teile des Buches eingehen, findest du im Anhang »Wie Nobelpreis-Wissen deinen Lifestyle Code prägt« einen Überblick.

Am Ende hältst du eine einfache, sichere Formel in der Hand: deinen persönlichen Financial Lifestyle Code. Er hilft dir, an jeder Kreuzung die Entscheidung zu treffen, die dich deinem eigentlichen Ziel näherbringt: heute und morgen ein gutes Leben zu führen.

Viel Freude und Erkenntnis beim Knacken deines persönlichen Codes und einen erfolgreichen Weg zu deinen Zielen wünscht dir

Andreas Hackethal

I Dein Lifestyle

Welche Bilder hast du im Kopf, wenn du an Geld denkst? Eine schöne Wohnung, Urlaube, ein cooler Look, Partys auf der Dachterrasse? Oder: ein beschauliches Leben im Einklang mit der Natur? Oder eher: noch 23 Jahre bis schuldenfrei, 17 Tage bis Monatsende?

Geld ist kein Selbstzweck, sondern ein Werkzeug für ein schönes, gutes, vielleicht sogar glückliches Leben. Es ermöglicht Gesundheit, Sicherheit, Status – und die kleinen Glücksmomente. Damit dein Wunsch-Lifestyle wirklich zu dir passt, solltest du diese Dinge über dich selbst wissen:

- **Was macht deine Persönlichkeit aus** – und wie beeinflusst sie deinen Umgang mit Geld?
- **Was ist dir in deinem Leben wichtig** – und wie prägt deine Lebensphilosophie deinen Fokus auf finanziellen Erfolg?
- **Wie möchtest du Leben** – und was kostet dein Wunschleben ganz konkret?
- **Was kannst und willst du riskieren** – und was heißt das für dein Vermögen heute und morgen?

Persönlichkeit: Wie prägt dein Charakter dein Finanzprofil?

Planst du deinen Urlaub oder den Kauf von Möbeln über Wochen – oder gibst du dein Geld eher spontan aus? Weißt du, wie viel Geld du im Moment auf deinem Konto hast, oder schaust du lieber gar nicht nach? Brauchst du in deinem Leben vor allem Sicherheit, oder zählst du dich eher zum Team Nervenkitzel-Jäger? Fakt ist: Deine Persönlichkeit – wie du denkst, fühlst, handelst – hat großen Einfluss auf deine finanziellen Entscheidungen. Wenn du ein sehr gewissenhafter Mensch bist, sparst du wahrscheinlich diszipliniert, du meidest riskante Investments und Panikverkäufe – verpasst aber auch manchmal Chancen. Bist du eher extravertiert und spontan, findest du wahrscheinlich leichter attraktive Anlagen, gehst dabei aber möglicherweise höhere Risiken ein, als es deiner finanziellen Gesundheit guttut.

Wie du persönlich »tickst«, hat einen direkten Einfluss auf deine Finanzentscheidungen, und das lässt sich langfristig an deinem Kontostand ablesen. Klingt logisch. Ist aber trotzdem tricky: Wer kann schon sagen, wie er wirklich tickt? So genau weiß das niemand von sich selbst. Aber, das ist die gute Nachricht, man kann es messen.

Bevor wir in dieses Thema tiefer einsteigen, interessiert mich ein anderes Thema – und ich vermute, dass auch du dich nicht in erster Linie für Zinseszins und Risikofaktoren interessierst, sondern schlicht und ergreifend für die Frage: Wie kann ich mein Leben so gestalten, dass es mir gut geht?

Kurze Frage, bevor es losgeht: Wie glücklich fühlst du dich?

Ganz klar: Geld hilft dabei, ein gutes Leben zu führen. Denn nur wenn du genug Geld hast, kannst du dir eine schöne Wohnung leisten, du kannst dir das Outfit und das Fitnessstudio leisten, das dir ein gutes Gefühl gibt. Du kannst dir Zugtickets kaufen oder ein Auto, du kannst in Urlaub fahren oder eine unbezahlte Auszeit nehmen. Du kannst dir Babysitter leisten, Kino, Theater, und wenn du in einer Krise steckst, kannst du dir jede Menge Hilfe organisieren, auch wenn sie nicht von der Kranken- oder Pflegekasse bezahlt wird. Geld gibt dir ein Stück weit Unabhängigkeit und Freiheit. Es gibt dir Gestaltungsspielraum. Mit genügend Rücklagen musst du dir auch im Job nicht alles gefallen lassen; du kannst einfach kündigen, weil du ein paar Monate auch ohne Einkommen überstehst. Das alles sind gute Gründe dafür, für sich selbst eine solide finanzielle Basis zu schaffen. Aber es sind *rationale* Gründe. Was wir an dieser Stelle noch nicht beantworten können, ist die Frage nach der *emotionalen* Bedeutung von Geld. Kurz: Macht Geld eigentlich glücklich? Macht es zufrieden?

Aus der Forschung wissen wir: Ja! Aber nicht alle. Und nicht immer. Lange Zeit ging die Forschung davon aus, dass das emotionale Wohlbefinden – also wie glücklich oder gestresst wir uns im Alltag fühlen – bis zu einem Jahreseinkommen von rund 100 000 € (zu heutigen Preisen) steigt, danach aber nicht mehr. Bis zu einem bestimmten Punkt macht Geld also glücklicher, so die These, aber dann sei Schluss. Das Glück verharrt auf einem statistischen Plateau.[1] Ein spannender Befund, der einen einzigen Haken hatte: Er war falsch.

Es war der Psychologe Matthew Killingsworth, der diese These ins Wanken brachte – sie stammte von Nobelpreisträger Daniel Kahneman, vielleicht hattest du schon mal seinen lesenswerten Bestseller *Schnelles Denken, langsames Denken* in der Hand. Jedenfalls ließ Killingsworth 30 000 US-Amerikaner einige Wochen lang in eine App eintragen, wie glücklich sie sich fühlten. Das setzte er ins Verhältnis zu dem, was die Menschen verdienten. Ergebnis: Kein Plateau! Stattdessen stieg das gefühlte Glück linear immer weiter mit dem Einkommen.[2]

Das wurmte Daniel Kahneman – und so beschloss er, der Sache noch einmal auf den Grund zu gehen. Dafür tat er sich (ein für die Wissenschaft ungewöhnlich mutiger Schritt) direkt mit seinem Kontrahenten Killingsworth zusammen und stellte seine und dessen Daten erneut auf den Prüfstand. Das Ergebnis stellte 2023 das »Glück kann man nicht kaufen«-Credo auf den Kopf: Geld macht eben doch zufriedener und wohl auch glücklicher.[3] Aber, und diese Erkenntnis war neu: Das gilt nicht für alle Menschen gleichermaßen.

- Für die unglücklichsten 15 % der Menschen macht mehr Geld tatsächlich irgendwann keinen Unterschied mehr.
- Doch wer zu dem Drittel der Menschen gehört, die sich sowieso schon glücklich fühlen und für die Geld einen hohen Stellenwert hat,

dessen Glücksgefühl steigt mit immer mehr Einkommen sogar überproportional weiter an. Ohne Grenze.
- Für den Rest steigt die Kurve in hohen Einkommensregionen nur noch leicht an. Geld macht also glücklich, aber ab einem bestimmten Level nicht jeden und nicht immer.

Und doch darf man den Befund nicht überbewerten. Entscheidend ist die *Größe* der gemessenen Effekte: Die ist nämlich nicht riesig. So ist der Glücksgefühl-Effekt von viermal mehr Einkommen etwa genauso stark wie der Unterschied, ob gerade Wochenende ist oder nicht. Kopfschmerzen haben einen viel stärkeren Effekt auf das Glück und Alleinsein einen noch stärkeren.

Was hat das alles mit unserem Thema »Financial Lifestyle« zu tun, fragst du? Eine ganze Menge:

- Wenn du unzufrieden bist, liegt der Hebel für mehr Lebensglück oft nicht in »mehr arbeiten, mehr sparen, besser investieren, mehr Outfits, mehr Urlaub«. Der Zugewinn an Glück wächst selten im Tempo des Mehraufwands fürs Geldverdienen.
- Vielleicht geht es nicht ums Tiefergraben, sondern ums Andersgraben – bei deiner emotionalen Stabilität zum Beispiel oder bei deiner Lebensphilosophie. Auf beides komme ich gleich zurück.
- Der Nutzen von genug Geld liegt in der Freiheit, über die eigene Zeit zu verfügen und kluge Entscheidungen treffen zu können, die langfristig das erwünschte Leben möglich machen, das du dir wünschst.
- Lifestyle heißt eben nicht nur Geld. Für ein gelungenes Leben braucht es neben genug Geld auch freie Wochenenden, eine gute Zeit mit Freunden und möglichst wenig Kopfschmerzen.

Kehren wir zurück zur Frage: Wie prägt deine Persönlichkeit den Umgang mit Geld, welchen Anteil hat Geld an deinem Glück – und wie lässt sich das messen?

Die Big Five der Persönlichkeit und wie sie auf dein Geld wirken

Psychologen haben dafür ein robustes Raster entwickelt: die Big Five.[4] Fünf Eigenschaften, die fast alles erklären, was Menschen tun. Wie offen du für Neues bist. Wie sehr du Pläne machst. Wie gern du unter Leuten bist. Wie stark du Kompromisse suchst. Und ob dich Stress schnell aus der Bahn wirft. Mehr braucht es nicht – und doch steckt fast alles drin, was dein Verhalten mit Geld bestimmt.[5] Das Modell beschreibt deine fünf grundlegenden Eigenschaften mit diesen Begriffen (sie klingen in der deutschen Übersetzung etwas schräg, deshalb habe ich zwei von ihnen für dieses Buch angepasst):

- **Offenheit** steht für neue Ideen und Veränderung,
- **Gewissenhaftigkeit** für Disziplin und Planen,
- **Extraversion** für Unternehmenslust und Kontaktfreude
- **Umgänglichkeit** für Teamgeist und Mitgefühl (im Big-Five-Fachjargon »Verträglichkeit«) und
- **Emotionale Stabilität** für die Frage, wie entspannt oder gestresst du bist (im Fachjargon negativ »Neurotizismus«).

Deine Persönlichkeitsmerkmale sind keine *festgezurrten Eigenschaften*, die sich in allen Lebenssituationen gleich zeigen.

Situationen verändern dich: In manchen Momenten bist du vielleicht gesellig und kontaktfreudig, in anderen zurückhaltend und nachdenklich.

Dein Leben verändert dich: Deine persönlichen Big Five verändern sich auch im Laufe deines Lebens. Das haben Sanjay Srivastava und seine Kollegen in einer Studie bewiesen.[6] Ihre Online-Studie mit mehr als 130 000 Teilnehmern zeigte, dass Gewissenhaftigkeit und Umgänglichkeit im Erwachsenenalter steigen. Vor allem Frauen werden mit zunehmendem Alter emotional stabiler. Männer eher nicht.

Veränderungen werden oft durch neue soziale Rollen und Lebensereignisse ausgelöst – zum Beispiel macht uns die Übernahme von Verantwortung im Job oder in Beziehungen oft organisierter und verantwortungsbewusster. Das heißt für dich: Wenn du in Finanzfragen immer wieder anders denkst und fühlst, ist das ganz normal. Und: Wie auch immer deine Persönlichkeit gestrickt ist, du kannst einen klugen Umgang mit Geld lernen.

Sieben verschiedene Persönlichkeiten

Was wir bei den Big Five auch nicht vergessen dürfen: Deine Persönlichkeit ist teils genetisch, teils durch dein Umfeld geprägt. Beides hast du dir nicht ausgesucht, und rückwirkend lässt sich auch dieser Startpunkt nicht ändern. Aber entscheidend ist: Deine künftigen Finanzentscheidungen kannst du trotzdem unabhängig davon treffen. Dafür musst du wissen, wo deine Stärken im Umgang mit Geld liegen und wie du sie einsetzen kannst. Außerdem, wo deine persönlichen Denkfehler sitzen, die deine finanziellen Pläne immer wieder torpedieren – und mit welchen Strategien du sie entschärfen kannst. Damit das alles nicht so abstrakt bleibt, wie es gerade klingt, lernst du jetzt erst einmal sieben Menschen kennen. Sie werden uns auch in den späteren Teilen als reale Beispiele für Financial Lifestyle Codes begegnen.

Ich kenne alle sieben persönlich und habe sie für dieses Buch ausgesucht, weil sie unterschiedlicher nicht sein könnten – als prägnante Persönlichkeiten, was ihre Lebensphilosophie angeht und auch ihren Umgang mit Geld. Ich habe ihnen neue Namen gegeben und sie verfremdet. Mir geht es darum, die Perspektiven auf Persönlichkeit, Lebensphilosophie, Wunsch-Lifestyle und Risikotoleranz mit Gesichtern und Geschichten zu verbinden, damit das abstrakte Thema Geld anschaulicher wird.

Frida: Die suchende Denkerin

Frida war lange Zeit Teamleiterin in der Universitätsverwaltung, später arbeitete sie in Paris und Osteuropa für internationale Organisationen. Nebenbei besuchte sie damals Vorlesungen in Philosophie und Theologie. Weil ihr das so viel Freude bereitete, hängte sie ihren Job an den Nagel und studierte Vollzeit im Doppelstudium, beide Fächer mit Abschluss! Seitdem versucht sie, ihr Leben weiterhin dem Lernen zu widmen und dies mit einem Teilzeitjob als Controllerin zu finanzieren. Sie hat keine hohen Lifestyle-Ansprüche. Auf meine Frage, ob sie sich nun wohler fühle, sagte sie: »Ja, ganz sicher!« Sie fühle sich viel ausgeglichener und gesünder – und lebe viel bewusster, sparsamer und im Einklang mit der Natur. Hamsterrad und Ellenbogen im Job, das will sie nicht mehr. Sie fühlt sich rundum wohl – und anders, als man auf den ersten Blick meinen könnte, ringt sie nicht mit Ebbe auf ihrem Konto.

Jana: Die prinzipientreue Kämpferin

Jana schreibt für eine überregionale Zeitung und lebt in einer kleinen, schicken Wohnung mitten in der Stadt. Mit ihren Artikeln will sie aufklären und am besten auch aufrütteln, sie will Themen und Menschen abseits des Mainstreams sichtbar machen und ihre Leser zum Nachdenken anregen. Fakten prüft sie akribisch, ihre innere Messlatte liegt oft viel höher als die der Redaktion. Über sich selbst erzählt sie wenig, sie steht nicht gern im Mittelpunkt und fragt lieber nach, wie es anderen geht. Sie hat eine 80-Prozent-Stelle und macht sich insgeheim Sorgen, ob ihre Rente reichen wird.

Fred: Der extravertierte Beziehungsmensch

Jeden Morgen schließt Fred gut gelaunt seinen Barbershop auf. Seit über 20 Jahren sitzen hier Stammkunden aus aller Welt im Stuhl – der eine will eine neue Frisur, der nächste genießt seine Freundschaft mit Fred, der dritte sucht ein bisschen Lebensberatung. Fred hat ein Riesentalent, Menschen einfühlsam zusammenzubringen und zu motivieren: zu neuen Looks, zu neuen Perspektiven oder auch dazu, das Barber-Honorar für jemanden zu übernehmen, der gerade knapp bei Kasse ist. Er sorgt dafür, dass sich jeder Kunde verstanden und als Teil der Familie fühlt. Stress? Kennt Fred nicht und verwandelt jede Widrigkeit in eine gute Story – seine »Secret Sauce«.

Armin: Der impulsive Genussmensch

Armin sieht so aus, als sei sein Hauptberuf »Urlaub«, eigentlich ist er aber Autohändler. Statussymbole gehören für ihn dazu: die BMW-Schlüssel in der Tasche, die superhochpreisige Uhr am Handgelenk. In seinen Social-Media-Feeds reihen sich Motorboote an XXL-Steaks an Tachonadeln kurz vor 300. Armin liebt seinen Status, er ist vielleicht ein wenig egozentrisch, aber nicht egoistisch. Freunde und Familie lädt er gerne großzügig ein. Und wenn er etwas für sich selbst will, greift er zu, ohne lange zu recherchieren oder nachzurechnen. Am meisten Freude hat er an dem, was er »Action« nennt: Party, Abenteuer, Bootfahren, und das alles gerne so, dass es Eindruck hinterlässt.

Benno: Der disziplinierte Performer

Benno kenne ich aus dem Studium. Er hat dann das Investment Banking von innen gesehen – London, New York, drei Banken in wenigen Jahren. In einer Auszeit machte er den Pilotenschein und kaufte ein Flugzeug. Heute pendelt er zwischen Paris und seinem Chalet in den Schweizer Bergen. In seinem Job zählen High Performance, Kennzahlen, Nächte durcharbeiten, Hauptsache Erfolg. Sein Privatleben: Mördertouren auf dem Rennrad fahren, mit VIPs feiern – denn, ganz klar: Auch die Freizeit macht viel mehr Spaß, wenn es um Erfolge geht.

Karin: Die kreative Entdeckerin

Schon mit zwölf Jahren kochte Karin legendäre Bolognese, später folgten indische und mediterrane Phasen, dann ein eigener Fusion-Stil. Heute arbeitet sie in einem kleinen Münchner Restaurant. Für sie gibt es nichts Besseres, als neue Aromen zu entdecken. Jedes Mal öffnet sich eine neue Welt! Ja, klar: Gastronomie zehrt ganz schön an Karins eher dünnem Nervenkostüm. Ihr Traum: ein Restaurant im Rheingau, in dem sie endlich ganz frei gestalten kann. Als Köchin verdient sie nicht üppig, hat aber immer genug Geld, um es in exotische Zutaten und neue Küchengeräte zu investieren.

Frank: Der ausgeglichene Stabile

In der Schule nannten sie ihn Albert, weil er immer ein Buch des Philosophen Albert Camus in der Tasche hatte. Die langen Gespräche über Sinn und Existenz waren legendär – und zünden auch noch heute nach dem ersten Rotwein. Frank studierte Volkswirtschaft, arbeitete an mehreren Hochschulen und landete bei der Zentralbank. Er braucht kein großes Publikum, um intellektuell in Fahrt zu kommen, und liest täglich ausführlich die Presse. Dabei stressen ihn schlechte Nachrichten nicht. Schließlich, so sein Credo, lohnt es sich nicht, sich den Kopf über Dinge zu zerbrechen, die man sowieso nicht ändern kann. Frank lebt mit seiner Frau in einem kleinen Haus mit Garten in einem stillen Vorort und kann sich vorstellen, dass es so bleibt.

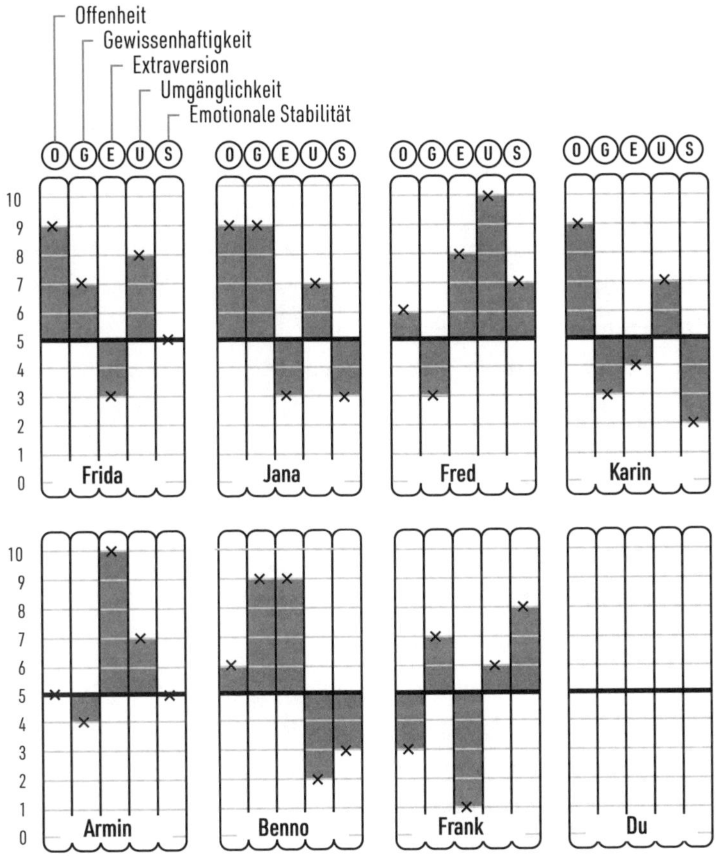

Abbildung 1: Big-Five-Profile

Sieben Menschen – sieben verschiedene Typen

Abbildung 1 zeigt noch einmal verdichtet, was in den sieben Porträts beschrieben wurde: dieselben fünf Dimensionen, aber sieben unterschiedliche Muster. **Doppelstudentin Frida** punktet hoch bei Offenheit (für neue Theorien) und Umgänglichkeit (mit Mensch und Tier), Journalistin Jana mit Offenheit (für Reiseerlebnisse) und Gewissenhaftigkeit (bei Recherchen). **Friseur Fred** bei Extraversion (im Auftritt) und Umgänglichkeit (mit Kunden und Freunden), **Investmentbanker Benno** bei Extraversion (mit dominantem Führungsstil) und Gewissenhaftigkeit (mit tiefen Finanzanalysen), **Köchin Karin** punktet hoch bei Offenheit (beim Experimentieren) und niedrig bei emotionaler Stabilität (wenn es besonders stressig wird). **Forscher Frank** ist dagegen emotional stabil wie ein Fels, verbringt den Tag als Introvertierter aber auch lieber allein mit Studien und Lektüre. Das am stärksten konturierte Profil hat **Autoverkäufer Armin:** Bei ihm sticht die Extraversion enorm hervor, alle anderen Persönlichkeitszüge sind eher schwach ausgeprägt.

Profile wirken abstrakt – bis man sieht, wie unterschiedlich sie konkrete Kontostände prägen. Die Unterschiede sind deutlicher, als man vielleicht denkt. Wir werfen gleich einen Blick auf alle sieben Kontoauszüge. Jetzt geht es erst einmal um dich: Wie tickst du genau?

Was sind deine Big Five?

Damit du einfach *und* valide herausfinden kannst, welches Big-Five-Profil dich prägt, findest du hier zwei Tests. Der erste ist maximal schnell und etwas holzschnittartig (für den ersten Eindruck trotzdem zu gebrauchen), der zweite ist aufwendiger auszufüllen und liefert ein komplexes und noch valideres Ergebnis – du findest ihn online (URL siehe unten). Fangen wir mit dem Schnelltest an:

Übung: Deine Big Five im Schnelltest

Dieser vereinfachte Big-Five-Test stellt dir zu jeder der fünf Persönlichkeitsdimensionen zwei Fragen. Deine Antworten ordnest du frei auf einer Skala von 0 bis 10 ein – je nachdem, wie sehr du dich eher dem einen oder dem anderen Pol zuordnest. Hohe Zahl heißt: stark ausgeprägt. Niedrige Zahl: eher schwach. Mittlere Werte bedeuten: mal so, mal so, je nach Situation.

- **Offenheit:** Liebst du Neues (10) – oder hältst du dich fast immer ans Bewährte (0)?
- **Gewissenhaftigkeit:** Brauchst du Ordnung und planst minutiös (10) – oder herrscht bei dir Chaos und du gehst die Dinge lieber impulsiv an (0)?
- **Extraversion:** Suchst du Menschen und Action (10) – oder lieber Ruhe und Zeit für dich (0)?
- **Umgänglichkeit:** Bist du immer warmherzig (10) – oder bist schnell auf Konfrontation aus (0)?
- **Emotionale Stabilität:** Bleibst du im Stress immer gelassen (10) – oder verlierst du schnell die Fassung (0)?

Wenn du willst, kannst du deine Werte direkt in den letzten Kasten in Abbildung 1 eintragen.

Wenn du bei Extraversion und Umgänglichkeit hohe Werte hast, dann kann dir ein Lifestyle mit Status und sozialem Leben Glück verheißen. In Gelddingen musst du aufpassen, falschen Versprechungen von Bekannten oder Finfluencern nicht auf den Leim zu gehen. Hast du dagegen hohe Werte bei Gewissenhaftigkeit und emotionaler Stabilität, dann passt vielleicht ein achtsamer Lifestyle ohne Bling-Bling am besten zu dir. Bei deinen Finanzen übersiehst du möglicherweise Chancen, weil du lieber an deinem einmal gemachten Plan festhältst.

Der Nutzen der Big Five für Dich: Du erkennst Muster, die dein Handeln prägen. Im nächsten Abschnitt beim Herausarbeiten deiner Lebensphilosophie und in Teil V für deine finanzielle Balance. Denn, ob du dir leichter feste Sparroutinen auferlegst oder spontan entscheidest, ob du automatisch langfristig planst oder lieber im Moment lebst, all das hängt eng mit deiner Persönlichkeit zusammen. Mache dir deshalb jetzt eine **Gedankennotiz zu deinen zwei prägnantesten Big Five** (hoch oder niedrig).

Exkurs: Deine Big Five, wenn du es genauer wissen willst

Wenn du es genauer wissen willst, probiere zum Beispiel den Big-Five-Online-Test des Oregon Research Institutes aus (https://bigfive-test.com/de/). Dort bewertest du eine Reihe von Aussagen – zum Beispiel, ob du dich schnell sorgst, ob du gerne Listen schreibst oder ob dir Veränderungen Freude machen. Anders als in unserem Mini-Test oben wird hier jede der Dimensionen noch einmal in Unterbereiche zerlegt. Bei **emotionaler Stabilität** wird zum Beispiel gefragt, wie stark du zu *Angst*, *Wut*, *Depression*, *Selbstbewusstsein*, *Übermaß* oder *Empfindlichkeit* neigst. Dadurch lässt sich unterscheiden, ob du vor allem besorgt bist, aber selten wütend wirst – oder umgekehrt. Auch **Gewissenhaftigkeit** wird nicht pauschal erfasst, sondern aufgeteilt in *Kompetenz*, *Ordnungsliebe*, *Pflichtbewusstsein*, *Leistungsstreben*, *Selbstdisziplin* und *Besonnenheit*. Das macht einen großen Unterschied: Manche Menschen sind sehr diszipliniert, aber chaotisch im Alltag. Andere lieben Ordnung, scheitern aber am Durchhaltevermögen. Der Test kann beides sichtbar machen.

Dasselbe Prinzip gilt für die übrigen Dimensionen: **Extraversion** wird in *Freundlichkeit*, *Geselligkeit*, *Durchsetzungsvermögen*, *Tatendrang*, *Risikobereitschaft* und *Heiterkeit* unterteilt. **Offenheit** zeigt sich in *Einbildungskraft*, *künstlerischem Interesse*, *Emotionalität*, *Abenteuerlust*, *Intellekt* und *Liberalismus*. **Umgänglichkeit** wiederum in *Vertrauen*, *Moral*, *Altruismus*[7], *Kooperationsbereitschaft*, *Bescheidenheit* und *Sympathie*. Statt einer groben Typisierung entsteht hier also ein vielschichtiges Profil, das deine Persönlichkeit in feinen Nuancen abbildet.

Warum sich die Tests lohnen? Deine Persönlichkeit hat Einfluss darauf, welche Lebensphilosophie zu dir passt und ob dein Wunsch-Lifestyle dir wirklich Glück verheißt. Je besser du dich selbst kennst, desto genauer weißt du zudem, wo deine Stärken und Schwächen im Umgang mit Geld liegen.

Lebensphilosophie: Wie zeigt sich deine Grundhaltung im Konto?

Deine Persönlichkeit beschreibt, wie du tickst – aber sie gibt nicht vor, wohin du in deinem Leben willst, was du für dich falsch findest und was richtig. Dein persönlicher Kompass für große Richtungsentscheidungen und auch kleine Alltagssituationen, das ist deine *Lebensphilosophie*. Wenn dir das Wort zu groß ist oder zu sperrig, dann kannst du auch sagen: deine persönlichen Wertvorstellungen. Oder, noch kürzer: deine Grundhaltung.

- Deine Persönlichkeit begünstigt, WIE du bestimmte Entscheidungen triffst, auch was dein Geld angeht.
- Deine Lebensphilosophie und Grundhaltung beeinflussen, WARUM du welche Entscheidungen treffen möchtest – und keine anderen. Und warum dich ein bestimmter Lifestyle glücklich macht und ein anderer nicht.

Dein WIE und WARUM begünstigen einander

Spannende Frage: Hängt dein persönliches WIE mit deinem WARUM zusammen? Das wollten die Sozialpsychologin Laura Parks-Leduc, der Verhaltenswissenschaftler Gilad Feldman und die Persönlichkeitspsychologin Anat Bardi genauer wissen.[8] Sie brachten also die Big-Five-Werte ihrer Probanden mit ihren Wertvorstellungen in Verbindung.[9] Ergebnis: Ja, Big-Five-Profile korrespondieren mit Wertemustern. Aber nicht in dem Sinn, dass deine Big Five deine Wertvorstellungen festschreiben. Es ist eher so, dass du mit bestimmten Big-Five-Ausprägungen empfänglicher, talentierter (aber auch anfälliger) für bestimmte Lebensphilosophien bist. Kurz: Dein Persönlichkeitsprofil, deine Philosophie und dein Lifestyle bilden einen Dreiklang. Wenn die drei zusammenpassen, hast du das Fundament für eine stimmige Geldstrategie. Konkret heißt das:

Als extravertierter Mensch brauchst du viel Kontakt und Austausch, und du liebst Abenteuer und Nervenkitzel. Trifft das auf dich zu, zeigt dein Kompass vermutlich auf *Stimulation*, *Hedonismus* und *Leistung*. Diese Werte können dich im Beruf wie auch an den Finanzmärkten besonders weit bringen – sie können dich aber ebenso dazu verleiten, viel Geld in Statuskonsum zu stecken (»mein Haus, mein Auto …«), dich finanziell zu übernehmen oder in einem Lifestyle zu landen, der auf Instagram glänzt, dich selbst aber weniger glücklich macht, als du es erhofft hattest. Bist du offen für Neues, dann suchst du gerne nach neuen Erfahrungen, die deine Vorstellungskraft anregen und ihre Gedanken erweitern, und du gibst auch gerne Geld dafür aus. Sind *Selbstbestimmung* und *Stimulation* für dich entscheidend, sind dein Bücherregal, dein Kleiderschrank und die Weltkarte mit den Pins, die deine Reiseziele anzeigen, eher voll – und dein Konto eher nicht.

Als besonders umgänglicher Mensch legst du Wert auf Wohltätigkeit. Du fährst die Nachbarin zum Arzt, spendest für gemeinnützige Projekte, setzt dich für das Gemeinwohl ein. Dazu kommt dein Sinn für Universalismus: Dir liegt eine offene Gesellschaft am Herzen, in der alle ihren Platz finden. Und wenn es um das große Ganze geht, stellst du deine eigenen Wünsche auch einmal zurück. Auch deine finanziellen Wünsche … Bist du gewissenhaft? Dann stehen Ordnung, Struktur und *Sicherheit* ganz oben auf deiner persönlichen Prioritätenliste. Du vermeidest Risiken, setzt auf Regeln und schätzt *Konformität*. Erfolg (also *Leistung*) bedeutet dir viel – immer im Rahmen dessen, was sicher ist. Damit fährst du finanziell sicher, verpasst aber auch Chancen.

Emotionale Stabilität korreliert statistisch *nicht* mit Wertvorstellungen, weil Werte eher rationale Konstrukte sind und eher unabhängig von emotionalen Zuständen. Wenn du dich also gerade nicht so stabil fühlst, heißt das noch lange nicht, dass deine Lebensphilosophie mit deinen emotionalen Hochs und Tiefs mitschwankt. Das ist eine relevante und eine sehr gute Nachricht, gerade für junge Menschen. Denn die Sache mit der »unbeschwerten Jugendzeit« stimmt heute nicht mehr.[10] Heute sind junge Erwachsene die am wenigsten glücklichen Menschen, und das Glück wächst erst mit dem Alter – fast überall auf der Welt. Das heißt für dich: Lass dir nichts einreden! Wenn jemand sagt, du müsstest »dich nur mal zusammenreißen«, ist das schlicht falsch. Die Realität ist: Für junge Menschen ist das Leben härter geworden. Umso entscheidender ist es für dich, dass du die Hebel, die du in der Hand hast, genau kennst und dass du diese Hebel klug und konsequent für dich nutzt.

Sieben Lebensphilosophien

Menschen gehen sehr unterschiedlich mit Geld um – nicht nur wegen ihres Einkommens, sondern weil ihre innere Landkarte verschieden gezeichnet ist. Was sie antreibt, was ihnen Sinn gibt – all das wirkt auf ihre Entscheidungen. Nicht nur Psychologen, auch Philosophen haben dafür (zum Teil seit Jahrhunderten) Begriffe. Schauen wir uns also die sieben Personen noch einmal an, die du oben schon kennengelernt hast:

Frida: Achtsamkeit statt Status

Frida hat sich entschieden, ihr Leben **eher nach innen als nach außen** auszurichten. Sie studierte Philosophie und Theologie, denkt gern in großen Zusammenhängen, sucht Klarheit statt Kulisse. Damit steht sie in einer langen Tradition – von Diogenes, dem Mann in der Tonne, über christliche Mystiker bis hin zu modernen Achtsamkeitslehren. Status und Lifestyle interessieren sie weniger als inneres Wachstum.

Das Glücksrezept ist klug: Regelmäßige Achtsamkeit – ob durch Meditation oder bewusste Pausen im Alltag – senkt Stress, fördert Ausgeglichenheit und stärkt die seelische Gesundheit.

Von Erleuchtung allein lässt sich jedoch keine Miete zahlen. Fridas Herausforderung besteht darin, ihre Suche nach Bewusstsein mit den Anforderungen des Alltags zu vereinen – zwischen spiritueller Tiefe und finanzieller Bodenhaftung.

Jana: Tugend und Werte

Jana lebt als Redakteurin und privat nach Prinzipien, nicht nach Trends. Ihr innerer Kompass richtet sich aus an klassischen Tugenden: Gerechtigkeit, Mut, Mäßigung. Sie steht für Haltung – auch wenn's unbequem wird. Doch Minimalistin ist sie deswegen nicht. Sie träumt von mehr Platz für ihr Homeoffice, von Reisen mit Zeit statt Eile – nicht, um anzugeben, sondern um sich frei zu fühlen in einer Welt, die sie oft hinterfragt.

Ein auf Tugenden ausgerichteter Lifestyle begünstigt Glücksgefühle: Psychologen sprechen vom *Helper's High*: Wer sich für andere einsetzt oder für Gerechtigkeit kämpft, erlebt oft ein inneres Hochgefühl. Jana kennt das gut. Doch auch diese Lebensphilosophie hat eine Schattenseite: Wer Werte über alles stellt, läuft Gefahr, sich im Pflichtgefühl aufzureiben und auszubrennen – persönlich und finanziell. Ein guter Mittelweg ist auch hier der Schlüssel.

Fred: Hauptsache Menschen!

Fred führt einen Barbershop – aber eigentlich betreibt er eine kleine Bühne für das menschliche Miteinander, ein Treffpunkt für Geschichten, Nähe, Zugehörigkeit. Er ist Gastgeber, Moderator, manchmal auch Seelsorger. Für Hannah Arendt entsteht die Welt dort, wo Menschen handeln und miteinander sprechen. Und der Philosoph Martin Buber brachte es so auf den Punkt: »Der Mensch wird am Du zum Ich.«[11] Fred zitiert das nicht. Er lebt es täglich, schnittweise, gesprächsweise. Fred schöpft Sinn aus Verbindung. Die Forschung gibt ihm recht: Enge soziale Beziehungen zählen zu den stärksten Einflussfaktoren auf unsere Lebenszufriedenheit – robuster als Bildung, Status oder Einkommen. Aber Glück zahlt keine Miete. Wenn es um Finanzen geht, setzt er auf Beständigkeit – und auf Berater, denen er vertraut. Allein in volatile Märkte zu investieren, fühlt sich für ihn nicht stimmig an – eher so wie ein Vertrauensbruch mit sich selbst. Da zahlt er lieber etwas mehr und lässt vielleicht Potenzial ungenutzt.

Karin: Lust auf Selbstverwirklichung

Nicht schnelles Glück oder Konsum stehen für Karin im Mittelpunkt, sondern das gelingende Leben im Einklang mit ihren Talenten. Wie es Aristoteles beschrieb: Ein Leben, in dem man seine Potenziale entfaltet, wächst, lernt, Verantwortung übernimmt. Karin brennt für das, was sie tut. Für sie zeigt sich Glück in vollkommenen Momenten: wenn ein Aroma überrascht oder ein Gast nach dem ersten Bissen nur kurz lächelt. Und irgendwann in einem eigenen kleinen Restaurant, das ganz ihres ist.

Wer das Gefühl hat, sein Leben aktiv zu gestalten, sich weiterzuentwickeln und mit Kompetenz zu handeln, erlebt eine tiefere, stabilere Form von Zufriedenheit ganz unabhängig von Besitz oder Prestige. Es ist das Glück, das aus Sinn entsteht.

Karins Geld fließt genau in diese Sinnspur: in ihre Küche zu Hause, in Workshops und gute Zutaten. Finanzielle Rücklagen? Altersvorsorge? Das kommt vielleicht später. Und so ist ihr Lebensweg ein bewusst gewähltes Investment – in sich selbst, aber weniger in Geldanlagen.

Armin: Hauptberuf Genussmensch

Armin lebt, wie er fährt – am liebsten auf der Überholspur. Er nennt das Hedonismus. Doch anders als Epikur, der dem Begriff einst philosophischen Tiefgang verlieh, meint Armin damit nicht Gelassenheit, sondern Geschwindigkeit. Während Epikur für Maß, Ruhe und Zufriedenheit stand, sucht Armin den Kick: Statussymbole, Adrenalin, Abenteuer.

Hedonismus kann beflügeln. Doch er ist ein flüchtiger Freund. Die Psychologie kennt das Phänomen als hedonistische Tretmühle[12]: Der Mensch gewöhnt sich schnell. Was heute euphorisiert, wird morgen zur Normalität – und übermorgen langweilig. Das neue Auto macht drei Tage glücklich. Dann wird's zum Fortbewegungsmittel. Und das nächste Ziel rückt schon ins Blickfeld. Die Latte steigt – das Glück bleibt zurück.

Finanziell setzt Armin auf schnelle Chancen, nimmt Gewinne früh mit, baut selten Sicherungen ein. Das hat ihm schöne Erträge eingebracht und ebenso herbe Verluste. Ob ihm das etwas ausmacht? »Sorgen? Dafür ist das Leben zu kurz. Geld ist Mittel zum Genuss, und Genuss ist Lebenskunst.«

Benno: Leistung als Lebensprinzip

Investmentbanker Benno lebt im Modus Wettkampf. Für ihn ist das Leben ein Spiel auf Zeit – mit Dashboards, Rankings und Siegern. Schon in der Antike sprach man vom Agon: Wer vorne lag, erwarb Ehre und Ansehen. Der Soziologe Max Weber beschrieb, wie sich dieses Denken in die Moderne rettete – als protestantische Arbeitsethik, in der disziplinierter Fleiß und wirtschaftlicher Erfolg als Beweis für göttliches Wohlwollen galten.

Für Benno ist dieser religiöse Überbau längst verschwunden. Leistung ist für ihn kein Mittel zum Zweck – sie ist der Zweck selbst. Sein LinkedIn-Profil ist Schaufenster und Spielfeld zugleich, sein Portfolio ein Statement. Er investiert viel – und riskant. Nicht, weil er muss, sondern weil er es kann.

Leistung kann berauschen. Wer gewinnt, erlebt echte Glücksmomente – greifbar, messbar, öffentlich. Doch der Preis ist hoch. Denn wer seinen Wert ständig im Vergleich mit anderen sucht, macht sich abhängig vom Außen. Und draußen gibt es immer jemanden, der noch schneller, reicher, sichtbarer ist. Der nächste Titel, der nächste Bonus, der nächste Benchmark – und das Spiel beginnt von vorn.

Frank: Stoisch durchs Leben gehen

Frank hat von den Stoikern verinnerlicht: Richte deinen Fokus auf das, was du beeinflussen kannst – und lerne, den Rest mit Gelassenheit zu akzeptieren. »Du hast Macht über deinen Geist – nicht über äußere Ereignisse«, schrieb Marc Aurel sinngemäß in seinen Selbstbetrachtungen. »Erkenne das, und du wirst Stärke finden«. Dieser stoische Grundsatz ist keine Weltflucht, sondern eine Haltung der inneren Stärke. Die Forschung zeigt: Wer so denkt, stärkt seine Resilienz, senkt das Stresslevel und bewahrt einen klaren Kopf – ganz ähnlich wie bei geübter Achtsamkeit.

Von den Existenzialisten hat Frank etwas anderes übernommen: Auch wenn das Leben voller Widersprüche und Unsicherheiten steckt, können wir ihm Sinn abgewinnen – indem wir Verantwortung übernehmen, statt uns treiben zu lassen. Genauso geht er auch mit Geld um: bewusst, klar und in dem Wissen, dass er nicht alles kontrollieren kann, aber genug, um kluge Entscheidungen zu treffen.

Wenn die Märkte schwanken, gerät Frank nicht in Panik. Er weiß: Aufs und Abs gehören dazu – so ist nun mal der Lauf der Welt. Und solange sein Plan steht, bleibt er ruhig. Nicht, weil ihm das egal wäre – sondern weil er für sich die Rolle des souveränen Gestalters angenommen hat.

Was ist deine Lebensphilosophie?

So unterschiedlich diese sieben Menschen sind – sie zeigen, wie eng Persönlichkeit, Werte und Geldentscheidungen verwoben sind. Vielleicht hast du dich in einem der Typen wiedergefunden. Vielleicht passt keine Figur so ganz, aber manch eine doch ein bisschen. Genau darum geht es jetzt: dein eigenes Ethos sichtbar zu machen.

Nimm dir ein Blatt Papier und schreibe auf, wohin dein innerer Kompass dich im Moment zieht. Welche Grundhaltung lebst du im Alltag, welche Prinzipien bestimmen deine Entscheidungen – ob bei Arbeit, Beziehungen oder Geld? Und prüfe dann: Passt diese Philosophie zu deinem

Big-Five-Profil? Also zu dem, wie du tickst, wie sehr du planst, etwas riskierst, dich zurückziehst oder auf andere zugehst. Dein Selbstcheck zeigt dir, ob dein WIE (deine Persönlichkeit) und dein WARUM (deine Philosophie) in dieselbe Richtung weisen – oder ob sie sich eher im Weg stehen.

Deine aktuelle Lebensphilosophie:

- Reflektiere, welche Grundhaltung du aktuell lebst – im Alltag, in der Uni oder Ausbildung, im Job. Setzt du deinen Fokus auf Achtsamkeit, Leistung, Genuss, Selbstverwirklichung, Beziehungen, Werte oder Gelassenheit? Oder auf eine Kombination? Oder brauchst du ein neues Label?
- Formuliere ein Statement zu deinem Ethos: »Für mich ist wichtig, …«
- oder »Mein Kompass zeigt in Richtung …«.

Deine Wunsch-Lebensphilosophie:

- Halte fest, was dir an deiner aktuellen Lebensphilosophie *nicht* gefällt – weil sie zum Beispiel quer zu deinen finanziellen Zielen steht.
- Formuliere ein Statement: »In Zukunft möchte ich meinen Kompass mehr ausrichten auf …«
- oder »Es würde sich stimmig anfühlen, wenn …«.

Warum das Nachdenken über deine Philosophie so grundlegend ist? Weil dir deine Philosophie das WARUM beantwortet – auch in Geldfragen.

Lifestyle: Wie sieht dein Wunschleben aus und was kostet es?

Wie viel Geld du ausgibst – und wofür –, hängt von vielen Faktoren ab. Zuerst davon, wie viel dir überhaupt zur Verfügung steht. Danach aber auch davon, was dir etwas bedeutet und was dir Freude verspricht – und welche Verpflichtungen du hast, sei es gegenüber anderen oder der

Bank. Ein weiterer Punkt: was du bei anderen siehst und dir dadurch selbst erstrebenswert vorkommt.

Auch die zuvor beschriebenen Lebensphilosophien tauchen hier wieder auf. Wer Status sucht, gibt mehr für Wohnen, Shoppen und Mobilität aus. Wer Beziehungen in den Mittelpunkt stellt, investiert in gemeinsame Aktivitäten und kommt oft mit weniger Einkommen aus. Achtsamkeitsorientierte investieren lieber in Zeit für sich selbst als in Statussymbole, Hedonisten in Genuss. So unterschiedlich diese Philosophien sind, so verschieden spiegeln sie sich in den Kontoauszügen wider, und das schauen wir uns jetzt in der Praxis an.

Sieben Finanz-Lifestyles

Jetzt wird es also konkret. In Tabelle 1 werfen wir einen Blick auf die persönlichen Kontoauszüge unserer Bekannten. Einige leben zusammen mit einer Partnerin oder einem Partner mit eigenem Einkommen. In diesen Fällen werden die Kosten proportional aufgeteilt. An dieser Stelle geht es noch nicht darum, wer am meisten spart oder ob die Rechnung aufgeht. Hier interessiert uns, wie unterschiedlich die Einkommen der sieben Personen sind und wie verschieden sie ihre Ausgaben gewichten. Spannend für dich: Hier zeigt sich, welches Muster der jeweilige Dreiklang aus Persönlichkeit, Lebensphilosophie und Lifestyle im Kontoauszug hinterlassen kann.

Frida: Achtsamkeit muss man sich leisten können

1 900 € Ausgaben bei 950 € Einnahmen – wer diese Zahlen liest, rechnet sofort mit einer Schieflage: Minus jeden Monat, bald gesperrtes Konto, so rechnet man sich das im Kopf zusammen. Doch Frida weiß, was sie tut. Den Fehlbetrag nimmt sie aus Rücklagen, die sie über Jahre diszipliniert aufgebaut hat. Sie nennt sich Frugalistin – jemand, der mit wenig auskommt, weil er konsequent zwischen Wollen und Brauchen unterscheidet. Für Frida heißt das: Verzicht auf Statusspiele, dafür viel mehr Freiheit, Bildung und Zeit für die eigene Entwicklung. Frida begegnet oft Menschen, die sie in Finanzfragen für planlos halten. Doch das Gegenteil ist der Fall.

	Frida	Jana	Fred	Karin	Armin	Benno	Frank
Alter	45	35	50	30	40	55	60
Nettoeinkommen	**950 €**	**2 800 €**	**3 800 €**	**1 800 €**	**6 400 €**	**58 000 €**	**6 200 €**
Sparquote	**-100 %**	**10 %**	**10 %**	**5 %**	**25 %**	**30 %**	**12 %**
Ausgaben gesamt	**1 900 €**	**2 520 €**	**3 420 €**	**1 710 €**	**4 800 €**	**40 600 €**	**5 456 €**
	100 %	100 %	100 %	100 %	100 %	100 %	100 %
Wohnen (Miete, Strom, Ausstattung, Kreditzins)	741 €	1 033 €	650 €	376 €	1 392 €	12 180 €	1 800 €
	39 %	41 %	19 %	22 %	29 %	30 %	33 %
Essen und Trinken (zu Hause)	285 €	302 €	855 €	393 €	480 €	4 872 €	818 €
	15 %	12 %	25 %	23 %	10 %	12 %	15 %
Shopping (Kleidung bis Elektronik)	190 €	277 €	308 €	325 €	720 €	5 684 €	709 €
	10 %	11 %	9 %	19 %	15 %	14 %	13 %
Mobilität und Reisen (Leasing bis Kreuzfahrt)	323 €	378 €	410 €	205 €	1 104 €	8 932 €	982 €
	17 %	15 %	12 %	12 %	23 %	22 %	18 %
Freizeit (Hobbys, Sport, Kultur, Gastronomie)	171 €	302 €	513 €	291 €	816 €	6 090 €	709 €
	9 %	12 %	15 %	17 %	17 %	15 %	13 %
Versicherung und Bank (Prämien und Gebühren)	76 €	76 €	616 €	86 €	192 €	1 624 €	273 €
	4 %	3 %	18 %	5 %	4 %	4 %	5 %
Sonstiges (Bildung, Spenden, Gesundheit)	114 €	151 €	68 €	34 €	96 €	1 218 €	164 €
	6 %	6 %	2 %	2 %	2 %	3 %	3 %

Tabelle 1: Einnahmen und Ausgaben der sieben Bekannten

Jana: Solide, aber nicht zu Ende gedacht

Mit 2 800 € netto kommt Jana nicht ins Schlingern, aber auch nicht wirklich in die Entspannung. So bescheiden, wie sie ist, hat sie bei der Gehaltsverhandlung weniger herausgeholt als mancher Kollege. Umso mehr schlagen ihre fixen Budgets fürs Wohnen (Höchstwert), Reisen und Spenden auf ihre Möglichkeiten durch, Rücklagen zu bilden. Nur 10 % ihres Nettos bleiben am Monatsende als Sparquote übrig für Wertpapieranlagen, Bankeinlagen und Beiträge zu Rentenversicherungen. Nur, wenn sie jetzt klug plant, bleibt ihr ein weit dünneres Budget im Alter erspart.

Fred: Das Netzwerk ist ein Zusatzkonto

3 800 € Einkommen und auch 10 % Sparquote. Aber auffällig: 25 % fürs Essen und 15 % für Freizeit – das ist im Vergleich recht viel. Fred investiert eben in Freundschaften und gemeinsame Hobbys. Es heißt zwar »Wer Freunde hat, braucht weniger Versicherungen« – aber auch bei den Versicherungen hat er wegen seiner privaten Krankenversicherung den Höchstwert.

Karin: Alles für die Kunst

1 800 € Einkommen und eine knapp kalkulierte Sparquote von 5 %. Karins Fokus liegt gerade auf Selbstentwicklung, entsprechend sind ihre Ausgaben für Essen (23 %) und ihre Hobbys (17 %) hoch. Sie lebt so, wie sie kocht: improvisierend und mutig. Hoffentlich brennt nichts an.

Armin: Champagner im Sicherheitsnetz

Mit 6 400 € Einkommen und 25 % Sparquote könnte man denken: solider Typ. Aber seine Ausgaben sprechen von Party: stolze 23 % für Autos und Urlaub, 15 % für Shopping, 17 % fürs Feiern und Ausgehen in der Freizeit. Er gönnt sich das volle Programm. Trotzdem legt er aber auch eine Menge beiseite, um irgendwann mit der Familie in die eigenen vier Wände zu ziehen.

Benno: Sparen heißt skalieren

58 000 € netto, 40 600 € Ausgaben, 30 % Sparquote. Allein das Budget für die Wohnung in Paris, eine Zweitwohnung und das Chalet (12 180 €) ist fast so hoch, wie Frida im ganzen Jahr verdient. Die Relationen sind verschoben: Was für andere ein besonderes

Abendessen ist, ist für ihn ein Gourmet-Wochenende mit Weinverkostung in der Toskana. Dennoch: Er spart konsequent und sehr viel mehr als alle anderen. Leistung und Status heißen bei ihm nicht »alles verjubeln«, sondern »weiter skalieren«.

Frank: Stabil im Plus

Frank verdient 6 200 € netto, 12 % Sparquote, 5 456 € Ausgaben – alles geordnet, fast langweilig. 33 % Wohnen, 15 % Essen, 13 % Shopping. Keine Exzesse, keine Katastrophen. Frank lebt wie ein Finanzhandbuch. Das gibt ihm die Ruhe, auf die er philosophisch setzt.

Lebensphilosophie definiert Lifestyle, und die sieben Konten zeigen, wie sich gelebte Werte in Zahlen einschreiben: Frida lebt von Rücklagen, weil ihr Freiheit wichtiger ist als Status. Jana balanciert ihren Lifestyle mit einem klaren Wertekompass. Fred verwandelt Einkommen in Freundschaft. Karin lebt auf Dauer riskant, weil ihr Selbstentfaltung mehr gilt als Sicherheit. Armin gönnt sich das volle Programm und baut sich gleichzeitig mit hohen Sparraten eine sichere Zukunft idealerweise in den eigenen vier Wänden. Benno häuft an, skaliert jeden Euro, macht selbst aus Luxus eine Bilanzübung. Frank lebt fast wie ein Finanzhandbuch … unterschiedliche Persönlichkeiten, Philosophien, Lebensstile: Dieser Dreiklang prägt die individuelle Kostenstruktur, und diese Kostenstruktur prägt die persönliche Zukunft.

Was ist dein Lifestyle heute?

Du hast die sieben Lifestyles gesehen – und vielleicht bei der einen oder anderen Person gedacht: »Das könnte ich sein.« Oder auch: »So will ich auf keinen Fall leben.« Jetzt bist du dran. Und das geht überraschend einfach. Du brauchst nur deine Kontoauszüge.

Denn glasklar zeigt sich heute schon auf deinem Konto, was für dich im Alltag Priorität hat. Dein Ausgabenmuster ist ehrlicher als jede Selbsteinschätzung – egal, was dein Big-Five-Test ergeben hat, egal, welche Lebensphilosophie du dir in schönen Worten zuschreibst.

Übung: Dein Lifestyle-Profil in Euro

1. **Konto ziehen:** Nimm deine Kontoauszüge, oder noch besser verwende eine App, die deine Banktransaktionen kategorisiert. Am besten mindestens zwölf Monate, damit auch alle Buchungen dabei sind, die nur einmal im Jahr anfallen.
2. **Sortieren:** Ordne alle Ausgaben grob nach Kategorien:
   - Wohnen
   - Essen & Trinken
   - Shopping & Style
   - Mobilität & Reisen
   - Freizeit & Gastronomie
   - Versicherung & Bank
   - Sonstiges mit Bildung und Spenden
   - Und separat für die Sparquote: Beiträge zu privaten und betrieblichen Rentenversicherungen, Geldanlagen, Sparpläne, Tilgungen von Hauskrediten
3. **Gewichten:** Rechne aus, wie viel Prozent deines Einkommens auf jede Kategorie entfällt. Keine Wissenschaft, grobe Rundungen reichen.
4. **Interpretieren:** Schau dir die Verteilung an. Erkennst du ein Muster? Passt es zu deiner Lebensphilosophie? Oder zeigt dein Konto eine ganz andere Geschichte?

Dein Ergebnis

- **Dein IST:** Dein aktueller Lifestyle in Zahlen, sichtbar schwarz auf weiß. 40 % für Wohnen? – dein Zuhause ist dir wichtig (oder zu teuer). 20 % für Reisen? – Abenteuer treiben dich an. 5 % auf die hohe Kante? – deine Zukunft spielt in deinen Gedanken gerade keine Hauptrolle.
- **Dein SOLL:** Dein Wunsch-Lifestyle, der aufblitzt, wenn du zuversichtlich durch die Brille deiner Lebensphilosophie an dein Zukunfts-Ich denkst. Notiere am besten schon einmal gedanklich:
  »Ich will in Zukunft mehr Geld für … und weniger für … einsetzen.«

- **Deine Differenz:** Der Unterschied zwischen IST und SOLL – hier setzt dein Financial Lifestyle Code an.

Dein Financial Lifestyle Code liefert dir die wirkungsvollsten Hebel, damit du dir den Lebensstil leisten kannst, der wirklich zu dir passt.

Wie willst du morgen leben?

Kopfkino an: Du stehst morgens auf und befindest dich mitten in deinem Wunsch-Lifestyle. Wo wachst du auf? Wer ist da? Was füllt deinen Tag – Ruhe, Trubel, Natur, Stadt, beides im Wechsel? Wofür investierst du deine Zeit, wofür Geld, was brauchst du nicht mehr? Es geht an dieser Stelle um einen Entwurf, der sich für dich richtig anfühlt. (Zu deinen konkreten Zahlen, also dem »Big Picture« deiner finanziellen Lage und möglichen Zukünfte kommen wir in Teil III.)

In welcher Konstellation willst du leben?

Deine Entscheidung, in einer Partnerschaft zu leben oder nicht, hat Auswirkungen auf dein Haushaltseinkommen, deine Ausgaben, deine langfristige finanzielle Planung. Auch deine Entscheidung für Kinder hat einen großen Einfluss auf deine finanzielle Situation – und sogar deine Entscheidung für Haustiere. Je mehr Kinder du hast oder haben möchtest, desto höher sind die Kosten für Kinderbetreuung, Bildung, Gesundheit und Wohnraum. Allein ein Kind kostet – je nach Lebensstil – im Laufe von 18 Jahren durchschnittlich zwischen 150 000 und 180 000 € (ohne Studienkosten und etwaige Auslandsaufenthalte).[13] Reiche Familien geben dabei mehr als das Doppelte pro Kind aus als ärmere. Auch Haustiere können finanziell ins Gewicht fallen: Ein mittelgroßer Hund verursacht über eine Lebensdauer von rund zehn bis 15 Jahren durchschnittliche Gesamtkosten von etwa 12 000 bis 20 000 €, je nach Rasse, Futter, Tierarztkosten und Versicherungen.

Ob du allein oder mit anderen zusammenlebst, hat ebenfalls einen großen Einfluss auf deine finanzielle Situation. Wer zu zweit lebt, spart im Durchschnitt 20–30 % an monatlichen Fixkosten pro Kopf – zum Beispiel bei Miete, Strom, Heizung oder Internet. In größeren Wohn- oder Familiengemeinschaften können die Einsparungen noch höher ausfallen. Gemeinsames Wohnen reduziert außerdem den Bedarf an doppelten Anschaffungen (z. B. Waschmaschine, Küchenutensilien), was sich langfristig ebenfalls bemerkbar macht.

Gleichzeitig ist es oft so, dass eine größere Familie weniger flexibel ist. Die Kinder haben feste Bindungen an Kindergarten und Schule, wo sie Freundschaften schließen. Das macht es schwieriger, spontan den Wohnort zu wechseln (für einen besseren Job zum Beispiel) oder den Lebensstil anzupassen. Andererseits ist für viele Menschen die Familie die zentrale Quelle ihres gefühlten Lebensglücks. Wie sieht es bei dir aus? In welcher Konstellation lebst du oder willst du leben?

Wie und wo willst du leben?

Die Wahl, ob du in der Stadt, im Vorort oder auf dem Land lebst und ob du kaufst oder mietest, beeinflusst deinen finanziellen Spielraum erheblich. Das Leben in der Stadt ist deutlich teurer: Die durchschnittlichen Lebenshaltungskosten in deutschen Großstädten liegen laut Statistischem Bundesamt bis zu 30 % höher als auf dem Land – insbesondere bei Miete, Freizeit, Nahverkehr und Kinderbetreuung.

Ein besonders großer Kostenfaktor ist die Miete. In beliebten Städten wie:

- München liegt die durchschnittliche Nettokaltmiete für eine mittelgroße Wohnung bei circa 1 600–2 200 €,
- Frankfurt am Main bei circa 1 400–1 900 €,
- Berlin bei circa 1 200–1 600 € – jeweils stark abhängig von Lage, Ausstattung und Baujahr. Auf dem Land oder in kleineren Städten liegen vergleichbare Mieten oft nur bei der Hälfte oder weniger.

Ein Immobilienkauf bedeutet oft ein Darlehen und damit jahrelange feste Verpflichtungen. In Deutschland haben Hauskredite derzeit eine durchschnittliche Zinsbindung von zehn Jahren. Abgezahlt wird über insgesamt 20–30 Jahre. Die mittlere Darlehenssumme aller Kredite lag zuletzt bei rund 280 000 € (vor zehn Jahren bei 160 000 €) und die durchschnittliche Kreditrate bei rund 1 000 € pro Monat (vor zehn Jahren bei 500 €).[14]

Die eigenen vier Wände schaffen zwar Gestaltungsfreiheit und Schutz vor steigenden Mieten, binden dich aber auch an einen Ort und können deine Flexibilität, etwa bei einem Jobwechsel, einschränken. Ein konkretes Beispiel für Kauf und Vermietung rechne ich in Teil III durch.

Was ist deine Wohnsituation heute? Wie sind deine Pläne für die Zukunft?

Was willst du dir leisten können?

Wie viel du für Unterhaltung, Reisen, Restaurantbesuche und Luxusgüter ausgibst, beeinflusst deinen kurzfristigen Geldfluss und deine langfristigen Ersparnisse. Für Menschen mit einer offenen und geselligen Persönlichkeit kann ein Lifestyle stimmig sein, in dem mehr in Erlebnisse statt in Dinge investiert wird. Für andere kann es sinnvoller sein, Geld anzulegen, statt zu verreisen.

Klar ist jedenfalls: Deine Entscheidung über das Niveau deines Lebensstils – die Größe deines Hauses, die Art deines Autos oder die Häufigkeit von Urlaubsreisen – hat langfristige Auswirkungen auf deine Finanzen. Und damit auch auf deinen langfristigen persönlichen Spielraum.

Übung: Grüße an dein Zukunfts-Ich!

Das Beste liegt vielleicht noch vor dir. Dein Leben wird sich verändern: Vielleicht tauchen Perspektiven auf, die du dir heute noch gar nicht vorstellen kannst. Ein super Job. Ein wunderbarer Mensch an deiner Seite. Mit dem »Haus am See« fange ich jetzt gar nicht an. Aber wenn auch das möglich wäre? Jedenfalls lohnt es sich, deinen finanziellen Plan nicht nur an deinem heutigen Ich auszurichten, sondern auch an dem Menschen, der du einmal sein könntest.

Vielen Menschen fällt es schwer vorherzusagen, welchen Lebensstil sie später, zum Beispiel in der Rente, wirklich haben wollen. Das ist nicht überraschend, denn die Zukunft ist immer ungewiss – und genauso ungewiss ist es, wer wir eines Tages sein werden. Trotzdem kann man für sein »zukünftiges Selbst« Szenarien entwerfen und schauen, welche sich gut anfühlen und welche nicht – und welche sich wie finanzieren lassen.

Hal Hershfield, Professor an der UCLA, geht in seinem Buch *Your Future Self*[15] genau dieser Frage nach: Wie können wir eine stärkere Verbindung zu unserem zukünftigen Selbst aufbauen, um klügere Entscheidungen im Hier und Jetzt zu treffen? Hershfield zeigt, dass viele Menschen ihr zukünftiges Ich wie einen Fremden wahrnehmen. Dieses Distanzgefühl führt oft zu kurzfristigem Denken und ungesunden Entscheidungen. Wenn wir uns also bewusst mit unserem zukünftigen Selbst verbinden, können wir besser planen und gleichzeitig im Hier und Jetzt leben. Hier einige Ideen, wie das gelingen kann:

Vorschau auf dein Zukunfts-Ich: Schließe die Augen, wenn es dir hilft, und stelle dir vor, wie dein zukünftiges Selbst aussieht. Je konkreter dein Bild ist, desto stärker wird die emotionale Verbindung zu diesem zukünftigen Ich. Also: Wo lebst du? Was arbeitest du? Mit wem teilst du dein Leben? Wie fühlst du dich, wenn du am Morgen aufwachst? Was heißt »Zeit mit Menschen« für dich? Was tust du wo, wenn du allein sein willst? Nach was riecht ein perfekter freier Tag? Welche Rolle spielt Geld in deinem Leben?

Zeitreise-Brief: Stell dir wieder vor, wer du in fünf, zehn oder 20 Jahren bist. Komm dann aus deiner Zeitreise zurück und schreibe deinem Zukunfts-Ich einen Brief. Was möchtest du dir selbst mit auf den Weg geben? Du hast es oben schon einmal gelesen: Frag dich beim Schreiben, ob dein Zukunftsbild wirklich zu dir passt. Zu deinen Big Five, zu deiner Lebensphilosophie. Nur so wird aus dem Wunsch-Lifestyle ein Entwurf, der dich inspiriert, der dich trägt und den du Schritt für Schritt in die Realität holen kannst.

Wie viel kostet dein Wunschleben?

Unsere sieben Bekannten haben uns gezeigt, wie unterschiedlich Persönlichkeiten mit Geld umgehen – von Fridas Defizit-Haushalt bis zu Bennos Parallelwelt der Reichen und Schöngemachten. Wie sieht das Ganze aus, wenn wir den Blick von einzelnen Personen lösen und auf die Haushalte in Deutschland insgesamt richten? Wie viel geben Menschen hierzulande durchschnittlich für Wohnen, Essen, Reisen oder Freizeit aus? Und wie verschiebt sich dieses Bild, wenn man die Haushalte nach Einkommen sortiert?

Damit du ein Gefühl dafür bekommst, was es in Deutschland heißt, »viel« oder »wenig« für Wohnen, Shopping oder Reisen auszugeben, habe ich Tabelle 2 erstellt. Sie basiert auf kombinierten statistischen Quellen und zeigt standardisierte Schätzwerte für eine Person.[16] Ohne diese Standardisierung würde man zum Beispiel Familien mit drei Kindern und einen Singlehaushalt in denselben Topf schmeißen. Daher gilt: Für den Singlehaushalt kannst du die Zahlen direkt ablesen. Für jede weitere Person im Haushalt stockst du die Zahlen um 50 % auf, für jedes Kind unter 14 Jahren um 30 %. Für ein Paar plus Teenager musst du die Zahlen also verdoppeln. Die Werte sind extra nicht auf den Euro genau, weil es wieder um Muster geht. Die Sterne markieren, wie die Haushalte im Vergleich liegen:

★: 10 % verdienen weniger netto als 1 100 € pro Monat, 90 % haben mehr Geld zur Verfügung
★★: 25 % haben weniger als 1 700 € netto zur Verfügung, 75 % haben mehr als diesen Betrag
★★★: 50 % haben weniger als 2 400 €, 50 % haben mehr
★★★★: 75 % haben weniger 3 400 €, 25 % haben mehr
★★★★★: 90 % haben weniger als 6 000 €, 10 % haben mehr
★★★★★★: 99 % haben weniger als 25 000 €, 1 % hat mehr

Tabelle 2 zeigt dir: Mit steigendem Einkommen verschiebt sich nicht nur die Höhe, sondern auch die Gewichtung der Ausgaben. Wohlhabendere

Haushalte geben absolut und prozentual mehr für Mobilität, Reisen und Freizeit aus – und relativ weniger für Wohnen oder Essen und Trinken.

	★	★★	★★★	★★★★	★★★★★	★★★★★★
Bruttoeinnahmen	**1 222 €**	**2 125 €**	**3 429 €**	**5 667 €**	**10 000 €**	**41 667 €**
Steuern	0 %	1 %	25 %	28 %	20 %	35 %
Sozialversicherung	10 %	19 %	5 %	12 %	20 %	5 %
Nettoeinnahmen	**1 100 €**	**1 700 €**	**2 400 €**	**3 400 €**	**6 000 €**	**25 000 €**
Sparquote	-5 %	0 %	10 %	10 %	30 %	50 %
Ausgaben gesamt	**1 155 €**	**1 700 €**	**2 160 €**	**3 060 €**	**4 200 €**	**12 500 €**
Wohnen (Miete, Strom, Ausstattung, Kreditzins)	501 €	742 €	908 €	1 221 €	1 602 €	4 575 €
	43 %	44 %	42 %	40 %	38 %	37 %
Lebensmittel und Getränke (Einkäufe)	188 €	298 €	353 €	461 €	609 €	1 775 €
	16 %	18 %	16 %	15 %	15 %	14 %
Shopping (von Kleidung bis Elektronik)	153 €	228 €	284 €	415 €	578 €	1 756 €
	13 %	13 %	13 %	14 %	14 %	14 %
Mobilität und Reisen (von Leasing bis Kreuzfahrt)	102 €	157 €	239 €	399 €	609 €	1 950 €
	9 %	9 %	11 %	13 %	15 %	16 %
Freizeit (Hobbys, Sport, Kultur, Gastronomie)	120 €	166 €	233 €	352 €	512 €	1 588 €
	10 %	10 %	11 %	12 %	12 %	13 %
Versicherung und Bank (Prämien und Gebühren)	39 €	61 €	80 €	119 €	166 €	494 €
	3 %	4 %	4 %	4 %	4 %	4 %
Sonstiges (z.B. Bildung, Spenden, Gesundheit)	50 €	48 €	63 €	95 €	126 €	369 €
	4 %	3 %	3 %	3 %	3 %	3 %

Tabelle 2: Einnahmen und Ausgaben pro Person – 2025 geschätzt

Zum Vergleich: Während der Durchschnittshaushalt in Deutschland gut 40 % rund ums Wohnen und rund 15 % für Essen einplant, sieht man bei unseren sieben Protagonisten die Abweichungen deutlich. Fred verwendet viel mehr Geld für gemeinsames Essen zu Hause mit Freunden, Benno investiert Summen in Mobilität, die für andere ein komplettes Quartalseinkommen wären, und Karin gibt prozentual am meisten für Selbstentfaltung mit Hobbys aus. Gerade im Kontrast zu den Durchschnittswerten wird sichtbar, was eigentlich auf dem Spiel steht: nicht die eine *richtige* Quote für Wohnen oder Freizeit, sondern die Frage, ob die persönliche Lebensphilosophie mit den eigenen Finanzen im Einklang ist – und die Rechnung insgesamt aufgeht.

Übung: Greife zu deinen Lifestyle-Sternen!

Die Statistik liefert dir den Rahmen, jetzt beginnt für dich die zweite Übung, um herauszufinden, wie groß der Unterschied zwischen deinem aktuellen und deinem Wunsch-Lifestyle ist. Oben hast du vielleicht schon deine Kontoauszüge gecheckt und erkannt, wo du zukünftig mehr und wo du vielleicht weniger ausgeben willst. Jetzt kannst du die Anpassungen nochmal im Vergleich zur Statistik überprüfen. Wie viele Sterne gibst du den verschiedenen Bereichen deines Lifestyles?
Du trägst jeweils Sterne für zwei Perspektiven ein: links für deine aktuelle Lage, rechts für deinen Wunsch-Lifestyle am besten im Einklang mit deiner Lebensphilosophie und Persönlichkeit.

Wohnen – Miete, Ausstattung, Lage, Wohnfläche
Aktuell: ☆ ☆ ☆ ☆ ☆ ☆ Wunsch: ☆ ☆ ☆ ☆ ☆ ☆

Lebensmittel & Getränke – Qualität, Häufigkeit, Gäste
Aktuell: ☆ ☆ ☆ ☆ ☆ ☆ Wunsch: ☆ ☆ ☆ ☆ ☆ ☆

Shopping – Kleidung, Technik, Beauty
Aktuell: ☆ ☆ ☆ ☆ ☆ ☆ Wunsch: ☆ ☆ ☆ ☆ ☆ ☆

Mobilität & Reisen – Auto, Bahn, Urlaub, Abenteuer
Aktuell: ☆ ☆ ☆ ☆ ☆ ☆ Wunsch: ☆ ☆ ☆ ☆ ☆ ☆

Freizeit – Sport, Hobbys, Kultur, Gastronomie

Aktuell: ☆ ☆ ☆ ☆ ☆ ☆ Wunsch: ☆ ☆ ☆ ☆ ☆ ☆

Versicherungen & Bank – Gebühren, Service, Sicherheit

Aktuell: ☆ ☆ ☆ ☆ ☆ ☆ Wunsch: ☆ ☆ ☆ ☆ ☆ ☆

Sonstiges – Gesundheit, Bildung, Spenden, Projekte

Aktuell: ☆ ☆ ☆ ☆ ☆ ☆ Wunsch: ☆ ☆ ☆ ☆ ☆ ☆

Sparquote – Rücklagen, Altersvorsorge, Vermögensaufbau, Tilgung

Aktuell: ☆ ☆ ☆ ☆ ☆ ☆ Wunsch: ☆ ☆ ☆ ☆ ☆ ☆

Vergleiche die beiden Spalten: Wo liegen große Unterschiede? In welchen Bereichen wünschst du dir deutlich mehr – oder vielleicht sogar weniger? Welche Kategorie ist dir besonders wichtig? Nicht jede Differenz ist kritisch. Überlege, in welchen Bereichen du wirklich bereit bist, mehr Ressourcen (Zeit, Geld, Energie) zu investieren, um gegebenenfalls auf mehr Sterne zu kommen.

Schätze deine Lifestyle-Differenz in Euro:

1. Schau auf deine aktuelle Sterne-Einschätzung:
   Beispiel: Du gibst dir aktuell ★★★ im Bereich Wohnen.
2. Schau auf deine Wunsch-Sterne:
   Beispiel: Du möchtest bei Wohnen ★★★★ erreichen.
3. Ziehe die Ausgaben voneinander ab: Suche die beiden Spalten in der Tabelle, die den entsprechenden Lifestyle-Sternen entsprechen, und berechne die Differenz.
   Beispiel: Bei Wohnen liegen zwischen ★★★★ und ★★★ rund 300 € pro Monat. Denke daran, dass die Zahlen in der Tabelle für eine Person im Haushalt gelten. Für weitere Erwachsene kommen daher auch bei der Differenz 50 % dazu und für Kinder bis 14 jeweils 30 %.
4. Bilde die Gesamtdifferenz: Berechne die Differenz für alle Kategorien, die dir wichtig sind und bei denen du denkst, dass es wirklich einen Unterschied für dich macht. Addiere alle Differenzen zusammen.

Das Ergebnis ist eine erste Schätzung deines zusätzlichen Finanzbedarfs (oder deiner Einsparmöglichkeit), um deinen Wunsch-Lifestyle zu erreichen. In Teil III findest du heraus, was deine entscheidenden Stellhebel (aus insgesamt überhaupt nur 9+1 möglichen) sind, um die Lücke zu schließen. Doch vorher solltest du noch etwas anderes über dich wissen: Wie hältst du es mit dem Risiko?

Warum du wissen solltest, wie dein Wunsch-Lifestyle aussieht? Weil du dir damit klarmachst, WAS deine Wunschwelt kostet.

Risikotoleranz: Welche Sicherheit brauchst du für dein Geld?

Ziele und Ambitionen richten sich immer auf die Zukunft, und die Zukunft ist immer offen. Das bedeutet, dass wir Menschen zwangsläufig Risikomanager sind: Es bleibt uns nichts anderes übrig, als mit Risiken und Unsicherheiten umzugehen. Risiko heißt deshalb ganz allgemein, dass es anders kommen kann als erwartet – sowohl zum Guten als auch zum Schlechten.

Was bedeutet eigentlich Risiko?

Ein Risiko ist kein Fehler. Risiko heißt: Du weißt nicht, wie es ausgeht. Fehler heißt: Du wusstest es besser und hast es trotzdem anders gemacht. Risiko ist neutral, Fehler ist (sorry) dumm, oder wie es etwas feiner in der Wissenschaft heißt: irrational. Ein Wertpapierkurs kann fallen – das ist Risiko. Du verkaufst panisch im Tief – das ist fast immer ein Fehler.

Risiken bestehen außerdem nicht nur aus Gewinnen und Verlusten im Vergleich zur aktuellen Situation, sondern auch darin, ob du deine erwarteten Ziele erreichst oder nicht. Ein gutes Beispiel ist die Inflation[17]: Wenn du dein Geld sicher auf einem Sparkonto parkst, machst du bei positiven Zinsen keine nominalen Verluste. Aber wenn die Inflation hoch ist, wirst du dir dein angestrebtes Ziel – einen bestimmten Lebensstil – vielleicht trotzdem nicht leisten können, weil die Kosten dafür schneller gestiegen sind als dein Kontostand. In diesem Sinne gehört es zur Risikobetrachtung dazu, zu überlegen, wie sicher du deine Ziele erreichen wirst.

Dabei ist es nicht leicht, das eigene Risikoverhalten richtig einzuschätzen. Wer eine besonders risikoscheue oder besonders risikofreudige Neigung hat, empfindet das möglicherweise als »normal«, weil er sie aus seiner Familie oder Kultur übernommen hat oder weil sie durch seine Persönlichkeit begünstigt wird.

- **Risikoaversion** bedeutet im Finanzkontext: Wer mehr Risiko trägt, erwartet auch mehr Rendite. Die Ausprägung ist unterschiedlich – manche Menschen können mit Wertschwankungen sehr gut leben und sind daher auf mehr Rendite bei mehr Risiko aus, andere fühlen sich nur mit dem sicheren Sparbuch wohl.
- Die persönliche **Risikotragfähigkeit** beschreibt, wie viel finanzielles Risiko man sich leisten kann, ohne den eigenen Ruin zu riskieren. Sie ist eine objektive Größe, also klar definiert. Wer verbeamtet ist und ein sattes Polster auf dem Sparbuch hat, verfügt über hohe Risikotragfähigkeit. Wer als Freiberufler noch jahrzehntelang sein Haus abzahlt, eher nicht.

Es gibt verschiedene Strategien für den Umgang mit Risiken, die je nach Situation und individueller Risikobereitschaft sinnvoll sein können. Dein Ziel: für jedes größere Risiko in deinem Leben die passende Strategie definieren. Hier sind vier prinzipiellen Möglichkeiten:

1. **Risiko akzeptieren und die Konsequenzen tragen:** Eine natürliche Möglichkeit ist es, einfach das Risiko zu akzeptieren und die Konsequenzen, seien sie positiv oder negativ, selbst zu tragen. Das bedeutet, du nimmst

bewusst in Kauf, dass es zu Überraschungen kommen kann. Ein Beispiel dafür ist das Risiko, das dein Handy runterfällt und kaputtgeht. Du kannst eine (meist teure) Handyversicherung abschließen oder das Risiko selbst tragen. Ein weiteres Beispiel sind Bankeinlagen, die über den gesetzlich geschützten Betrag von 100 000 € hinausgehen. Sollte es zu einer Bankenkrise kommen, trägst du das Risiko eines Verlustes – aber möglicherweise erscheint dir das geringe Risiko in diesem Fall vertretbar.

2. **Risiko vermeiden und Unsicherheit reduzieren:** Eine andere Strategie ist, Risiken von vornherein zu vermeiden und damit Unsicherheiten zu reduzieren. Wenn du beispielsweise deine Einlagen auf mehrere Banken verteilst, minimierst du die Gefahr, im Falle eines Bankenausfalls Verluste zu erleiden. Ebenso ist der Einstieg in eine Beamtenlaufbahn eine Möglichkeit, Risiken zu reduzieren – Beamte haben in der Regel einen sicheren Arbeitsplatz und eine planbare Pension. Diese Strategie eignet sich besonders für Menschen, die Sicherheit bevorzugen und keine großen Überraschungen mögen.
3. **Risiko versichern und die Unsicherheit abgeben:** Eine dritte Möglichkeit besteht darin, Risiken zu versichern. Das bedeutet, dass du eine Prämie bezahlst, um die Unsicherheit an einen Versicherer abzugeben. Beispiele dafür sind die Handyversicherung von oben, die Berufsunfähigkeitsversicherung, die dir ein Einkommen garantiert, falls du deinen Beruf nicht mehr ausüben kannst. Oder die Haftpflichtversicherung, die für Autofahrer sogar Pflicht ist. Durch Versicherungen gibst du das Risiko gegen eine kalkulierbare Prämie an jemand anderen ab und schaffst dir damit finanzielle Sicherheit. Mehr dazu, wann du eine Versicherung abschließen solltest, findest du am Ende von Teil II.
4. **Risiko gezielt aufnehmen und selbst eine Prämie verdienen:** Die vierte Möglichkeit ist, Risiken bewusst einzugehen, um selbst davon zu profitieren. Das bedeutet, du nimmst Unsicherheit in Kauf, weil du die Chance auf eine attraktive Rendite siehst. Ein Beispiel dafür ist die Investition in Wertpapiere. Hier gehst du das Risiko von Kursschwankungen ein,

um langfristig von einer positiven Entwicklung der Unternehmen zu profitieren. Tatsächlich ist die Rendite auf Aktien als Risikoprämie zu sehen, die die Unternehmen den Anlegern für die Bereitstellung ihres Kapitals zahlen.

Armin, der Autoverkäufer, sucht den Nervenkitzel – Gewinne und Verluste gehören für ihn dazu. Frank, der Zentralbank-Volkswirt, trägt Risiken gelassen, solange er sie nicht steuern muss. Frida, die Controllerin, und Jana, die Journalistin, setzen auf Sicherheit und klare Regeln. Fred, der Friseur, ebenfalls – er will Verlässlichkeit, um sich auf Menschen konzentrieren zu können. Benno, der Ex-Banker, sucht bewusst das Risiko, um hohe Renditen zu erzielen, und kann Rückschläge verkraften. Karin, die Köchin, geht es ebenfalls ein, wenn es der Selbstverwirklichung dient – doch für sie kann ein Verlust existenziell werden.

Jede dieser Strategien hat je nach Kontext ihre Vor- und Nachteile, und welche Strategie für dich die richtige ist, hängt von deiner individuellen Risikobereitschaft, deinen finanziellen Zielen und deinem persönlichen Sicherheitsbedürfnis ab. Entscheidend ist, dass du dir überlegst, wie du mit Risiken umgehen willst, *bevor* du entscheidest, welche finanziellen Schritte du gehst. Hier kommen zwei Übungen, mit denen du deine *subjektive* Risikotoleranz ermitteln kannst. Die Idee dahinter ist herauszufinden, wie viel Unsicherheit – gezählt in Risikoeinheiten (RE) – sich in deinen Finanzen gerade noch okay für dich anfühlt. In Teil III messen wir das *objektive* Risiko in deinem Gesamtvermögen ebenfalls in diesen Risikoeinheiten und du kannst prüfen, ob beide – deine subjektive Toleranz und deine objektive Anfälligkeit – in Balance sind.

Warum solltest du überhaupt Risiken eingehen? Weil das, was du mit deinem Vermögen verdienst (deine Rendite), von den Risikoeinheiten kommt. Je mehr Einheiten du ruhigen Gemüts akzeptieren kannst, umso schneller und höher können sich deine Finanzen entwickeln. Der langfristige Preis geringer Risikotoleranz ist damit Verzicht auf Vermögen. Umso wichtiger also, sich daran heranzutasten, wie es um deine Risikoneigung wirklich bestellt ist.

Wie hoch ist deine Risikotoleranz?

Jetzt geht es um deinen persönlichen Umgang mit Risiko. Dieser lässt sich in zwei Schritten ermitteln.

Die erste Übung ist eine einfache Bauchfrage nach deinem Risikoappetit: *Wie sehr bist du bereit, bei deinen Finanzen ein Risiko einzugehen?* Schätze dich spontan selbst ein auf einer Skala von 0 (ich bin überhaupt nicht risikobereit) bis 10 (ich kann auch bei großen Wertschwankungen noch bestens schlafen).[18] Was ist deine spontan geschätzte Risikotoleranz, ausgedrückt in Risikoeinheiten (RE) von 1-10?

Die zweite Übung ist ein Gedankenexperiment, das mehr ins Detail geht. Das Szenario mutet zwar etwas künstlich an, doch lass dich einfach mal drauf ein und stell dir Folgendes vor: Du nimmst an einer hoch dotierten wissenschaftlichen Studie teil. Die Studienleiterin legt zwei Geldbündel - eines mit 50 000 € und eines mit 100 000 € - und eine Münze auf einen Tisch. In der Hand hält sie ein weiteres Geldbündel mit 50 000 €. Du sollst nun entscheiden, was dir lieber ist: Entweder wirfst du die Münze. Bei Kopf bekommst du die 100 000 €, bei Zahl bekommst du die 50 000 € vom Tisch. Oder du lässt das mit dem Münzwurf und bekommst direkt die 50 000 € aus ihrer Hand.[19] Da es in diesem Fall nichts zu verlieren gibt, würden die meisten sagen: Klar, ich werfe die Münze und wenn ich Glück habe, kriege ich die 100 000 €. Selbst wenn ich Pech habe, kriege ich noch 50 000 € und damit genauso viel wie in der sicheren Alternative. In Tabelle 3 würdest du dann in der ersten Zeile deinen Punkt links bei der Lotterie setzen. Nur Menschen, die überhaupt keine Unsicherheit ertragen können, entscheiden sich für das sichere Geld und setzen den Punkt rechtsbündig. Für sie ist das Experiment schon vorbei und sie können als Ergebnis festhalten: RE = 0.

Münzwurf			Fixbetrag	RE
50 000 € oder 100 000 €	●	○	50 000 €	**0**
50 000 € oder 100 000 €	○	○	53 000 €	**0,5**
50 000 € oder 100 000 €	○	○	56 000 €	**1**
50 000 € oder 100 000 €	○	○	59 000 €	**1,5**

Münzwurf			Fixbetrag	RE
50 000 € oder 100 000 €	○	○	61 000 €	2
50 000 € oder 100 000 €	○	○	63 000 €	2,5
50 000 € oder 100 000 €	○	○	65 000 €	3
50 000 € oder 100 000 €	○	○	66 000 €	3,5
50 000 € oder 100 000 €	○	○	67 000 €	4
50 000 € oder 100 000 €	○	○	68 000 €	4,5
50 000 € oder 100 000 €	○	○	69 000 €	5
50 000 € oder 100 000 €	○	○	69 500 €	5,5
50 000 € oder 100 000 €	○	○	70 000 €	6
50 000 € oder 100 000 €	○	○	70 500 €	7
50 000 € oder 100 000 €	○	○	71 000 €	8
50 000 € oder 100 000 €	○	○	71 500 €	9
50 000 € oder 100 000 €	○	○	72 000 €	10

Tabelle 3: Münzwurf-Experiment

Für alle anderen alles wieder auf Start. Abermals liegen die zwei Bündel mit 100 000 € oder 50 000 € samt Münze auf dem Tisch. Dieses Mal hat die Studienleiterin aber 53 000 € in der Hand. Wieder sollst du dich entscheiden. Derselbe Münzwurf mit entweder 100 000 € oder 50 000 € oder lieber fix 53 000 € auf die Hand? Falls du das sichere Geld vorziehst, setze den Punkt rechts und beende das Gedankenexperiment mit RE = 0,5. Wenn du auch hier das Risiko des Münzwurfs vorziehst, setze auch den zweiten Punkt links und …

… wieder alles auf Start mit den zwei Bündeln mit 100 000 € und 50 000 € samt Münze auf dem Tisch. Die Studienleiterin hat nun 56 000 € in der Hand. Münzwurf oder sicheres Geld? Wo setzt du jetzt deinen Punkt? Falls du abermals den Münzwurf vorziehst, geht es weiter für dich.

Spiele das Gedankenexperiment bitte so lange durch, bist du deinen Punkt auf der rechten Seite setzt und sagst: »Danke, Studienleiterin, ich nehme lieber den fixen Betrag aus Ihrer Hand, weil ich mich sonst zu sehr ärgern würde, wenn ich beim Münzwurf weniger bekommen würde.« Die Zeile mit deinem Kipppunkt von Lotterie zu Fixbetrag markiert deine persönliche Risikotoleranz gemessen in Risikoeinheiten (RE). Falls du dich nicht für eine Zeile entscheiden kannst, kein Problem: Dann halte für deine Risikotoleranz eine Spanne von bis fest.

Was sind die Risikoeinheiten (RE), bei denen du mit dem Münzwurf kein gutes Gefühl mehr hast und auf das sichere Geschenk springst? ________________

Falls dein Bauchgefühl aus der ersten Frage (1–10) und deine Entscheidung im Experiment mit dem Münzwurf nicht ganz zusammenpassen: Nimm lieber den niedrigeren Wert von beiden für deinen persönlichen Risiko-Code ausgedrückt in RE.

Risikotoleranz in Risikoeinheiten: Was das für dich bedeutet

Nehmen wir ein Beispiel: Jemand springt beim Festbetrag von 61 000 € weg vom Münzwurf. Dann liegen seine Risikotoleranz und sein Zielrisiko bei 2 Risikoeinheiten (RE = 2). Das heißt: Er sollte seine finanziellen Risiken so gestalten, dass sein Gesamtvermögen maximal mit 2 Risikoeinheiten behaftet ist. Nicht mehr, aber auch nicht unbedingt weniger. Dein Gesamtvermögen stellst du in Teil III im Detail zusammen. Dort schätzt du auch dein Gesamtrisiko. Sollte es nicht zu deiner Risikotoleranz passen, zeige ich dir Wege, wie du es verringerst oder steigerst. Du kannst aber auch die Übung mit dem Münzwurf noch einmal überdenken. Vielleicht kommst du zum Schluss, dass deine reale Risikotoleranz doch anders ausfällt, wenn es um dein eigenes Vermögen und nicht um ein hypothetisches Geschenk geht. So viel aber schon jetzt: Solltest du bei 2 Risikoeinheiten landen, kannst du langfristig eine

Rendite von 4 % vor Steuern auf dein Gesamtvermögen erwarten. Dein Vermögen verdoppelt sich dann alle 18 Jahre. Dahinter steht die 72er-Regel. Teile die Zahl 72 durch die Rendite und du erhältst die Anzahl an Jahren, die es zur Verdoppelung des Anfangseinsatzes braucht. Hier also 72 ÷ 4 = 18 Jahre.

Noch zwei Bemerkungen für Menschen mit sehr hoher oder sehr niedriger Risikoneigung: Bist du sehr risikotolerant und traust dir 5 und mehr Risikoeinheiten zu, bitte immer im Hinterkopf behalten: Diese Toleranz ist Psychologie, also dein Inneres. Sie muss zusammenpassen mit deiner realen Risikotragfähigkeit, also mit deinen äußeren Rahmenbedingungen. Nur dann bist du stabil genug aufgestellt und läufst nicht Gefahr, dich finanziell zu ruinieren, was unbedingt zu vermeiden ist. Das geht! Deine Persönlichkeit begünstigt zwar eine Neigung zu einer bestimmten Lebensphilosophie, beides ist aber nicht fix miteinander verkoppelt.

Bist du sehr wenig oder gar nicht bereit, Risiken zu tragen, bremst also schon bei weniger als 1,5 Risikoeinheiten *und* verfügst zudem nur über ein kleineres Vermögen, dann ist es für dich tatsächlich sinnvoll, das Risiko in deinem Gesamtvermögen auf kleinstmögliche Stufe zu stellen. In diesem Fall kaufst du zum Beispiel lieber keine Wertpapiere, also auch keine relativ sicheren, denn das kleine Renditeplus wird kaum den Aufwand und die Kosten rechtfertigen – von der verbleibenden Angst vor Verlusten ganz zu schweigen. In diesem Fall ist die Entscheidung gegen Wertpapiere kein angstgetriebener Fehler (irrational), sie ist cool (rational).

Zur Orientierung: Auch wenn sich die meisten Menschen zwischen 2 und 4 Risikoeinheiten bei der Risikotoleranz bewegen, heißt das nicht, dass du auch eine Zahl in diesem Bereich angeben solltest, um »normal« zu sein. Nein: Es gibt keine *richtige* Zahl. Es gibt nur eine Zahl, die zu dir und deinem Kontostand passt. Und genau die brauchst du, wenn du bestimmen willst, wie du alle Risiken in deinem Gesamtvermögen am besten verteilst.

Sieben verschiedene Risikotoleranzen

Auch unsere sieben Bekannten zeigen, wie unterschiedlich Menschen Risiko empfinden – und welche Renditechancen sie sich damit öffnen oder verschließen.

Frida – die Frugalistin (RE = 2,5) Frida lebt sparsam, aber nicht ängstlich. Sie kalkuliert Risiken wie Preise: Was kostet mich das? Was bringt es? Sie weiß, dass Rendite Schwankung braucht, und hält das aus, solange sie das Risiko versteht. RE = 2,5 sind typisch für jemanden, der lieber ruhig schläft, aber kein Problem damit hat, wenn das Depot zwischendurch wackelt.

Jana – die Journalistin (RE = 4) Jana hat gelernt, auch größere Unwägbarkeiten auszuhalten. In ihrem Job als Redakteurin ist nichts planbar und auch privat lässt sie alles lieber auf sich zukommen und reagiert dann flexibel. So hält sie es auch beim Geld. Sie denkt analytisch, sucht Rückversicherung in Zahlen und Logik und hegt so ihre hohe Risikoneigung ein.

Fred – der Friseur (RE = 2,5) Fred hat sich über die Jahre etwas mehr Toleranz erarbeitet. Er weiß, dass Aufträge schwanken, Kunden kommen und gehen. Gleichzeitig meidet er Zockerei, investiert aber regelmäßig – lieber konstant als spektakulär. Seine 2,5 RE spiegeln diesen Pragmatismus.

Karin – die Köchin (RE = 2) Bei ihren Kreationen am Herd liebt sie das Abenteuer und die Überraschung. Beim Thema Geld weiß sie aber noch von zu Hause, dass es knapp werden kann, und hört dort lieber auf ihre innere Stimme, die zu Vorsicht mahnt. 2 RE sind für sie gefühlt genug, um zumindest ein paar Renditechancen zu nutzen.

Armin – der Autoverkäufer (RE = 2) Er ist in Finanzfragen nur mutig, solange er versteht, worum es geht. Komplexe Produkte meidet er, auch solche mit zu viel Schwankungen. Jenseits von 2 RE hört bei ihm die Komfortzone auf, wenn es ums Geld geht. Das ist kein Widerspruch zu seinem abenteuerlichen Lifestyle. Forschung zeigt, dass Risikobereitschaft bereichsspezifisch ist.[20] Jemand kann also bei Freizeitaktivitäten und Gesundheitsthemen gut mit Unsicherheit leben, bei Finanzen aber strikt Sicherheit bevorzugen.

Benno – der Banker (RE = 3) Benno weiß, wie man Risiken misst und kontrolliert, aber auch, wie trügerisch Modelle sein können. 3 RE sind für ihn gelebte Normalität: ein professioneller Umgang mit Schwankungen, ohne alles auf eine Karte zu setzen.

Frank – der Forscher (RE = 1) Bei Stabilität und Vorhersehbarkeit fühlt Frank sich am wohlsten. RE =1 passt perfekt zu ihm: keine Überraschungen, keine Planabweichungen, keine Gefahr, dass er aus seiner Ruhe gerissen wird und umdisponieren muss.

Unsere sieben Bekannten zeigen, wie unterschiedlich Menschen mit Risiko umgehen – von Fridas Gelassenheit bis zu Franks Vorsicht. Doch selbst wer mutig investiert, braucht noch eine zweite Eigenschaft: Geduld. Denn Risiko ohne Zeit bringt selten Rendite. Darum geht es jetzt.

Deine Geduld: Was sie mit deiner Risikotoleranz zu tun hat

Risikotoleranz ist die Frage: *Wie viel Unsicherheit halte ich aus, um am Ende mehr herauszuholen?* Geduld ist die Frage: *Wie lange bin ich bereit zu warten, um mehr zu bekommen?*

Beide – Risikobereitschaft und Geduld – hängen zusammen. Denn wer auf zukünftige Erträge hofft, muss beides mitbringen: Nerven und Zeit. Deshalb ist deine Geduld kein Nebenthema, sondern Teil deines finanziellen Profils. Solltest du etwa feststellen, dass du Konsumwünsche nur schwer aufschieben kannst und deshalb trotz aller Vorsätze selten etwas von deinem Einkommen auf der hohen Kante landet, dann brauchst du vielleicht ein paar extra Hacks aus Teil V, um deinen perfekt geplanten Financial Lifestyle Code auch wirklich durchzuziehen.

Ein Team um den Verhaltensökonomen Armin Falk hat in einer globalen Studie zu ökonomischen Präferenzen untersucht, wie unterschiedlich Menschen auf der Welt mit Risiko, Geduld und Großzügigkeit umgehen – und wie sehr das ihre finanziellen Entscheidungen beeinflusst. Dabei zeigt sich: Unsere Bereitschaft, zu sparen, zu investieren oder zu helfen, ist kein Zufall, sondern Teil eines kulturell und biografisch geprägten Musters.[21]

Konkret: Menschen in Europa – auch in Deutschland – gelten im internationalen Vergleich als relativ geduldig. Viele sind bereit, heute auf Konsum zu verzichten, um in Zukunft mehr zu haben. Das erklärt, warum Sparen so tief in unserer Finanzkultur verankert ist.

In anderen Regionen – etwa in Teilen Afrikas oder des Nahen Ostens – ist die Lage oft anders. Hier herrschen andere Lebensrealitäten: Wer wenig besitzt und kaum Sicherheit kennt, trifft verständlicherweise kurzfristigere und risikofreudigere Entscheidungen. In Asien hingegen zeigen viele Menschen ein hohes Maß an sozialem Verantwortungsgefühl – was sich unter anderem in großzügigem Spendenverhalten und langfristiger Planung ausdrückt.

Was bedeutet das für dich? Neben deiner Persönlichkeit und deinen Erfahrungen prägt auch deine kulturelle Herkunft, wie du mit Geld, Zeit und Risiko umgehst. Wenn du verstehst, woher deine finanziellen Reflexe kommen, kannst du deine Entscheidungen bewusster gestalten – und besser mit dir selbst im Reinen sein.

Wie geduldig bist du mit deinem Geld?

Angenommen, dir werden 100 € sofort angeboten. Alternativ könntest du auch warten und bekommst das Geld erst in zwölf Monaten – aber mit Aufschlag. Wie hoch müsste dieser Betrag sein, damit du auf das Geld jetzt verzichten würdest? 102 €? 110 € oder 120 €? Viele Menschen sagen: »Unter 110 € würde ich nicht warten.« Das zeigt: Geduld hat ihren Preis. Nur – so hohe Renditen gibt es an den Finanzmärkten nicht. Wer also erst bei 20 % Zuwachs bereit ist zu warten, für den fühlt sich Sparen schnell unattraktiv an – und ein Konsumentenkredit selbst zu 10 % vielleicht akzeptabel. Falls du selbst beim Geld eher ungeduldig bist und gerne mal spontan auf Shopping-Tour gehst, hier schon mal ein Ausblick auf Teil V. Dort stelle ich auch fünf »Hacks, die deinen Wunsch-Lifestyle retten« vor.

Nahezu alle Menschen empfinden 100 € heute als wertvoller als 100 € in einem Jahr – das ist normal. In der Finanzwelt hat das sogar einen Namen: Zeitwert des Geldes. Einfacher gesagt: »Cash is King!« Doch wer sich nur auf das Geld in der Hand heute konzentriert, klammert einen der wichtigsten Erfolgsfaktoren der Finanzwelt aus: Zeit!

Finanzprofis arbeiten nicht nur mit Geld, sondern auch mit Zeit. Sie holen künftige Geldbeträge in die Gegenwart zurück (Runterrechnen oder »Abzinsen« auf den Gegenwartswert) und sie rechnen heutige Beträge gedanklich in die Zukunft (Hochrechnen oder »Aufzinsen« auf den Zukunftswert). Das schauen wir uns im nächsten Teil ausführlich an. Weil das Konzept so wichtig ist, will ich sicherstellen, dass du jetzt schon die Grundidee verstehst (oder auffrischst):

Wenn du heute 100 € zu 3 % pro Jahr anlegst, kommen nach zehn Jahren mit Zinseszins 134 € dabei heraus. 100 € heute bedeutet also 134 € in zehn Jahren und 134 € in zehn Jahren bedeutet 100 € heute. Der Umrechnungsfaktor für das Aufzinsen zwischen Geld heute und in zehn Jahren ist bei 3 % Zinsen also

134 € ÷ 100 € = 1,34,

und der Umrechnungsfaktor für das Abzinsen von Geld in zehn Jahren nach heute ist der Kehrwert davon, nämlich

100 € ÷ 134 € = 0,74.

Das heißt messerscharf gefolgert, dass 100 € in zehn Jahren heute 74 € wert sind. Ausblick: In Teil II erkläre ich dir die vier Zinseszins-Tabellen am Ende des Buches, mit denen du selbst beliebige Einmalbeträge und Sparpläne auf- und abzinsen kannst. Wir werden später so auch den vollen Gegenwartswert deiner gesetzlichen Rente schätzen, damit du eine Vorstellung davon hast, was deine Ansprüche an den Staat heute insgesamt wert sind.

Stell dir vor, jemand geht in zehn Jahren in Rente und erwartet dann 2 000 € Rente pro Monat. Wie viel ist dieser Betrag heute wert, wenn mit

3 % abgezinst wird? Genau: 2 000 € multipliziert mit dem Rechenfaktor 0,74 von oben. Das macht 1 440 €. So viel ist eine Monatsrente heute wert. »Cash is King« heißt eben auch, dass du dir frühzeitig ein Bild davon machst, wie dein persönlicher »King« realistisch aussieht. Eindrucksvoll? Gut! Oder ein bisschen … mickrig? Dann nutze deine Zeit, ihn aufzupäppeln.

Warum du über Risiko und Geduld nachdenken solltest? Weil dein Umgang mit Risiko und Zeit bestimmt, ob dein Plan trägt.

Finanzidentität: Wie tickst du insgesamt, wenn es um Geld geht?

Sieben Menschen, sieben Finanzidentitäten

Du hast in diesem Teil sieben Charaktere kennengelernt. Damit du dir die Unterschiede noch klarer vorstellen kannst und auch ein Muster für deinen eigenen Code hast, habe ich ihre Profile hier auf einen Punkt gebracht.

Frida – die Frugalistin

Big Five: Ich bin offen und umgänglich.

Philosophie: Meine Grundhaltung zeigt auf Achtsamkeit.

Lifestyle: minimalistisch mit kleiner, aber feiner, zentraler Wohnung, wenig Zeug, viel Zeit für Bücher und Reisen mit Rucksack. Gesamtausgaben von 1 900 €, das meiste für Wohnen und Mobilität.

Fallstrick: Sollte die Frugalismus-Strategie in einigen Jahren doch nicht aufgehen, habe ich den Anschluss an die Arbeitswelt verpasst. Langlebigkeit wäre auch ein finanzielles Problem.

Risikotoleranz: RE = 2,5

Lifestyle-Wunsch: Stabil auch bis ins hohe Alter so leben wie heute.

Jana – die Journalistin

Big Five: Ich bin sehr gewissenhaft, umgänglich.

Philosophie: Mein Wertekompass zeigt auf Tugend und Werte.

Lifestyle: wertebewusst, Arbeit mit Sinn, Zeit für Kultur und ab und zu eine Reise, die den Horizont erweitert. Gesamtausgaben von 2 500 €, das meiste geht für Miete drauf.

Fallstrick: Ich erstarre im Pflichtgefühl und lasse wegen Selbstzweifeln Chancen im Leben ungenutzt vorbeiziehen.

Risikotoleranz: RE = 4

Lifestyle-Wunsch: Ab 40 jedes Jahr eine große Reise.

Fred – der Friseur

Big Five: Ich bin sehr extravertiert und umgänglich.

Philosophie: Mein Leben dreht sich um soziale Beziehungen.

Lifestyle: gesellig, lange Gespräche, Festivals und spontane Kurztrips. Gesamtausgaben von 3 400 €, weniger für Wohnen, mehr für Zeit mit Familie und Freunden.

Fallstrick: Ich bin freigiebiger, als ich vielleicht finanziell verkraften kann.

Risikotoleranz: RE = 2,5

Lifestyle-Wunsch: Früher aufhören und ein Café führen, auch wenn es sich nicht rechnet.

Karin – die Köchin

Big Five: Ich bin sehr offen und umgänglich.

Philosophie: Ich suche im Leben nach Selbstverwirklichung.

Lifestyle: kreativ, eigene Projekte, Neues ausprobieren. Gesamtausgaben von 1 800 € im Monat, neben Wohnen das meiste für Essen und Trinken.

Größter Fallstrick: Ich investiere so sehr in meine Hobbys, dass meine Vorsorge zu kurz kommt.

Risikotoleranz: RE = 2

Lifestyle-Wunsch: Ein eigenes Restaurant.

Armin – der Autoverkäufer

Big Five: Ich bin sehr extravertiert.

Philosophie: Hedonismus passt zu meinem Selbstbild.

Lifestyle: oft furios, schnelle Autos, lange Nächte, Urlaub mit Adrenalin und der große Auftritt. Gesamtausgaben von 4 800 €, überdurchschnittlich viel für Wohnen und Ausgehen.

Größter Fallstrick: Alles hängt an meinem Einkommen als Autoverkäufer und der Hedonismus macht mich irgendwann stumpf.
Risikotoleranz: RE = 2
Lifestyle-Wunsch: Eigene vier Wände.

Benno – der Banker
Big Five: Ich bin extravertiert und gewissenhaft.
Philosophie: Ich definiere mich über Leistung und Status.
Lifestyle: exklusiv, Karriere, Premium-Locations, Netzwerken rund um die Uhr. Ausgaben über 40 000 € pro Monat – auch wegen der Zweitwohnung und des Ferienhauses.
Größter Fallstrick: Ich optimiere permanent und finde im Dauervergleich mit anderen keine Ruhe.
Risikotoleranz: RE = 3
Lifestyle-Wunsch: Harvard für die zwei Kinder.

Frank – der Forscher
Big Five: Ich bin gewissenhaft und umgänglich.
Philosophie: Habe den Stoizismus für mich entdeckt.
Lifestyle: bodenständig, ein Zuhause im Grünen, Zeit für Bücher und Gespräche, Gesamtausgaben von 5 500 €, durchschnittlich verteilt.
Fallstrick: Ich verwechsle Gelassenheit mit Passivität und Trägheit.
Risikotoleranz: RE = 1
Lifestyle-Wunsch: Mit dem eigenen Geld Gutes bewirken.

Und jetzt du

Schaue dir jetzt Folgendes an:

Deine Big Two aus den Big Five: Welche zwei Persönlichkeitszüge prägen dich am stärksten? Diese beeinflussen, wie talentiert du für eine bestimmte Lebensphilosophie bist, und auch, wie leicht du deine finanziellen Ziele vom Papier in die Tat übertragen kannst.

Die Stichworte, mit denen du deine Lebensphilosophie skizziert hast: Mit welchen Grundhaltungen kannst du dich identifizieren? Welches Lifestyle-Bild mit Familie, Arbeiten, Leben und Wohnen hast du da vor Augen?

Deine Kontoauszüge: Heute zeigt sich auf deinem Konto, was für dich im Alltag Priorität hat. Und zwar unabhängig von deiner Selbsteinschätzung im Big-Five-Test und auch unabhängig davon, wie du deine Lebensphilosophie skizziert hast. Morgen entscheidet sich daran, ob deine Spielräume schrumpfen – oder so wachsen, dass du dir den Lifestyle leisten kannst, den du in Zukunft leben willst.

Mit deiner Persönlichkeit und deiner Lebensphilosophie im Kopf lohnt es sich schon jetzt, darüber nachzudenken, wofür du in Zukunft mehr und wofür du weniger ausgeben möchtest. Es geht darum, deinen Ausgabenmix im Einklang mit der Lebensphilosophie zu definieren, mit dem IST abzugleichen und deine Wünsche – dein ICH WILL – möglich zu machen. Dein Code I fasst die Übungen aus Teil I zusammen. Er hilft dir, Klarheit über die Hintergründe für deinen Umgang mit Finanzen zu gewinnen. Es ist eine Aussage über dich selbst als »Finanzboss deines Lebens«, die dich ermutigen soll, deine Ziele bewusst und selbstbestimmt zu verfolgen.

Code I – Deine Finanzidentität

Big Five: Wo hast du markant niedrige oder hohe Werte? Eine Auswahl von zwei Merkmalen genügt.

- Offenheit — niedrig ◀●▶ hoch
- Gewissenhaftigkeit — niedrig ◀●▶ hoch
- Extraversion — niedrig ◀●▶ hoch
- Umgänglichkeit — niedrig ◀●▶ hoch
- Emotionale Stabilität — niedrig ◀●▶ hoch

Lebensphilosophie: Welche Grundhaltung passt zu dir und verheißt ein gelungenes Leben für dich und welche möchtest du besser meiden? Auch hier genügen zwei Optionen.

- Achtsamkeit — passt ◀●▶ meiden
- Tugend und Werte — passt ◀●▶ meiden
- Beziehungen — passt ◀●▶ meiden
- Selbstverwirklichung — passt ◀●▶ meiden
- Hedonismus — passt ◀●▶ meiden
- Leistung und Status — passt ◀●▶ meiden
- Innere Ruhe — passt ◀●▶ meiden
- ______________ — passt ◀●▶ meiden

Nichts davon passt? Willkommen im Skeptizismus. Dort, wo man selbst der eigenen Überzeugung misstraut.

Lifestyle aktuell: Ausgabenschwerpunkte bei ______________________

Lifestyle-Wunsch:

Mehr Ausgaben bei ______________________________________

Weniger Ausgaben bei ____________________________________

Lifestyle-Differenz: Die Differenz zwischen IST- und SOLL-Lifestyle liegt monatlich bei ____

Risikotoleranz: Bei so vielen Risikoeinheiten im Vermögen fühle ich mich gerade noch wohl: ______________________________________ RE

II Deine Finanzprinzipien

Um Vermögen im Einklang mit deinem Lifestyle aufzubauen und zu erhalten, musst du keine Bilanzen und Charts lesen können, keine Börsennachrichten verfolgen und auch keine komplizierten Formeln beherrschen. Es reicht, die Grundprinzipien zu kennen, nach denen Geld mit Renditen wächst, wie Risiken wirken und letztlich Vermögen entsteht. Wenn du diese wenigen Prinzipien verstehst, kannst du deine Finanzentscheidungen mit deiner persönlichen Lebensphilosophie und deinem Wunsch-Lifestyle in Einklang bringen, du lässt dich von Schlagzeilen und Finanzmythen nicht verrückt machen und dir passieren auch keine ärgerlichen Anlagefehler.

In diesem Teil II schauen wir uns drei Fragen zu Rendite und Risiko an:

- Welche Faktoren erhöhen deine Rendite – und wie kannst du sie nutzen?
- Welche Faktoren reduzieren deine Rendite – und wie kannst du sie vermeiden?
- Welche Rolle spielt Risiko – und wie gehst du am besten damit um?

Warum du die Antworten kennen solltest? Weil sie dir dabei helfen, in Teil III die entscheidenden Finanzfragen für dich zu beantworten:

- Über welches Gesamtvermögen verfügst du schon heute – wenn du auch die Zukunft deiner Arbeit einrechnest? (Spoiler: Mehr als du denkst …)
- Welches Gesamtrisiko steckt in deinem Vermögen – und passt das zu deiner Risikotoleranz und deinem Finanzplan?

- Welche Prognose ergibt sich daraus für dein Einkommen morgen – und die Chancen für einen Lifestyle-Upgrade?
- Wie kannst du mehr aus deinem Geld machen – und welche Stellhebel sind für dich persönlich am wirkungsvollsten?

Die Finanzprinzipien in diesem Teil basieren auf den bahnbrechenden Arbeiten von Nobelpreisträgern wie Harry Markowitz, William F. Sharpe und Eugene F. Fama, die du im Anhang näher kennenlernen kannst.

Rendite: Wie Vermögen wächst

Angenommen, du hast 10 000 € und möchtest diesen Betrag anlegen. Die Hälfte brauchst du als sichere Rücklage für den Fall, dass dein Auto in die Werkstatt muss. 5 000 € legst du daher sicher auf ein Tagesgeldkonto. Beim Schreiben dieses Buches lagen die Tagesgeldzinsen bei rund 2 %. Damit werden aus den 5 000 € nach einem Jahr vor Steuern 5 100 €. Das ist zwar nicht besonders spannend, und wenn die Zinsen niedriger sind als die Inflationsrate, verliert dein Geld sogar ein wenig an Wert. Aber: Du kannst immer darauf zugreifen und es kann keine Verluste geben.

Die andere Hälfte investierst du in Wertpapiere. Hier kannst du Gewinne erzielen, also mehr aus deinem Geld machen, du musst aber auch mit der Möglichkeit leben, Geld zu verlieren. Das ist dein Risiko. Deine Wertpapiere können gut laufen und du machst 20 % Gewinn. Das ist ein Plus von 1 000 €. Die Unsicherheit hat sich gelohnt. Deine Wertpapiere können aber auch 10 % Verlust machen. Das ist ein Minus von 500 €. Im Durchschnitt beider Szenarien machst du ein Plus von 250 € und damit mehr als die 100 € auf dem Sparbuch. Die 150 € Differenz zwischen sicherer und unsicherer Rendite ist die Risikoprämie, die du im Mittel dafür einstreichst, dass du Finanzrisiken schulterst.

Rendite ist Vermögenszuwachs

Die Rendite zeigt dir, wie stark deine Geldanlage pro Jahr wächst – dabei werden sowohl Wertzuwächse als auch zusätzliche Einnahmen wie Dividenden bei Aktien, Ausschüttungen bei Fonds oder Mieten bei Immobilien berücksichtigt.

Dazu ein Beispiel: Du kaufst eine Aktie für 100 €. Sie ist sie am Jahresende 107 € wert – ein Kursgewinn von 7 %. Zusätzlich bekommst du eine Dividende von 3 €. Eine Dividende ist eine Ausschüttung des Unternehmens an seine Aktionäre, eine Art Gewinnbeteiligung. Insgesamt hast du also 10 € Gewinn gemacht, und deine Rendite liegt bei 10 %. Gut zu wissen: Hätte dasselbe Unternehmen keine Dividende ausgeschüttet, sondern den Gewinn einbehalten, dann wäre die Aktie am Jahresende 110 € wert gewesen (das Geld für die Dividende bleibt ja dann in der Unternehmenskasse und ist Teil des Unternehmenswertes) und deine Rendite wäre genauso 10 % gewesen. Ob ein Unternehmen die Gewinne ausschüttet oder nicht, macht für deine Rendite (abgesehen von steuerlichen Details) keinen maßgeblichen Unterschied und sollte für deine Anlageentscheidungen daher auch keine Rolle spielen. Kluge Anlegerinnen legen Ausschüttungen daher gleich wieder an und geben sie nicht für Konsum aus, weil das ihre langfristige Rendite schmälern würde.[1]

Die Grundidee der Rendite gilt auch für Immobilien. Angenommen, du kaufst eine Wohnung für 100 000 €. Nach einem Jahr ist sie 2 000 € mehr wert – ein Wertzuwachs von 2 %. Dazu kommen 4 000 € Einnahmen aus Kaltmiete, abzüglich 1 000 €, die du für Reparaturen, Verwaltung und Zinsen bezahlen musstest. In Summe ergibt das eine Rendite vor Steuern von 5 % ((2 000 € + 4 000 € – 1 000 €) ÷ 100 000 €). Hier kannst du die Ausschüttung nicht direkt neu in die Wohnung anlegen. Aber du kannst damit vielleicht den Hauskredit tilgen, was de facto einer Anlage in die Immobilie entspricht, weil du sie so Schritt für Schritt von der Bank »zurückkaufst«.

Steuerlich gibt es einen wichtigen Unterschied zwischen Geldanlagen und Immobilien: Während bei den meisten Geldanlagen ein fixer

Steuersatz auf Erträge wie Kursgewinne, Dividenden oder Zinsen anfällt, macht es bei Immobilien einen großen Unterschied, ob du selbst drin wohnst oder ob du vermietest.

- Als Vermieter musst du die Kaltmiete versteuern, kannst aber gleichzeitig Kreditzinsen, alle Reparaturen, Verwaltungs- und Fahrtkosten und pauschal jährlich 2 % (mit gutachterlichem Nachweis auch mehr) des Kaufpreises des Gebäudes als sogenannte Abschreibung von deiner Einkommensteuer absetzen.
- Wenn die Immobilie nach mehr als zehn Jahren verkauft wird, fällt auf einen etwaigen Gewinn weder für Eigennutzer noch für den Vermieter Steuer an.

Die Nettorendite auf dieselbe Immobilie hängt also von individuellen Faktoren ab und kann für einen Vermieter vor allem dank der Steuervorteile aus der Abschreibung höher sein als für den Eigennutzer.

Beim Stichwort Steuervorteile eine generelle Warnung: Vorsicht bei allen Anlagevorschlägen, die mit Steuerersparnis oder staatlichen Zulagen locken. Einige Produktanbieter nutzen genau diese Geldgeschenke vom Staat aus, um unbemerkt an anderer Stelle zu kassieren: etwa durch überhöhte Kaufpreise, hohe laufende Kosten oder intransparente Ertragsmodelle. Ein Beispiel waren in den neunziger Jahren sogenannte Steuersparimmobilien in Ostdeutschland: sanierungsbedürftige Objekte mit steuerlichen Abschreibungen, aber oft überteuert und in wenig gefragten Lagen. Ähnlich bei geschlossenen Fonds, etwa für Schiffe oder Filmproduktionen. Auch hier winkten hohe Abschreibungsmöglichkeiten. Doch am Ende blieben Anleger auf hohen Verlusten im Kerngeschäft sitzen. Und selbst manche Riesterverträge waren so konstruiert, dass die staatliche Zulage und die Steuervorteile durch hohe Abschlusskosten, geringe Flexibilität und niedrige Renditen wieder aufgefressen wurden.

▶ **Die Rendite zeigt dir, wie viel dein Geld pro Jahr vor Steuern wächst, egal ob durch Zinsen, Wertzuwächse, Dividenden oder Mieteinnahmen. Steuerersparnisse sollten nie das ausschlaggebende Argument für eine Anlageform sein, weil es meistens einen Haken gibt.**

Der sichere Zins als Ruhepuls deiner Geldanlage

Auf den nächsten Seiten wird sich viel um Risiko und Risikoprämien drehen. Das Wichtigste vorab: Je höher das Risiko, desto höher die zu erwartende Rendite. Das liegt schlicht daran, dass Menschen von Natur aus Sicherheit bevorzugen und gerade beim Geld keine Überraschungen mögen. Damit sie trotzdem bereit sind, in riskante Anlagen wie Aktien oder Immobilien zu investieren, brauchen sie einen Anreiz: die Risikoprämie. Das ist ein höherer, jedoch nicht garantierter Gewinn, der Anleger auf Dauer für das eingegangene Risiko belohnen wird.

Der sichere Zins ist die Grundlinie für die Risikoprämie. Es gibt Anlageklassen, die so gut wie kein Risiko haben. Dazu gehören Tagesgeld und Festgeld und kurzfristige Staatsanleihen von wirtschaftlich stabilen Ländern. Hier dürfen Anleger keine Risikoprämie erwarten, denn die Renditen sind ja sicher.

Über die letzten 100 Jahre lag der sichere Zins im Schnitt bei etwa 4 %, er ist aber seit den Achtzigern im Sinkflug und liegt nach einigen Jahren unter null aktuell bei rund 2 %.

Dieser sichere Zins ist die absolute Mindestrendite, die Anleger verlangen, wenn sie ihr Geld weggeben, und sie wollen zu Recht mehr, wenn sie dabei Risiken eingehen. Die zu erwartende Rendite auf Aktien, Immobilien, Bitcoin et cetera ist folglich immer derselbe sichere Zins plus die Risikoprämie für die jeweilige Anlage.

Falls du dich zum Beispiel schon gefragt hast, woher das »8- bis 9 %-Rendite-Versprechen« für Aktien kommt, von dem du sicher schon gehört hast: Es setzt sich zusammen aus dem historischen sicheren Zins von 4 % und der historischen (über mehr als 100 Jahre durchschnittlichen) Risikoprämie für weltweite Aktien von 4,5 %.[2]

Nun liegt der sichere Zins aber heute nicht mehr bei 4 %, sondern eher bei 2 %. Außerdem mehren sich die Experten, darunter Nobelpreisträger Robert J. Shiller, die Datensammler Elroy Dimson, Paul Marsh und Mike Staunton von der London Business School, aber auch große Namen wie Goldman Sachs, Vanguard und AQR, die auf Basis ihrer Modelle und Daten davon ausgehen, dass die zukünftigen Risikoprämien von Aktien geringer ausfallen werden als in der Vergangenheit.[3]

Das 8–9 %-Renditeversprechen für Aktien gilt also nicht mehr. Wir sollten konservativer sein. Ich werde eine zukünftige Risikoprämie für den Aktienmarkt von 4 % annehmen. Bei einem sicheren Zins von 2 % gilt damit ein 6 %-Renditeversprechen auf den weltweiten Aktienmarkt.

▶ **Deine erwartete Rendite auf eine Anlage setzt sich zusammen aus der Grundlinie sicherer Zins (aktuell 2 %) plus der Risikoprämie für die betreffende Anlage.**

Vermeidbares Risiko wird nicht belohnt

▶ **Und hier gleich der nächste Merksatz: Eine Risikoprämie gibt es nur für Risiken, die Anleger nicht vermeiden können.**

Damit ist gemeint, dass sich bestimmte Risiken durch Streuung in Luft auflösen und damit von niemandem getragen werden müssen. Ein einzelnes Unternehmen kann große Kursstürze erleiden – das ist unternehmensspezifisches Risiko. Wer jedoch viele Unternehmen in seinem Depot mischt, kann solche Verluste ausgleichen. Du setzt nicht alles auf eine Karte – sondern verteilst dein Risiko, damit dir der Absturz eines Einzeltitels nicht das Vermögen verhagelt. Wer alles auf eine vermeintlich »sichere Bank« wie Wirecard setzte, verlor nach dem Skandal fast alles. Auch die Telekom-Aktie galt einst als »Volksaktie« – viele Kleinanleger mussten später zusehen, wie sich der Kurs halbierte und lange nicht erholte. Es gibt Hunderte solcher Geschichten. Risiko klug verteilen, nennt sich Streuung oder Diversifikation. Fonds und ETFs tun genau das: Sie beseitigen das vermeidbare Einzeltitelrisiko, behalten aber das sogenannte Marktrisiko, das alle Unternehmen betrifft und nicht weiter reduziert werden kann. Nur für dieses Marktrisiko gab es historisch die Risikoprämie von 4,5 % zusätzlich zum sicheren Zinssatz. Für vermeidbare Risikos liegt die Risikoprämie bei null!

Die Lektion: Einzeltitel schwanken stark und können ins Bodenlose fallen – selbst bei bekannten Namen. Nur wenn du in SEHR viele Unternehmen gleichzeitig investiert bist, bekommst du langfristig die faire Marktrendite – ohne unnötig zu zocken.

Falls du dich bei der Gelegenheit fragst: »Wenn alle mit Aktien eine ordentliche Risikoprämie machen – wer verliert dann eigentlich das Geld?« Die Antwort: Niemand. Die Börse ist kein Nullsummenspiel. Es wird nicht nur Geld von einem Anleger zum anderen verschoben. Neue Gewinne entstehen, weil Unternehmen wachsen, neue Produkte verkaufen und mehr erwirtschaften. Der Kuchen wird tatsächlich größer. Und je besser du streust, umso mehr hast du davon.

Warum das GMP die bestmögliche Streuung liefert

Denkt man die Idee der Diversifikation nicht nur über Aktien, sondern über alle Anlagemöglichkeiten hinweg konsequent zu Ende, landet man beim sogenannten Globalen Marktportfolio, kurz GMP. Das GMP ist so etwas wie ein Spiegel der kompletten, globalen Finanzanlagewelt. Alles, was Menschen irgendwo auf der Welt auf Handelsplätzen kaufen und verkaufen – Aktien, Anleihen, Immobilien, Edelmetalle, Rohstoffe, sogar Krypto-Werte wie Bitcoin –, steckt darin. Ausblick: Dieses bunte Gemisch ist das optimale Depot für deine langfristige Geldanlage. Wenn du dich daran orientierst, hast du automatisch die maximale Streuung und damit langfristig die beste Rendite fürs Risiko. Das gilt unabhängig von deiner Risikotoleranz. Verträgst du persönlich mehr Risikoeinheiten, investierst du einen größeren Anteil deines Geldes in das GMP. Verträgst du weniger, dann eben einen kleineren Anteil ins GMP und den größeren in sichere Anlagen.

Jetzt fragst du: »Bestmöglich, optimal, maximal? Wie kann man denn wissen, was die beste Anlagevariante ist? Und sollte sich das nicht von Monat zu Monat ändern? Dafür gibt es doch eine ganze Branche und darüber streiten permanent die Experten und die Zeitungen sind voll mit Empfehlungen! Warum gibt es das alles dann überhaupt?«

Stellen wir kurz die Finanznachrichten ab und folgen diesem Gedanken: Wenn sich Tausende Experten permanent den Kopf darüber zerbrechen, wie das Geld optimal auf Aktien, Anleihen, Immobilien, Edelmetalle et cetera zu verteilen ist, dann ist es klug, wenn wir unsere Zeit nicht damit verschwenden, uns einen Reim auf die Überlegungen und Strategien einzelner Experten zu machen. Betrachten wir lieber direkt das Ergebnis der größten und erfolgreichsten Experten. Wie teilen diese ihr eigenes Geld auf? Wie legen sie es an? Machen wir es ihnen einfach nach.

Aber wie bekommen wir Einblicke in deren Depots? Überraschend mühelos: Stell dir mal hypothetisch vor, es gäbe nur einen einzigen großen Anleger, der alle Aktien hält. Auch wenn du nicht in das Depot des Anlegers schauen kannst, so kannst du die Anteile im Portfolio doch direkt an den Marktwerten der Unternehmen ablesen. Wenn ein Unternehmen doppelt so viel wert ist wie ein anderes (Wert hier als Summe aller Aktien), dann muss es im Depot des Anlegers auch den doppelten Anteil haben, denn niemand anderes hält ja die Aktien. Das lässt sich direkt auf die Realität übertragen, in der es natürlich sehr viele Anleger gibt. Auch wenn du also nicht direkt ins Depot der Anleger blicken kannst, so kannst du an der sogenannten Marktkapitalisierung aller Unternehmen indirekt ablesen, wie groß die Anteile der Unternehmen im Schnitt in den Depots der großen und wichtigen Anleger sind. Da kommt eine riesige Summe zusammen:

Alle Aktien der Welt waren Anfang November 2025 zusammen etwa 145 Billionen US-Dollar wert (also 145 000 Milliarden).[4] Der Wert von

Apple zum selben Zeitpunkt war 4,0 Billionen US-Dollar. Apple macht also rund 2,7 % des Gesamtwertes aller Aktien aus und daraus folgt zwingend, dass Apple einen durchschnittlichen Anteil von 2,7 % in den Depots der Anleger hat.

Nun beschränken sich die großen Anleger nicht nur auf Aktien, sondern legen ihr Geld auch in Anleihen, Edelmetallen, Immobilien, Private Markets (vor allem Private Equity, also nicht an der Börse gehandelte Firmenanteile, und Venture Capital, also Startkapital für junge Unternehmen), Rohstoffen und Krypto an. Und abermals können wir die im Schnitt optimale Mischung zwischen diesen Anlageklassen indirekt über die Gesamtwerte der Wertpapiere ablesen. Wichtig: Wir dürfen nur handelbare Wertpapiere berücksichtigen, denn zum Beispiel das Haus, in dem du wohnst, die Kredite der Bank an den Mittelständler um die Ecke oder Öl in Tanks und Kohle auf Halde lassen sich nicht in dein Depot aufnehmen. Schauen wir uns die Anlageklassen kurz an:

Anleihen sind Wertpapiere, mit denen sich Staaten oder Unternehmen Geld leihen. Sie zahlen dafür wie bei einem Kredit Zinsen und geben das geliehene Kapital am Ende zurück. Der globale Anleihemarkt hat laut OECD derzeit eine Größe von rund 100 Billionen US-Dollar.[5] Ungefähr zwei Drittel davon sind Staatsanleihen und ein Drittel Unternehmensanleihen. Daraus folgt, dass sich im globalen Portfolio Aktien und Anleihen als die beiden größten handelbaren Anlageklassen im Verhältnis von 145 zu 100 finden, also fast genau im Verhältnis von 60:40. Nicht nur zufällig spricht man daher von diesem 60:40-Portfolio vom klassischsten aller Depots.

Weiter geht es mit **Edelmetallen,** also vor allem Gold. Der Gesamtwert allen global handelbaren Goldes lag im Herbst 2025 bei rund 15 Billionen US-Dollar.[6] Wenn man das gesamte bisher geförderte Gold der Menschheit zusammenschmelzen würde, ergäbe das einen Würfel von etwa 22 Metern Kantenlänge.[7] Die Knappheit und Unzerstörbarkeit des Goldes ist ein Grund für seinen hohen Preis und seine Bedeutung als Wertspeicher. In Krisenzeiten steigt der Goldpreis tendenziell – deshalb fragen mich derzeit viele Studierende, Journalisten, Freundinnen und

Freunde nach meiner Einschätzung: »Soll man jetzt schnell noch Gold kaufen?« Weil die Antwort so wichtig ist und nicht ganz in einen Satz passt, komme ich gleich darauf zurück.

Private Equity Fonds sind große Geldtöpfe, mit denen Investoren Firmen kaufen, die *nicht* an der Börse sind. Sie leihen sich dafür oft zusätzlich viel Geld, machen die Firmen profitabler und verkaufen sie nach ein paar Jahren wieder – im Idealfall mit hohem Gewinn. In derartigen Fonds stecken weltweit rund 6 Billionen US-Dollar.[8] Da diese Fonds nicht an der Börse gehandelt werden, kannst du hier nur über zwei Umwege investieren: entweder über EU-weit regulierte ELTIF-Fonds (European Long-Term Investment Fund) für Infrastruktur, Immobilien oder nicht börsennotierte Unternehmen. Oder, indem du Aktien von Private-Equity-Unternehmen kaufst (besonders bekannt: Blackstone und KKR, weitere kannst du leicht im Netz finden). Es gibt auch ETFs auf Indizes mit diesen Private-Equity-Unternehmen. Vergiss dann aber nicht, dass diese Unternehmen schon einmal im Baustein Weltaktien enthalten sind.

Krypto ist wie Spielgeld im Internet, das man mit echtem Geld kaufen und wieder verkaufen kann. Es gehört keiner Bank oder Regierung, sondern läuft über ein weltweites Computernetz, das Buch führt, wer was hat. Der Preis entsteht allein dadurch, wie viele Leute gerade daran glauben und es haben wollen – Geldanlangen in diesem Markt sind entsprechend riskant. Der gesamte Kryptomarkt – also alle Bitcoins, Ether und die vielen anderen Digitalwährungen zusammen – hat aktuell einen Wert von rund 3,4 Billionen US-Dollar.[9]

Wenn du in **Immobilien** investieren willst, kannst du das an der Börse tun – über Aktien von Immobilienfirmen oder Immobilienfonds – oder über offene Immobilienfonds, die nicht an der Börse gehandelt werden. Die börsengehandelten Werte sind in den Aktienzahlen oben schon drin. Offene Immobilienfonds dagegen machen weniger als 1 % des GMP aus und können wir hier getrost ignorieren. Geschlossene Fonds sind riskanter – da bist du oft zehn Jahre oder länger gebunden und kommst gar nicht vorher raus, egal wie sich der Markt entwickelt. Immobilien insgesamt beschäftigen viele Menschen. Vielleicht willst auch du dir mit einer eigenen Wohnung ein Dach über dem Kopf für die Rente sichern. Oder du weißt jetzt schon, dass du eines Tages als Erbe mit einem Haus dastehen wirst. Deshalb komme ich auf das Thema »Haus« gleich zurück.[10]

Kommen wir zu **Rohstoffen wie Öl, Kohle oder Stahl.** Die großen Produzenten findest du im Aktienmarkt, und spezielle Wertpapiere direkt auf Rohstoffe spielen mit weniger als 1 % des GMP praktisch keine Rolle. Andere Anlagen wie Hedgefonds, Venture Capital oder Infrastrukturprojekte stehen dir in der Regel gar nicht offen – oder sie laufen über die neuen ELTIFs, die ich weiter oben erklärt habe. Für deine eigene Anlagemischung bedeutet das: Rohstoffe sind über Aktien ohnehin abgedeckt, die exotischen Produkte kannst du getrost vernachlässigen.

Daraus ergibt sich für dich die aktuelle GMP-Formel mit PE für Private Equity und BC für Bitcoin:

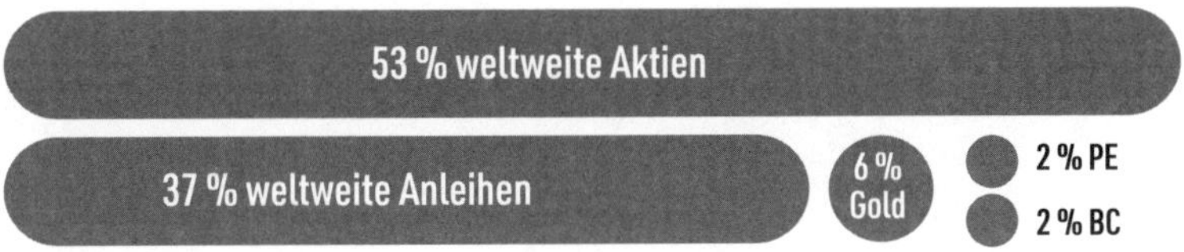

Abbildung 2: GMP-Zusammensetzung Herbst 2025

Nochmal die Grundidee: Die großen und langfristig erfolgreichsten Anleger der Welt verteilen ihr Geld gemittelt genau auf diese Art und Weise. Dem gingen viel Recherche und Optimierung voraus. Anstatt sich selbst den Aufwand zu machen, kannst du dir dieses Profi-Depot direkt zu eigen machen und es für dich »nachbauen«.

Das Loblied auf das GMP singe nicht nur ich. Auf dieser Idee fußen die zentralen Modelle der Finanztheorie wie das berühmte CAPM (Nobelpreis für William F. Sharpe in 1990): Das Globale Marktportfolio ist das optimale Depot, das rationale Anleger wählen, wenn sie all ihre

Hausaufgaben gemacht haben. Dank maximaler Streuung bekommen sie dann die maximal mögliche Risikoprämie fürs Risiko.

Und noch ein wichtiger Punkt aus der Forschung: Für eine hinreichend gute Streuung, also für eine akkurate Version des GMP, kommt es gar nicht auf die völlig präzise Aufteilung an. Hauptsache, die Dimensionen stimmen. Die Aufteilung oben basiert auf den Marktwerten von Anfang November 2025. Wenn du das Buch liest, sind die Gewichte wahrscheinlich schon etwas »gedriftet«. Der entscheidende Vorteil der breiten Streuung bleibt aber auch bei näherungsweiser Aufteilung erhalten. Daher ist auch eine Faustregel-Aufteilung mit 50 % Aktien, 40 % Anleihen und insgesamt 10 % in Gold, Bitcoin und Private Equity gut vereinbar mit der Grundidee des GMP. Innerhalb der Bausteine musst du niemals umschichten. Die Fonds und ETFs auf Baustein-Indizes sind so konstruiert, dass sie neue Gewichtungen der Wertpapiere innerhalb des Index automatisch nachbilden.

Ich liefere hier keine Empfehlungsliste der besten Fonds und ETFs für das GMP. Dazu entwickelt sich der Markt mit neuen Produkten und Konditionen zu dynamisch und ich möchte gern neutral bleiben. Anstelle selbst zu recherchieren, kannst du Vergleichsseiten nutzen oder den KI-Chatbot deiner Wahl. In Teil IV gebe ich dir dafür einen Beispielprompt, der dir direkt eine aktuelle Liste passender Fonds liefert.

Jetzt noch die wichtige Frage: »Was bringt das GMP konkret an Rendite?« Um die Antwort herauszufinden, haben die Forscher Ronald Doeswijk und Laurens Swinkels die Renditen der wichtigsten Anlageklassen sowie des GMP für die vergangenen fünf Jahrzehnte gesammelt.[11] Ergebnis: Das GMP erzielte eine durchschnittliche Risikoprämie von 3,7 % pro Jahr. Das ist zwar weniger als bei Aktien, aber die Wertschwankungen lagen im Verhältnis noch niedriger. Der Streu-Vorteil des GMP mit Aktien, Anleihen und Gold gegenüber Aktien allein zeigte sich vor allem in Krisenzeiten mit Kurstürzen, also genau dann, wenn es besonders wehtat.

Analog zum Aktienmarkt verwende ich auch für das GMP lieber defensivere Werte für die Zukunft: Bei Aktien wie oben erwähnt 4 % und beim GMP entsprechend 3,5 %. Die langfristig erwartete Rendite auf das GMP liegt dann bei 5,5 % pro Jahr (Risikoprämie plus sicherer Zins von 2 %). So bekommst du ein realistisches Bild, welche Renditen über lange Zeiträume möglich sind – und die Sicherheit nach vorne, deine Entscheidungen auf solide Daten zu stützen.

Was, wenn der Markt crasht?

Was passiert, wenn eine Krise einschlägt? Die Rede ist von Fällen, die in keinem Modell vorkommen, weil sie nicht planbar sind. Dotcom-Blase, Finanzkrise, Euro-Krise, Corona – solche Schocks treffen die Märkte alle paar Jahrzehnte, manchmal auch häufiger. Für Anleger sind das die kritischen Momente, vor allem dann, wenn man das Geld bald braucht, etwa kurz vor Renteneintritt. Gerade in diesen Phasen zeigt sich der Wert breiter Streuung: Einzeltitel sind besonders gefährdet! Mehr als die Hälfte aller jemals gehandelten Aktien haben in ihrer Geschichte mindestens einmal über 90 % an Wert verloren. Viele haben sich davon nie erholt. Der breite Markt dagegen schon – immer wieder.

Das GMP hat in den vergangenen 50 Jahren nie Verluste von über 30 % in einem Kalenderjahr verzeichnet (kurz zuvor beim Ölpreisschock 1974 waren es 31 %). Bei Weltaktien passierte das zweimal, 2002 nach der Internetblase und 2009 in der Finanzkrise (beide Male ungefähr minus 50 %). Verluste von mehr als 20 % traten beim GMP zweimal auf, bei Weltaktien viermal. Das zeigt: Gerade in den schlimmsten Phasen schneidet das GMP stabiler ab als ein reines Aktienportfolio – und deutlich stabiler als Rohstoffe oder Gold.

Der zweite Punkt: Märkte kommen zurück. Nach jedem Crash haben sich die Verluste ausgeglichen – mal schneller, mal langsamer. In den siebziger Jahren dauerte es nach dem schlimmsten Einbruch etwa 6,5 Jahre, bis die alten Werte wieder erreicht waren. In der Finanzkrise brauchte es nur rund 3,5 Jahre für das GMP und damit weniger Zeit als für den Aktienmarkt. Für dich heißt das also: Verluste gehören dazu, aber maximale Streuung sorgt für das bestmögliche Verhältnis von Risiko und Prämie – und sie bringt dich sicherer durch Krisenzeiten.

Für dich heißt das auch, dass in den Risikoprämien für Weltaktien (4 %) und für das GMP (3,5 %) solche Crashs bereits berücksichtigt sind. Der nächste Crash kommt bestimmt, aber langfristig wird auch dieser eine Delle in der Aufwärtslinie bleiben.

Was ist mit der Rendite von Immobilien?

Kommen wir zurück zum Thema Immobilien. Kaum eine Entscheidung ist so emotional aufgeladen und finanziell riskant wie die Frage nach dem eigenen Haus oder der eigenen Wohnung. Populäre Ratgeber zeichnen dabei oft ein klares Bild: Wer ein Haus besitzt, ist angekommen, hat Status, ist glücklich und wirft gleich mal ein Kleinkind in die Luft (so das Klischeebild in den entsprechenden Anzeigen). Eigentum gilt als krönendes Ziel der finanziellen Unabhängigkeit – zumindest im gesellschaftlichen Idealbild, auch wenn die Realität oft sehr viel komplizierter ist.

Auch die Wissenschaft sieht das Thema differenzierter. Sie fragt nicht: *Wie fühlt sich das an?* Sondern: *Was rechnet sich?* Und dabei fällt auf: Wohneigentum ist nicht per se die bessere Wahl. Gerade in einem Land wie Deutschland, wo die Anschaffungsnebenkosten hoch sind – Grunderwerbsteuer, Notarkosten, Maklerprovision –, kann sich eine Immobilie finanziell als ziemlich träge Anlage entpuppen. Besonders dann, wenn sie überteuert gekauft wurde.

Hinzu kommt: Ein Eigenheim bindet Kapital, das anderswo mitunter besser arbeiten würde. Und wer mietet, bleibt flexibel. Muss nicht jahrelang streichen, dämmen, das Dach erneuern und kann umziehen, wenn der Job es verlangt oder wenn das Leben es will. Muss sich nicht mit der Hausverwaltung oder den Nachbarn oder sich bei Immobilien als Kapitalanlage mit den Mietern streiten.

Natürlich geht es beim Eigenheim nicht nur um Zahlen – auch Gefühle wie Sicherheit, Geborgenheit und Glück spielen eine Rolle. Nur: Das erhoffte Glücksplus bleibt oft kleiner als gedacht. Es sind vor allem Menschen mit extravertiert orientierten – also deutlich nach außen sichtbaren, statusorientierten – Lebenszielen, die den Zugewinn an Lebenszufriedenheit durch das eigene Haus überschätzen.[12] Wer das eigene Glück zu sehr an vier Wände knüpft, blendet außerdem leicht Risiken aus: zu hohe Kredite, zu schnelle Entscheidungen, zu viele Kompromisse.

Zurück zur nüchternen Betrachtung der Immobilie als Renditebringer. Als Anlageform haben Immobilien einige Besonderheiten. Vor allem: Sie sind nicht liquide. Du kannst ein Haus oder eine Wohnung wegen der Formalien mit Grundbuch und Kredit nicht so leicht heute kaufen und morgen wieder verkaufen wie eine Aktie. Deshalb fordern die Anleger neben einer Risikoprämie Aktien eine extra Prämie für die geringe Liquidität. Eine Immobilie bindet dein Kapital über lange Zeit. Gleichzeitig weißt du nie ganz genau, wie hoch ihr Wert wirklich ist und wie er sich entwickelt. Vielleicht entpuppen sich die Wände als feucht? Die schöne Aussicht wird zugebaut? Der Wert der »Lage« bricht ein, weil Menschen und Gewerbe wegziehen? Das kann eine extra Prämie für Bewertungsunsicherheiten erfordern.

Was also bringen dir Immobilien im Vergleich zu Wertpapieren?

Hier die zentralen Resultate der Studie von Francisco Amaral und Co-Autoren, die im August 2025 im *Journal of Finance* erschien:[13]

- Die Renditen auf Wohnimmobilien variierten stark nach Ort und über die Zeit hinweg.
- Die durchschnittliche Wertschwankung war ungefähr vergleichbar mit der des GMP, aber die Risikoprämie dafür war besser.
- In der historischen Betrachtung lag die Gesamtrendite von Wohnungen in deutschen Metropolen bei rund 5 % pro Jahr.
- Die Renditen in der Peripherie lagen bei rund 6 %.

Eine weitere zentrale Erkenntnis der Studie: Mehr als zwei Drittel dieser Renditen kamen aus der Vermietung (Mietrendite) und nur weniger als ein Drittel aus dem Preisanstieg (Kapitalgewinn).[14] Diese Erkenntnis, dass die Preissteigerung allein langfristig mager ausfiel, kannst du auch selbst an den Zahlen der Bank für Internationalen Zahlungsausgleich für Wohnimmobilien in Deutschland ablesen.[15] Zwischen 1970 und 2025 sind die Preise *insgesamt* im Schnitt um weniger als 3 % pro Jahr angestiegen. Nach Abzug der Inflation blieb da kaum noch etwas übrig. Im *Einzelfall* aber gingen bei Immobilien – oft in direkter Nachbarschaft – die tatsächlich realisierten Gewinne deutlich auseinander. Ob Immobilien eine bessere Anlage sind als ein am GMP orientiertes Portfolio, lässt sich damit nicht pauschal beantworten. Es ist eine Frage der Abwägung:

Einerseits: Wenn sich für dich durch Glück oder nach langer Recherche die Möglichkeit eröffnet, eine Immobilie »unter Marktpreis« zu erwerben, und du sie solide vermieten kannst, ohne zu viel deiner Freizeit in die Verwaltung stecken zu müssen, können Immobilien nüchtern gerechnet eine hervorragende Anlageform mit überdurchschnittlicher Risikoprämie sein.

Andererseits können sich Immobilien als massiv verlustreich entpuppen, wenn sich später der gezahlte Preis oder der Aufwand für Instandhaltung und Verwaltung als besonders hoch und die Mieten durch Leerstand als zu niedrig im Vergleich zur Zinslast herausstellen. Deshalb solltest du gerade bei Immobilien Klumpenrisiken in deinem Vermögen vermeiden. Ein Klumpenrisiko entsteht, wenn ein einzelner Vermögensbaustein einen übergroßen Anteil deines Gesamtvermögens ausmacht und dadurch dein gesamtes Risiko dominiert.

Klartext: Wenn du hier Pech hast, bist du pleite. Kaufe eine Immobilie also nur, wenn du dir sehr sicher bist, dass der Preis stimmt und dein Gesamtvermögensrisiko durch den Hauskredit nicht deine Risikotragfähigkeit überschreitet.

Zur Ehrenrettung der Immobilie erwähne ich noch einen Vorteil der kreditfinanzierten Immobilie als Instrument der Selbstbindung.

Selbstbindung bedeutet, dass du dich heute bewusst auf einen langfristigen Pfad festlegst, um künftige Versuchungen oder Nachlässigkeit zu umgehen (siehe Teil V). Wenn du einen Hauskredit aufnimmst, zwingst du dich ja mit den Tilgungsleistungen über 20, 30 Jahre hart zum Sparen.

Sonderfall Gold und »digitales Gold«

Nach »mein Haus« nun zu unserem zweiten emotionalen Anlagethema: »mein Gold«. Das Edelmetall Gold hat sich in den sieben Jahren zwischen Herbst 2018 und Herbst 2025 im Wert verdreifacht. Das waren satte 17 % Rendite pro Jahr und klingt entsprechend attraktiv. Sollten wir nun alle möglichst viel Gold kaufen? Ganz klar: Nein. Warum, zeigt ein Blick in die Geschichte.

In den sieben Jahren vor 2018 lag die Rendite von Gold bei glatt null. Null Rendite gab es auch über 25 lange Jahre zwischen Herbst 1979 und Herbst 2004. Goldanleger müssen sich also auf sehr lange Durststrecken ohne Plus einrichten – und auf plötzliche herbe Verluste. So geschehen zwischen Herbst 2012 und Herbst 2014, als sie fast 30 % ihres Einsatzes verloren. Immerhin: Selbst, wenn Anleger Gold nicht mehr zur Wertaufbewahrung nachfragen, sorgt der Nutzwert für die Schmuckbranche und die Industrie dafür, dass der Preis nicht ins Bodenlose fällt.[16] Und doch gilt: Über lange Zeiträume lag die Gold-Rendite nur knapp über der Inflation und warf bei großen erratischen Schwankungen eine Risikoprämie von rund 1 % ab. Gold ist als Anlage also riskanter und bringt langfristig weniger Gewinn ab als von vielen gedacht.

Fakt ist aber auch: Gold stabilisiert das Vermögen in Krisenzeiten und ist ein besserer Schutz gegen Inflation als Aktien und insbesondere heimische Aktien.[17] Außerdem gilt nach deutschem Steuergesetz, dass die Gewinne auf Goldbarren und bestimmte Gold-Wertpapiere (ETCs mit Auslieferungsanspruch) nach einem Jahr Haltedauer steuerfrei bleiben. Stabilisierung und Steuerbefreiung sind gute Gründe, warum auch

Gold in das GMP gehört. Als »Beimischung« für bessere Streuung, aber bitte nicht als Schwerpunkt – das ist viel zu riskant.

Jetzt zum dritten Aufreger-Thema in Sachen Geldanlage: Krypto. Die Zeitschrift *Economist* hat Anfang 2021 die Frage diskutiert, ob Bitcoin als neues »digitales Gold« taugt.[18] Schließlich ist auch bei Krypto das Angebot streng limitiert, kein Staat hat direkten Einfluss und Gewinne sind nach einem Jahr steuerfrei. Bitcoin ist sogar leichter zu transportieren und leichter teilbar als physisches Gold. Auch die Nachteile sind ähnlich: Bitcoin wirft, wie Gold, keine laufenden Erträge wie Zinsen oder Dividenden ab und es gibt Sicherheits- und Aufbewahrungsfragen, die man bei Aktien und ETFs nicht hat. Der *Economist* hat damals spaßeshalber die Rechnung aufgemacht, wie hoch der Bitcoin-Preis steigen würde, wenn alle Privatanleger ihr Gold in Bitcoin umtauschen würde. Ergebnis: 146 000 US-Dollar.

Mittlerweile ist der Bitcoin-Kurs dieser Zahl nähergekommen. Der *Economist* bleibt wie viele andere Kommentatoren jedoch sehr skeptisch, ob die Analogie zwischen Gold und Bitcoin trägt und ob sich daraus irgendetwas Sinnvolles zur zukünftigen Rendite ableiten lässt. Über Krypto wissen wir noch viel zu wenig sicher, aber im Vergleich zu Gold immerhin dies: Gold gilt seit Jahrtausenden als wertvoll, Bitcoin existiert seit 2009. Gold hat als Material anders als Bitcoin einen realen Nutzwert in Medizin, Technik, Kultur. Gold ist ein unzerstörbares Element der Natur. Bitcoin ist ein Datensatz, dessen Existenz von Software, Netzwerksicherheit, Protokollen und Mining-Ökonomie abhängt. Schlussfolgerung für die Geldanlage: Eine Renditeprognose für Bitcoin ist unmöglich. Bitcoin ist als kleinerer Baustein des GMP nicht falsch, aber als Hauptanlage viel zu riskant.

Welche Rendite bringt die gesetzliche Rente?

Haus, Gold oder Krypto – bei diesen Themen geht es oft mehr um Gefühle als um Zahlen. Doch am Ende zählt bei jeder Anlage dieselbe

Frage: Was bekommst du am Ende mehr heraus, als du eingezahlt hast? Genau das ist die Rendite. Dieses Prinzip gilt nicht nur für Tagesgeld, Aktien oder Immobilien, sondern auch für deine gesetzliche Rente.

Auch in der Rente steckt eine Risikoprämie. Schließlich zahlst du regelmäßig Beiträge ein und erhältst später Zahlungen ohne feste Garantie zurück. In deinen Beiträgen steckt außerdem nicht nur ein »Sparanteil«, sondern auch Versicherungsschutz, zum Beispiel für den Todesfall oder bei Erwerbsunfähigkeit. Wenn man das rausrechnet, dann kann man aber auch für die Rente eine Risikoprämie berechnen – so, als hättest du all deine Beiträge auf ein Anlagekonto mit genau dieser Rendite eingezahlt und dort bis zur erwarteten letzten Auszahlung liegen lassen.

Was für dich unterm Strich herauskommt, hängt an zwei Punkten: wie lange du Rente bekommst – und wie hoch sie ausfällt. Stirbst du früh, bleibt wenig zurück. Wirst du sehr alt, profitierst du überdurchschnittlich.[19] Die Höhe der gesetzlichen Rente folgt einer einfachen Logik: Du sammelst Rentenpunkte (offiziell »Entgeltpunkte«), die mit einem Rentenwert multipliziert werden. Heute liegt ein Punkt bei knapp 41 €. Wer 40 Jahre lang das Durchschnittseinkommen verdient hat, sammelt 40 Punkte und erhält rund 1 600 € brutto im Monat. Wie viel deine Punkte eines Tages wert sind, kannst du nicht beeinflussen. In deiner Hand liegt, wie viele Punkte du sammelst – und ob du früher oder später in Rente gehst.

Die Hans-Böckler-Stiftung hat die Einzahlungen und Auszahlungen für verschiedene Szenarien modelliert und schätzt die Rendite für die gesetzliche Rentenversicherung (GRV) im Schnitt auf rund 3 %.[20] Das entspricht dem sicheren Zins plus einer Risikoprämie von rund 1 %. Damit ist die gesetzliche Rente bei Rendite und Risiko vergleichbar mit einer Anlage in kurz- bis mittelfristige Staatsanleihen.

Bemerkenswert: Dieser Schätzwert gilt laut Hans-Böckler-Stiftung fast identisch für alle Generationen – von den Babyboomern bis zur Gen Z – und er liegt für Frauen nur leicht höher als für Männer, weil Frauen im Durchschnitt länger leben und daher bei gleichen Beiträgen länger Rente beziehen.

Für dich bedeutet das: Die gesetzliche Rente ist für dich nicht der tollste Rendite-Star, aber sie ist ein wichtiges Fundament, das bis zum Lebensende trägt. Mit anderen Anlagen entscheidest du dann selbst, wie viel zusätzliche Rendite du anpeilst.

Was deine Rendite schrumpfen lässt

Du hast jetzt alle wichtigen Anlageklassen und ihre Renditen kennengelernt. Bevor du dich zurücklehnst: Entscheidend ist nicht nur, welche Renditeprognosen auf dem Papier stehen, sondern was nach allen Abzügen wirklich bei dir ankommt. Dafür musst du die Faktoren kennen, die deine Rendite schmälern: Anlagekosten, Inflation und Steuern.

Anlagekosten: Gebühren mindern deine Rendite – ob bei Banken, Fonds oder Versicherungen. Dazu gehören Kaufgebühren, Aufschläge oder laufende Verwaltungsgebühren bei Wertpapieren, Maklerprovisionen beim Immobilienkauf und auch versteckte Abschluss- und Vertriebskosten in Versicherungsverträgen. Entscheidend für dich ist die Rendite nach allen Abgaben und Kostent.

Erstes Beispiel: Ein Mischfonds mit 50 % Aktien und 50 % Anleihen verspricht eine Risikoprämie von 2 %. Bei sicheren Zinsen von 2 % entspräche dies einer langfristigen Gesamtrendite von 4 %. Wenn die Kosten aufs Jahr gerechnet 2 % betragen (ja, das gibt es wirklich), dann liegt deine im Schnitt verdiente Risikoprämie bei 0 %. Und die Kosten fallen immer an, egal wie hoch die Rendite vor Kosten ausfällt. Du hättest dein Geld also besser gleich auf ein Tagesgeldkonto mit 2 % sicheren Zinsen gelegt.

Zweites Beispiel: Ein Anbieter wirbt mit einem Private-Markets-ELTIF-Fonds, der über 10 % Rendite bringen soll, sprich: 2 % sichere Rendite plus 8 % Risikoprämie. Klingt toll, hat aber Haken: Der Fonds kauft auf Pump kleine Firmen aus wenigen Branchen und Ländern – und trägt dabei mehr als das Doppelte des Risikos einer weltweit gestreuten

Aktienanlage. Und: Er verlangt mindestens 4 % Kosten pro Jahr. Das frisst die Hälfte deiner Risikoprämie weg. Am Ende bleibt dir die gleiche Rendite wie bei normalen Aktien – nur ist das Risiko doppelt so hoch, dass du Geld verlierst. Ein schlechtes Geschäft.

Drittes Beispiel: Private Rentenversicherungen müssen von Versicherungsanbietern mit hohem Kostenaufwand verkauft werden – weil nun mal niemand freiwillig Altersvorsorge shoppt. Persönliche Beratung ist teuer, außerdem ist die Verwaltung solcher Verträge aufwendig. Jeder Vertrag muss individuell verwaltet werden: Verbuchung der Beiträge, Bearbeitung von Vertragsänderungen, jährliche Standmitteilung. Das summiert sich für die Versicherungen schnell auf 2 % Kosten pro Jahr, die von deiner Rendite abgehen. Gut zu wissen: Betriebliche Altersvorsorgeprodukte sind für die Versicherer sowohl im Vertrieb (der Arbeitgeber fördert den Absatz) als auch in der Verwaltung (standardisierter) wesentlich günstiger. Vor allem deshalb, und weniger wegen steuerlicher Vorteile, liegt deine Rendite in der betrieblichen meist höher als in der privaten Altersvorsorge.

Inflation: Selbst wenn nach Abgaben und Kosten mehr herauskommt, als du eingezahlt hast, heißt das nicht automatisch, dass du dir davon auch mehr leisten kannst. Steigen die Preise, schrumpft der Wert deines Geldes. Entscheidend ist deshalb nicht die Rendite allein, sondern die Rendite nach Inflation – also das, was wirklich an Kaufkraft verbleibt. Deshalb muss man bei Prognosen zu dem, was man sich von seinem zukünftigen Geld leisten kann, von der Rendite auch die Inflation abziehen.

Konkret: Legst du 100 € zu 2 % Zinsen aufs Sparbuch, stehen nach einem Jahr 102 € auf dem Konto. Klingt nach Gewinn – aber bei 2 % Inflation sind diese 102 € in heutiger Kaufkraft genauso viel wert wie die 100 €, mit denen du gestartet bist. Die reale Rendite liegt also bei null: Das Sparbuch hat nach Steuern gerade einmal den Preisanstieg ausgeglichen.

Im Schnitt der letzten 50 Jahre lag die Inflation in Deutschland bei rund 2,5 % – etwas höher zu D-Mark-Zeiten, etwas niedriger seit Einführung des Euro. Für die nächsten Jahre erwarten Experten Werte in einer ähnlichen Größenordnung.

Historisch betrachtet, lagen die Zinsen auf Tagesgeld nur knapp über der Inflation. Nach Abzug von Kontoführungsgebühren oder Steuern blieb für die meisten Haushalte deshalb kaum oder gar kein realer Gewinn übrig. Wer mit seinem Geld realen Wertzuwachs erzielen will, also aus einem Euro heute mehr als einen Euro Kaufkraft morgen machen möchte, kommt nicht umhin, eine Risikoprämie zu verdienen.

Das bedeutet: Ohne direkte (du kaufst selbst) oder indirekte (Fonds oder Versicherer machen das für dich gegen Gebühren) Anlagen an den Finanzmärkten geht es kaum, denn dort kannst du diese zusätzliche Prämie bei breiter Streuung erwirtschaften. Immobilien sind eine weitere Option. Aber hier gelten hohe Einstiegsbeträge. Außerdem hängt dein Risiko meist an einem einzigen oder wenigen Objekten – mit Unsicherheiten bei Standort, Zustand und Vermietung –, während du bei Wertpapieren dein Geld auf viele Unternehmen und Länder verteilen kannst. Bei Immobilien ist es deutlich schwieriger, deine Risiken breit zu streuen.

Steuern: In Deutschland gilt aktuell ein persönlicher Freibetrag von 1 000 € pro Jahr für Kapitalerträge. Alles, was darüber hinausgeht, wird mit 25 % Kapitalertragsteuer belegt – dazu kommen Solidaritätszuschlag und eventuell Kirchensteuer. Mehr als ein Viertel der Risikoprämie nach Kosten geht also ans Finanzamt. Ähnlich ist es bei der Rente: Nach Abzug der Freibeträge fallen Einkommensteuer sowie Beiträge zur Kranken- und Pflegeversicherung an, eventuell auch Kirchensteuer. Zusammengerechnet können diese Abzüge leicht ebenfalls 25 % betragen. Das heißt: Auch bei der Rente kann sich die Rendite durch Steuern nochmal um ungefähr ein Viertel reduzieren. Anders ist es bei Immobilien, Gold und Krypto. Veräußerungsgewinne bleiben bei Immobilien nach zehn Jahren und bei Gold und Krypto schon nach einem Jahr steuerfrei.

Unterm Strich siehst du: Kosten, Gebühren und Steuern sind kein Kleingedrucktes, um das man sich nicht weiter kümmern muss. Sie entscheiden am Ende darüber, wie viel von der versprochenen Rendite bei dir ankommt. Auch wenn es unangenehm ist: Du musst vor jedem Produktkauf unbedingt verstehen, wie hoch alle Abzüge sind, die du im

Verlauf der Anlagedauer zahlen wirst. Allzu oft ist die zu erwartende Rendite nach Abzügen geringer als auf Tagesgeld oder günstige Fonds.

Geduld, Geduld: Die Rolle von Timing und Ausdauer

In Gesprächen mit meinen Studierenden zeigt sich ein verbreiteter Denkfehler: Man müsse ständig dranbleiben, den Markt beobachten, die »guten« Aktien finden, die »schlechten« vermeiden, Trends erkennen, einsteigen zum Tief, aussteigen vor dem Crash. Klingt nach viel Aufwand mit hoher Nervenbelastung. Kein Wunder, dass das abschreckt und einige den Einstieg gar nicht erst wagen.[21] Dahinter steckt oft auch der Irrglaube, man könne aus dem Chart der letzten Monate oder aus Börsennews eine Prognose für die Zukunft ableiten. Bei einer Umfrage unter deutschen Privatanlegern glaubte die Hälfte, dass die Kurse eher steigen werden, wenn sie gerade nach unten gegangen waren.[22] Ein Viertel glaubte, dass sie dann eher noch weiter fallen werden. Nur das restliche Viertel liegt auf einer Linie mit der Wissenschaft, die sich hier sehr einig ist: Der vergangene Kursverlauf einer Aktie oder eines Marktes hat keine Vorhersagekraft für die zukünftige Entwicklung.

Wer dauerhaft und breit gestreut investiert, braucht kein Timing. Ganz im Gegenteil: Wer an der Börse ständig rein- und rausspringt, verpasst mit hoher Wahrscheinlichkeit die entscheidenden Tage und auch die langfristigen Gewinner.

Das bestätigt eine Langzeitbeobachtung von Hendrik Bessembinder:[23] Er hat knapp 30 000 US-amerikanische Aktien untersucht, die zwischen 1925 und 2023 gehandelt wurden. Das Ergebnis: Mehr als die Hälfte dieser Aktien (51,6 %) haben über ihre Laufzeit Verluste für ihre Anleger gebracht. Aber: Ein paar wenige Aktien – nur 17! – haben für die Anleger extrem hohe Renditen erzielt. Hier wurden im Schnitt aus einem investierten US-Dollar mehr als 50 000 US-Dollar. Die allerbeste Aktie war die der Altria Group (früher Philip Morris), aus 1 US-Dollar wurden dort unglaubliche 2,65 Millionen US-Dollar. Spannend dabei:

Die riesigen Gewinne entstanden kontinuierlich über die Jahre und die 17 Unternehmen waren vorher nicht unterscheidbar von den vielen Verlustbringern. Für Anleger erfolgsentscheidend war es nicht, die wenigen Aktien mit riesiger Jahresrendite zu finden, sondern lange im gesamten Börsenspiel mitzumachen.

Eine weitere Studie zeigt: Nur wenige Tage entscheiden über die Durchschnittsrendite. Wer sie verpasst, weil er gerade nicht investiert ist, kann den Rückstand kaum wieder aufholen. Zwischen 1995 und 2024 reichte es schon, die zehn besten Tage zu verpassen – das Ergebnis: über 50 % weniger Ergebnis. Bei 30 verpassten Tagen schrumpfte das Ergebnis sogar um mehr als 80 %.[24]

Und was ist von den vielen Videos auf YouTube zu halten, in denen Menschen angeblich an der Börse schnell reich geworden sind? Meine Antwort: nichts. Wenn dir jemand verspricht, mit einem geheimen Trick, einer bestimmten Aktie oder irgendeiner Krypto-Perle schnell reich zu werden – dann will er meistens nicht dein Bestes, sondern dein Geld. Oder deine Aufmerksamkeit. Oder beides. Natürlich klingt es verlockend: »1 000 € in 7 Tagen mit dieser Aktie!« oder »Mein passives Einkommen mit nur drei ETFs!« Aber sobald jemand beginnt, in Großbuchstaben zu sprechen – Vorsicht. Gute Anlageentscheidungen sind nicht spektakulär, sondern langweilig.

Vielen ist das zu langweilig. Lieber wollen sie wöchentlich, manche täglich den Kick – via Lotto oder Sportwette. Die erwartete Rendite bei Lotto liegt bei *minus* 50 %. Nur die Hälfte der Einzahlungen wird auch wieder ausgeschüttet. Auch Fremdwährungen, ominöse Krypto-Werte und durch TikTok und Co. gehypte »Meme-Stocks« sind keine guten Investitionsideen. Der Nervenkitzel ist zwar groß, die wahrscheinlichen Verluste aber auch. Bei der Spekulation mit ausländischen Währungen ist die Rechnung besonders frustrierend: Die Bruttorendite ist gleich null, dann werden noch die Transaktionskosten abgezogen. Du verlierst also ziemlich sicher, auch wenn dir am Anfang das Gegenteil erzählt wird. Dasselbe gilt für Einzelaktien mit Hype-Faktor oder für Derivate und Optionen: Die Schwankungen sind riesig, das Ergebnis ist in den meisten Fällen ernüchternd.

Außerdem ernüchternd: Anleger, die permanent aktiv mit einzelnen Wertpapieren handeln, verschenken im Durchschnitt *3 % Rendite pro Jahr*. Ein Grund dafür: Das Handeln selbst kostet Geld. Und zwar jedes Mal. Man hört oft von »versteckten Kosten«. Doch ehrlich gesagt: So gut versteckt sind viele davon gar nicht – man muss nur genauer hinschauen. Ein Beispiel ist die Geld-Brief-Spanne. Das ist die Differenz zwischen dem Preis, zu dem du ein Wertpapier kaufen kannst, und dem Preis, zu dem du es im selben Moment wieder verkaufen könntest. Diese Lücke zahlt am Ende immer der Anleger. Und je kleiner oder unbekannter eine Aktie, desto größer ist diese Spanne – und desto teurer wird das Ganze für dich, ganz unabhängig davon, ob die Aktie danach steigt oder fällt.

Ein weiterer Kostenfaktor: der Handel außerhalb der regulären Börsenzeiten. Viele denken, abends oder am Wochenende sei es ruhiger und damit besser. Das Gegenteil ist oft der Fall. Weniger Marktteilnehmer bedeuten weniger Liquidität – und das führt zu schlechteren Kursen. Wenn du nach Feierabend handelst, bekommst du häufig den schlechteren Preis, ohne dass du es direkt merkst. Allein wegen der Kosten lohnt sich das Hin und Her – gerade für Privatanleger – meist weder finanziell noch nervlich. Vom unnötig hohen Risiko wegen mangelnder Streuung ganz zu schweigen.

Also: Ruhig bleiben, investieren, liegen lassen – das ist die klügste und günstigste Wahl. Auch wenn die Botschaft vom unschlagbaren Finanzmarkt nach wie vor bei vielen Privatanlegern nicht angekommen ist,[25] ist sie doch ungemein erleichternd. Sie bedeutet nämlich: Du kannst dir das Studium vergangener Kursverläufe, das tägliche Lesen von Börsennews und das Durchstöbern von Internetforen sparen. Der intensive Wettbewerb unter den Profis sorgt dafür, dass du eine faire Marktrendite für deinen Einsatz erhältst – ganz ohne eigene Jagd nach der nächsten heißen Information.

In den nächsten beiden Abschnitten wird fleißig aufgezinst und abgezinst. Wenn du jetzt nicht in der Stimmung für Prozent und Multiplikation bist, blättere gerne direkt weiter zum Abschnitt »Dein Lifestyle-Upgrade«. Wenn du genauer wissen will, in welchem Tempo sein Geld wächst, wenn du es lang genug in Ruhe wachsen lässt – hier entlang …

Zinseszins: Vier Tabellen für deinen Durchblick

Ein berühmtes Zitat, das, wie so viele, Albert Einstein in den Mund gelegt wurde, lautet: »Der Zinseszins ist das achte Weltwunder. Wer ihn versteht, verdient ihn – wer ihn nicht versteht, bezahlt ihn.« Viele Menschen tun sich schwer mit exponentiellem Wachstum, wir stellen uns intuitiv eher gleichmäßiges, lineares Wachstum vor, wie wir es von Pflanzen oder Kindern kennen. Exponentielles Wachstum funktioniert ganz anders. Vielleicht kennst du dieses berühmte Gedankenexperiment: Ein Reiskorn liegt auf dem ersten Feld eines Schachbretts, zwei auf dem zweiten, vier auf dem dritten, acht auf dem vierten. Am Ende, auf dem 64. Feld, wie viele Körner liegen dort? Tatsächlich sind es mehr als 18 Trillionen Körner – eine Menge, die jede Vorratskammer der Welt sprengen würde.

Damit du dieses »Weltwunder« in seinen verschiedenen Ausprägungen schwarz auf weiß vor dir siehst und es nicht in Formeln versteckt bleibt, findest du am Ende des Buches (und auf www.financial-lifestyle.de) vier Tabellen.

Einmalanlage: Was die Zeit mit deinem Vermögen macht

Zinseszins ist schwer im Kopf vorzustellen – erst passiert gefühlt gar nichts, dann plötzlich ganz viel. Damit du diese Entwicklung auf einen Blick vor dir sehen kannst, findest du hinten im Buch Tabelle A mit dem Titel »Einmalanlage«. Sie zeigt dir, in welchen Betrag sich ein Euro verwandelt, den du ihn über eine bestimmte Anzahl von Jahren mit einer bestimmten durchschnittlichen Rendite anlegst:

- Links findest du die Jahre,
- oben die Rendite.
- wo sich beides kreuzt, siehst du das Ergebnis als Rechenfaktor: Wie viel ist aus deinem Euro nach dieser Zeit geworden?

Mit dieser Tabelle kannst du im Handumdrehen ablesen, was aus 1 € in zehn, 20 oder 50 Jahren wird. Und wenn du statt 1 € einen größeren Betrag einsetzen willst, multiplizierst du den Rechenfaktor mit deiner Summe. So kannst du ohne komplizierte Formeln nachvollziehen, wie aus kleinen Beträgen große werden – oder umgekehrt, was ein Zukunftsbetrag heute wert ist. Ein paar Beispiele:

- Bei 1 % Zinsen passiert fast nichts. Erst nach 70 Jahren verdoppelt sich dein Einsatz.
- Bei 5 % Zinsen geht es schneller: Nach 14 Jahren sind aus 1 € dann 2 € geworden.
- Bei 10 % Zinsen passiert das schon nach etwas mehr als sieben Jahren.
- Der Aktienmarkt weltweit hat in den letzten 50 Jahren über 8 % Rendite pro Jahr gebracht. Bei 8 % verdoppelte sich gemäß der 72er-Regel der Einsatz alle neun Jahre. Nach einem langen Anlegerleben von, sagen wir, sechsmal neun Jahren wurden aus 1 € 2 × 2 × 2 × 2 × 2 × 2 = 64-mal so viel, also aus 100 000 € entsprechend 6,4 Mio. €. Warren Buffett sagt selbst, dass genau die Kombination aus Rendite und Geduld sein riesiges Vermögen erklärt.

Mit Tabelle A kannst du auch herausfinden, wie die Inflation auf dein Geld wirkt: Ein Brötchen, das heute 1 € kostet, liegt bei 2 % Inflation in 20 Jahren bei knapp 1,50 €, bei 3 % bei über 1,80 €. Und wenn deine Miete heute 1 000 € beträgt, können daraus bei 2 % Inflation in 20 Jahren entsprechend 1 500 € werden – oder eben 1 800 € bei 3 %. Gut zu wissen.

Du kannst die Tabelle A aber auch umgekehrt nutzen, um herauszufinden, welchen Gegenwartswert ein zukünftiger Geldbetrag hat. Das nennt man Abzinsen oder Diskontieren. Es hilft dir einzuschätzen, wie viel du heute sparen müsstest, um ein bestimmtes zukünftiges Geldziel zu erreichen oder wie viel eine zukünftige Geldzusage heute wert ist.

Beispiel Geldziel: Stell dir vor, du möchtest in fünf Jahren 5 000 € für eine Reise haben. Wie viel müsstest du heute anlegen, wenn du mit einer durchschnittlichen Rendite von 4 % pro Jahr rechnest? Suche in Tabelle A die Zeile für 4 % Rendite. Gehe in dieser Zeile zur Spalte für fünf Jahre. Im Kreuz findest du den Rechenfaktor 1,22. Teile nun den zukünftigen Betrag (5 000 €) durch diesen Faktor: 5 000 € ÷ 1,22 ≈ 4 100 €. Das bedeutet: 5 000 € in fünf Jahren sind bei 4 % Rendite heute etwa 4 100 € wert. Das ist der Gegenwartswert, den du heute zu 4 % anlegen müsstest.

Beispiel Geldzusage: Eine Lebensversicherung will dir in zehn Jahren 10 000 € auszahlen. Wie viel wäre das heute wert, wenn sich dein Geld in der Versicherung mit 3 % verzinst? In Tabelle A liest du den Rechenfaktor für 3 % Rendite und zehn Jahre ab: 1,34. Wenn du den Zukunftswert von 10 000 € durch 1,34 teilst, erhältst du circa 7 460 €. Das ist der Gegenwartswert der Versicherungsauszahlung.

Diese erste Tabelle ist dein Spickzettel für den Zinseszins – du siehst auf einen Blick, wie sich Beträge über die Zeit entwickeln, und das ohne Taschenrechner und Finanzmatheformeln.

Sparplan: Wenn du jeden Monat etwas zurücklegst

Monat für Monat ein kleiner Betrag – und am Ende doch eine große Summe. Aber welche Summe genau? Genau das zeigen dir die drei Sparplan-Tabellen B1, B2 und B3.

Aus ihnen kannst du ablesen, wie viel aus deinem Geld wird, wenn du nicht einmalig, sondern monatlich Geld einzahlst.

- Tabelle B1 (0 % Wachstum pro Jahr): Geht davon aus, dass du immer denselben Betrag sparst (z. B. jeden Monat konstant 100 €).
- Tabelle B2 (2 % Wachstum pro Jahr): Geht davon aus, dass du deine Sparrate jedes Jahr um 2 % erhöhst. Das passt gut, wenn du erwartest,

dass dein Gehalt moderat steigt (z. B. parallel zur Inflation) und du deine Sparrate entsprechend anpasst.
- Tabelle B3 (4 % Wachstum pro Jahr): Geht davon aus, dass du deine Sparrate jedes Jahr um 4 % erhöhst, zum Beispiel bei stärker steigendem Gehalt oder wenn du bewusst über die Zeit mehr zurücklegen willst.

Alle Rechenfaktoren sind wieder auf einen monatlichen Startbetrag von 1 € ausgelegt. Wenn du stattdessen mit 130 Euro beginnst, multiplizierst du alle Werte einfach mit 130. So kannst du ohne komplizierte Formeln ablesen, wie sich dein Sparplan entwickeln wird.

Du kannst mit den Tabellen (und einem Smartphone oder Taschenrechner) mit etwas Übung und ohne Formeln viele Fragen beantworten:

- Was bringt mir ein Sparplan am Ende?
- Wie lange muss ich bei verschiedenen Zinsen auf dasselbe Ziel hin sparen?
- Wie viel ist meine Rente heute wert?
- Und was kostet mich mein Wunsch-Lifestyle?

Beispiel: Wenn du jeden Monat konstant 500 € in einen breit gestreuten Wertpapierkorb investierst und dieser nach Kosten im Durchschnitt 6 % pro Jahr abwirft, ergibt das nach 20 Jahren ein mittleres Endvermögen von etwa 226 500 € (aus Sparplan-Tabelle B1 mit 0 % Anstieg der Sparrate: 20 Jahre, 6 % → Rechenfaktor 453; also 500 € × 453 = 226 500 €). Steigen deine Sparraten jedes Jahr mit dem Gehalt sagen wir um 2 %, ist der erwartete Zukunftswert deutlich höher – in diesem Fall 267 500 € (aus Sparplan-Tabelle B2 mit 2 % Anstieg der Sparrate: 20 Jahre, 6 % → Rechenfaktor 553; also 500 € × 553 = 267 500 €).

Zweites Beispiel: Wie viele Jahre muss du monatlich 200 € zu 4 % anlegen, um am Ende 40 000 € zu haben? Du suchst in der Sparplan-Tabelle B1 (0 % Anstieg der Sparrate) in der Zeile für 4 % Zins diejenige Spalte, die dem Rechenfaktor 200 (= 40 000 € ÷ 200 €) am nächsten kommt, und wirst bei 13 Jahren fündig.

Drittes Beispiel: Jemand steht mit 67 am Anfang seiner Rente und fragt sich, was seine Rente jetzt insgesamt wert ist. Er bekommt 2 000 € monatlich, rechnet mit noch 20 Jahren Lebensdauer. Wir nehmen an, dass die Rente jedes Jahr um 2 % steigen wird und sicher ausbezahlt werden wird. Damit kann der sichere Zins zum Auf- und Abzinsen genutzt werden. Wenn du die Sparplan-Tabelle B2 mit 2 % Wachstum zur Hand nimmst und dort im Kreuz von 2 % Rendite und 20 Jahren Dauer nachschaust, findest du einen Rechenfaktor von 356. Multipliziere die anfängliche Rente mit diesem Faktor und du erhältst den Zukunftswert der Rente zum Lebensende in Höhe von 712 000 €.

Um den Gegenwartswert der Rente zu erhalten, musst du den Zukunftswert für 20 Jahre auf heute abzinsen (also den zukünftigen Betrag mit einem Rechenfaktor zurückrechnen, damit er in heutiger Kaufkraft vergleichbar wird), abermals mit 2 % sicherem Zins. In Tabelle A für Einmalanlagen findest du im Kreuz zwischen 2 % Zins und 20 Jahren den Rechenfaktor 1,49. Teile den Zukunftswert durch diesen Faktor und du erhältst als Gegenwartswert der Rente einen Betrag von ungefähr 480 000 €. Das ist eine ordentliche Summe und ich glaube nicht, dass sich viele angehende Rentner bewusst sind, wie hoch ihr Vermögen tatsächlich ist. In Teil III schätzen wir den Wert deiner Rentenanwartschaft und vielleicht wirst auch du dann positiv überrascht sein.

Methodischer Hinweis: Vielleicht fällt dir jetzt auf, dass die 480 000 € genau den 2 000 € Rente pro Monat multipliziert mit 240 Monaten (20 Jahre x 12 Monate) entsprechen. Das ist ein Sonderfall und der kommt daher, dass im Beispiel das Wachstum der Rente und der Zins zum Herunterrechnen identisch sind. Dann kompensieren sich in der Rechnung Anstieg und Abzinsen. Als Faustregel ist das sehr praktisch und wir werden mehrfach davon Gebrauch machen: Der Gegenwartswert eines sicheren Spar- oder Ausgabenplans, der jährlich in Höhe der sicheren Zinsen (vereinfachend: identisch mit Inflation) wächst, entspricht der Summe aller Zahlungen.

Dein Lifestyle-Upgrade: Wie viel du dafür zur Seite legen musst

Du hast im ersten Teil eine grobe Vorstellung notiert, was dein Wunsch-Lifestyle kosten wird – wie viel mehr Geld du also in Zukunft zur Verfügung haben möchtest (oder weniger Geld, je nachdem). Jetzt hast du den Zinseszins im Sparplan kennengelernt – das kannst du mit dem Blick auf das Schließen einer zukünftigen Lifestyle-Lücke nutzen.

Nehmen wir ein Beispiel: Du wünschst dir für dein Lifestyle-Upgrade 500 € zusätzlich pro Monat – und das 20 Jahre lang.

Schritt 1: Gegenwartswert berechnen. Nehmen wir als Inflation wieder standardmäßig 2 % pro Jahr an. Gleichzeitig möchtest du das Upgrade sicher haben, das heißt, wir müssen den sicheren Zins nehmen – hier im Buch annahmegemäß 2 %. Damit können wir die Rechnung abermals vereinfachen. Du musst nicht über die Sparplan-Tabelle aufzinsen und den Zukunftswert dann wieder mit der Tabelle für Einmalanlagen abzinsen. Du kannst einfach den anfänglichen Betrag für das Upgrade mit der Anzahl an Monaten multiplizieren und erhältst direkt den Gegenwartswert: 500 € × 20 Jahre × 12 Monate = 120 000 €. Das ist der Betrag, den du heute auf der hohen Kante haben müsstest oder zukünftig mehr verdienen musst, um dir das Upgrade von 500 € pro Monat ab sofort und über 20 Jahre leisten zu können.

Schritt 2: Lifestyle-Upgrade verschieben. Willst du erst in zehn Jahren starten, dann musst du zu Beginn des Upgrades mehr auf dem Konto haben. Denn bis dahin sind die 120 000 € durch die Inflation auf rund 146 000 € angewachsen (Rechenfaktor 1,22 aus Tabelle A: 10 Jahre, 2 %).

In Teil III stellen wir einen Finanzplan auf mit deinem aktuellen Gesamtvermögen und Prognosen zu deinen Einkünften bis ans Lebensende. Mit dem Plan kannst du prüfen, ob dein Geld wirklich reicht. Und du kannst durchspielen, was passiert, wenn du dir etwas Zusätzliches gönnst – zum Beispiel die 500 € mehr pro Monat über 20 Jahre. Zu diesem Zweck ziehst du den Gegenwartswert des Upgrades hypothetisch von deinem heutigen Vermögen ab und schaust, ob der Rest noch auskömmlich bis zum Lebensende reichen wird.

Risiko: Welche Rendite du konkret dafür bekommst

Wer Rendite will, muss Risiko tragen, und zwar in messbaren Portionen. Diese Portionen nennen wir Risikoeinheiten. Sie bemessen, wie stark dein Vermögen schwankt – und wie viel zusätzliche Rendite du dafür erwarten kannst. In diesem Abschnitt übersetzen wir also das abstrakte Wort »Risiko« in Zahlen und wir betrachten auch die Kosten der Geldanlage. Du erfährst, welche Rendite pro Risikoeinheit je nach Anlagestrategie für dich realistisch ist.

Risikoeinheiten: Pro Portion Risiko 1 % Rendite

Das Grundprinzip »Mehr *gutes* Risiko führt zu mehr Risikoprämie« gilt für alle Anlagen, bei denen Finanzmärkte im Spiel sind. Es gilt eins zu eins, wie entlang eines Lineals. Wenn eine Anlage doppelt so riskant ist, dann sollte die Risikoprämie doppelt so hoch sein. Ist eine Anlage zehnmal so riskant, dann sollte die Renditeprämie zehnmal so hoch sein.

Am einfachsten lässt sich dieses Grundprinzip anhand von Risikoeinheiten (RE) ausdrücken. Du hattest sie erstmals kennenglernt, als du im ersten Teil deine eigene Risikotoleranz gemessen hast. Wir sprechen hier von derselben Kennzahl. In Teil I haben wir deine Risikoneigung in RE übersetzt und nun übersetzen wird die Schwankungen von Vermögenswerten in RE. Das sind zwei Seiten derselben Medaille. Auf der einen Seite du mit deiner persönlichen Bewertung von Risiko und auf der anderen Seite die Märkte, die festlegen, welche Prämie es für eine Einheit Risiko gibt.

Wenn die gesetzliche Rentenversicherung 1 Risikoeinheit (RE = 1) hat, dann liegt die Risikoprämie auf deine eingezahlten Beiträge bei 1 % (RP = 1 %). Mit seinen 3,5 Risikoeinheiten (RE = 3,5) hat das GMP eine Risikoprämie von 3,5 % (RP = 3,5 %) und der weltweite Aktienmarkt mit seinen 4 Risikoeinheiten (RE = 4) eine Risikoprämie von 4 % (RP = 4 %).

Erinnere dich, dass es die Risikoprämie an den Finanzmärkten NICHT für vermeidbare Risikoeinheiten gibt, die von jedermann durch Streuung mühelos elimimiert werden können, sondern nur für »gute« Risikoeinheiten, die vergütet werden müssen, weil sie sich eben nicht weiter reduzieren lassen. Eine einzelne Aktie kann zum Beispiel 12 Risikoeinheiten (RE = 12) mitbringen. Doch die Hälfte dieses Risikos lässt sich durch Streuung aus dem Portfolio herausfiltern. Übrig bleiben nur 6 »gute« Risikoeinheiten, also solche, für die es eine Entlohnung vom Markt gibt: die Risikoprämie (RP = 6 %). Ein solches 50:50-Verhältnis von vermeidbarem und entlohntem Risiko wie hier im Beispiel ist typisch für viele Aktien.[26] Wer nur eine Aktie hält, trägt unnötig viel Ballast – und bekommt im Schnitt nur für die Hälfte des eingegangenen Risikos eine Prämie.

Wir müssen also sorgfältig zwischen Risikoeinheiten (RE = gesamtes Risiko) und Risikoprämie (RP = erwartete Rendite auf unvermeidbare Risikoeinheiten) unterscheiden. Ich drücke daher RE immer als Zahlenwert und die Risikoprämie in Prozent aus.

► Risiko (RE) und Rendite (RP) gehören zusammen wie Ursache und Wirkung. Aber nur unvermeidbares Risiko wird entlohnt. Daher gilt die Regel:
Unvermeidbare RE × 1 % ≈ RP in % vor Abzug Produktkosten.

Was bedeutet das in der Praxis für die Risikoeinheiten der verschiedenen Anlagemöglichkeiten als Basis für deren Risikoprämien?

Tagesgeld: RE = 0. Beim Tagesgeld, kurzfristigen Termineinlagen oder Staatsanleihen und Geldmarktpapieren gibt es keine Überraschung. Die Zinsen sind versprochen und es droht kein plötzlicher Kursverfall deiner Einlage. Da kommt nichts dazwischen – außer die Steuer auf den

Zinsertrag, die sicher abgezogen wird. Tagesgeld ist kurzfristig risikofrei und hat daher 0 Risikoeinheiten (RE = 0) und als Folge eine Risikoprämie von 0 % (RP = 0 %).

Gesetzliche Rente: RE = 1. Die Gesetzliche Rente ist in dem Sinne risikobehaftet, dass der Wert deines Anspruchs im Zeitablauf schwanken kann. Jedes Jahr wird neu entschieden, wie die Rentenwerte angepasst werden. Im Rentenbescheid gibt es dafür Szenarien: »Wenn die Renten jedes Jahr um 0 %, 1 % oder 2 % steigen …« Ich setze daher für Ansprüche an die Gesetzliche Rentenversicherung RE = 1 und RP = 1 % an.

Private oder betriebliche Altersvorsorge: RE = 1 bis 3. Deine Ansprüche an eine Rentenversicherung schwanken mit Vertragstyp und Anlagestrategie des Versicherers. Klassische Rentenversicherungen und Riesterverträge mit Beitragsgarantie sind vom Risiko vergleichbar mit der Gesetzlichen, also 1 RE. Fondspolicen, die die Beiträge in Renten-, Aktien- und Immobilienfonds anlegen, haben je nach Mischverhältnis zwischen 2 und 3 Risikoeinheiten. Bei der betrieblichen Altersvorsorge gilt dieselbe Unterteilung. Garantierte Varianten liegen eher bei RE =1 und Fondslösungen können deutlich drüber liegen. Die Risikoprämie, die du aus den Risikoeinheiten bekommst, hängt stark von den jeweiligen Produktkosten ab (siehe auch Tabelle 4 im nächsten Abschnitt).

Anleihen: RE = 2 bis 3. Bei Anleihen von Staaten und Unternehmen bester Bonität besteht zwar keine Ausfallrisiko. Du bekommst regelmäßig die vertraglich fixierten Zinsen und am Ende den sogenannten Nominalbetrag zurück. Das ist genau wie Festgeld bei der Bank. Gerade weil aber bei Anleihen und Festgeld alles fixiert ist, schwankt der reale Wert dieser Anlageform mit dem Auf und Ab der Zinsen, und zwar umso mehr, je länger die Restlaufzeit ist. Das ist leicht zu erklären.

Stell dir vor, du schließt Festgeld für zehn Jahre zu dauerhaft 3 % Zinsen ab. Wenn im nächsten Jahr die allgemeinen Zinsen auf 4 % steigen, wirst du dich ärgern, weil du nun neun weitere Jahre nur 3 % bekommst, alle neuen Anleger aber 4 %. Niemand würde dein Festgeld ablösen wollen. Deine Anlage hat damit de facto an Wert verloren. Du wärst vermögender, wenn du das Papier nicht gekauft hättest. Das Spiel kann auch in die andere Richtung gehen. Wenn die allgemeinen Zinsen nach einem Jahr auf 2 % fallen, freust du dich, dass du weiterhin die höheren Zinsen von 3 % bekommst. Du bist dann vermögender, als wenn du das Geld nur aufs Tagesgeld gelegt hättest und nun weniger bekommst als noch im ersten Jahr. Andere Anleger würden nun gerne mit dir tauschen.

Risiko ist eben, wenn es anders kommt als erwartet – und bei Anleihen und Festgeld kann der Wert der Anlage gehörig schwanken, wenn die Zinsen abrupt steigen oder sinken. Historisch hatten Anleihen (und Festgeld) mit mittlerer Laufzeit um die fünf Jahre RE = 2 und Anleihen mit Laufzeit von zehn Jahren und mehr auch mal RE = 3.

Immobilien: RE = 1 bis 8 und mehr. Sie wirken stabil, weil du die Preisschwankungen nicht täglich im Börsenticker siehst, aber sie können ordentlich schwanken mit Nachfrageverschiebungen und Zinsänderungen bei Hauskrediten. Aus der Studie zu den langfristigen Immobilienrenditen in Deutschland wissen wir, dass die Renditen für Objekte außerhalb der Metropolen stärker schwanken (im Mittel plus 1 Risikoeinheit) und für kleinere Wohnungen mehr als für größere. Folgende Richtwerte können dir eine grobe Orientierung geben:

- Wohnimmobilien in Metropolen je nach Lage, Zustand und Größe: RE = 1–3
- Wohnimmobilien außerhalb von Metropolen je nach Lage, Zustand und Größe: RE = 2–4
- Büro- und Gewerbeimmobilien in A-Lage RE = 3–4 und in B-Lage RE = 4–6
- Hotelimmobilien und baureife Grundstücke können auch RE = 8 und mehr haben.

Aktien-Weltmarkt: RE = 4. Große Aktienindizes wie etwa der MSCI World (RE = 4 in den letzten fünf Jahren) für den globalen Markt, der S&P 500 für den amerikanischen Markt (RE = 4,5) und wegen der Internationalität seiner Unternehmen auch der DAX (RE = 4,5) haben fast nur »gutes« Risiko und zahlen damit langfristig nahezu die volle Risikoprämie. *Einzelaktien* dagegen schwanken oft stark, vor allem solche aus Branchen wie Hightech, Rohstoffe, Tourismus, Luxus- und Sportartikel. Das trifft auch auf die bekannten Unternehmen zu, von denen Einzelaktien-Fans auf YouTube schwärmen. Wie du schon weißt, ist bei den meisten Unternehmen mehr als Hälfte des Risikos vermeidbares Risiko, das sich mühelos wegdiversifizieren lässt und wofür keine Risikoprämie gezahlt wird. Deshalb mein wiederholter Rat: Investiere nicht in Einzeltitel. Punkt.

Gold: RE = 4. Gold schwankt zeitweise immens, hat aber auch mal ruhige Perioden. Im langfristigen Schnitt hatte Gold 4 Risikoeinheiten bei nur 1 % Risikoprämie. Drei dieser 4 Risikoeinheiten waren daher vermeidbar. Das ist aber auch genau die Idee von Gold als Ergänzung im GMP. Der Goldpreis folgt seinen eigenen Gesetzen. Seine vermeidbaren Schwankungen laufen daher nach anderen Mustern ab als die Schwankungen von Aktien und Anleihen. Die Goldschwankungen stabilisieren im Idealfall den Rest des Depots und sind daher sogar willkommen.

Optionen, Hebelprodukte, Differenzkontrakte (CFDs), Private Equity Fonds, Bitcoin: RE = 10 und mehr. Eine Option gibt dir das Recht, eine Aktie später zu einem festgelegten Preis zu kaufen oder zu verkaufen. Hebelprodukte und CFDs sind wie Wetten: Bewegt sich der Kurs ein kleines Stück, kann daraus für dich ein viel größerer Gewinn werden – oder ein viel größerer Verlust. Genau darin liegt das Problem: Schon eine kleine Kursbewegung kann dein ganzes Geld wegfegen, und obendrein sind die Produkte teuer. Für Privatanleger ist das kaum sinnvoll. Private Equity-Fonds im ELTIF-Mantel und Bitcoin sind ebenfalls riskant. Aber so wie ein bisschen Gold im Depot können sie helfen, die Mischung zu verbreitern – und (falls du ein extravertierter Typ bist) deine FOMO-Sorge (Fear of Missing out) beruhigen, du könntest etwas verpassen.

Im nächsten Abschnitt binde ich dir die Essenz aus Rendite, Risiko und zusätzlich nun auch Kosten in einer Tabelle zusammen, aus der du ablesen kannst, wie viel Risikoprämie du pro Anlageform für die Zukunft erwarten darfst.

Ausblick: Wenn du es bei der Geldanlage völlig unkompliziert magst, reichen Tagesgeld für die sichere Anlage und das Globale Marktportfolio für die Risikoprämie komplett aus. Die Mischung hängt von deiner Risikotoleranz ab. Bei einem persönlichen Ziel aus deiner Risikotoleranz heraus von RE = 2 mischst du entsprechend 40 % Tagesgeld (RE = 0) und 60 % GMP (RE = 3,5). Das ergibt für die Gesamtanlage ein Risiko von RE = 2,1. Da weder im Tagesgeld noch im GMP vermeidbares Risiko drinsteckt, übersetzt sich das direkt in RP = 2,1 %. Die langfristig zu erwartende Rendite für dich wäre dann der sichere Zinssatz von 2 % als Grundlinie plus diese Risikoprämie von 2,1 % und damit insgesamt 4,1 % pro Jahr.

Renditeprognose: Blick nach vorne

Um die beste Strategie für deine Lifestyle-Ziele zu finden, brauchst du als Input deine persönliche Risikotoleranz (aus Teil I), einen Überblick über dein Vermögen (Inhalt von Teil III) und Schätzungen, welche Renditen die wichtigen Anlageklassen langfristig für dich bringen werden (Inhalt dieses Abschnitts). So kannst du konkret prognostizieren, wie sich dein Vermögen je nach Strategie entwickeln kann und ob noch genug Spielraum für ein Lifestyle-Upgrade bleibt.

Tabelle 4 liefert dir vier Informationen pro Anlageform. Erstens die typischen Risikoeinheiten und damit eine Orientierung, wie stark die Werte im Zeitablauf schwanken werden und dein Vermögen riskanter machen. Die zweite Spalte zählt die Risikoeinheiten auf, die durch

Streuung im Vermögen vermieden werden können. Für die gibt es bekanntlich keine Risikoprämie. Auch die Kosten in der dritten Spalte müssen abgezogen werden, denn sie mindern direkt deine Rendite. In der letzten Spalte steht dann die geschätzte und gerundete Risikoprämie pro Anlageklasse in Prozent. Ich gehe gleich noch einmal detailliert durch die Punkte durch.

▶ **Die Risikoprämie nach Kosten ist dein Renditeplus auf Geldanlagen zusätzlich zum sicheren Zins.**

Eine Risikoprämie nach Kosten von 4 % wie bei Weltaktien bedeutet, dass du langfristig mit 4 % zusätzlicher Rendite zum sicheren Zins rechnen darfst. Liegt der sichere Zins bei 2 %, lautet die Renditeprognose 6 %. Mithilfe der Tabellen im Anhang kannst du dann direkt Zukunftswerte von Einmalanlagen oder Sparplänen berechnen. 200 € pro Monat in Weltaktien ergeben über zehn Jahre welchen Betrag? Antwort: Risikoprämie von 4 % für Aktien nehmen; sicheren Zins von 2 % dazuzählen (4 % + 2 % = 6 %); in Tabelle B1 den Rechenfaktor für 6 % Rendite und zehn Jahre Anlagedauer finden (Rechenfaktor ist 162); 200 € mit diesem Rechenfaktor multiplizieren (200 € × 162 = 32 400 €). Nach zehn Jahren bringt der Sparplan also im Mittel 32 400 €.

Um Tabelle 4 zu bauen, habe ich mir langfristige, historische Durchschnittswerte zu Wertschwankungen und Renditen besorgt, den typischen Anteil an vermeidbaren Risikoeinheiten geschätzt, günstige Kostenstrukturen recherchiert (vermerkt sind hier der Einfachheit halber erst Kosten ab 0,2 %) und Prognosen von vielen Seiten zur zukünftigen Entwicklung von Risikoprämien gesichtet.[27] Die Zahlen sind wie immer, wenn es um langfristige Prognosen unter Unsicherheit geht, ohne Gewähr.

Anlageform	RE gesamt	RE vermeid-bar	Kosten (in %)	RP (in %)
Tagesgeld und Geldmarktfonds	**0**			**0**
Gesetzliche Rentenversicherung	**1**			**1 %**
Rentenversicherung mit Garantie	**1,5**		-1 %	**0,5 %**
Anleihefonds – mittlere Laufzeit	**2**			**2 %**
Fondsbasierte Rentenversicherung	**3**		-1 %	**2 %**
Anleihefonds – längere Laufzeit	**3**			**3 %**
GMP	**3,5**			**3,5 %**
Aktienfonds Welt	**4**			**4 %**
Gold ETCs	**4**	-3	-0,2 %	**1 %**
Aktienfonds Deutschland oder USA	**4,5**	-0,5		**4 %**
Rohstofffonds	**5**	-2,5	-0,5 %	**2 %**
Stabile Einzelaktie (Versorger, Versicherung)	**5**	-1,5		**3,5 %**
Aktienfonds kleinere Unternehmen	**6,5**	-1	-0,5 %	**5 %**
Aktienfonds Private-Equity-Unternehmen	**6,5**	-1	-1 %	**4,5 %**
Zweifach gehebelter Aktienfonds Welt	**8**	-0,5	-0,5 %	**7,0 %**
Durchschnittliche Einzelaktie	**9**	-4,5		**4,5 %**
Private Equity Fonds	**10**	-1	-4 %	**5 %**
Riskante Einzelaktie (Technologie, Biotech)	**14**	-8		**6 %**
Bitcoin	**15+**	-6	-2 %	**unbekannt**

Tabelle 4: Risikoeinheiten und -prämien für wichtige Anlagemöglichkeiten

Die Tabelle ist nach Risikoeinheiten (RE) in der zweiten Spalte sortiert. Ganz oben steht daher das sichere Tagesgeld mit 0 Risikoeinheiten, ganz unten stellvertretend für Kryptowerte Bitcoin mit mehr als 15 Risikoeinheiten über die letzten fünf Jahre. Produkte, die dein Geld vor allem in Anleihen investieren wie Rentenversicherungen und

Anleihefonds, bewegen sich je nach Garantieumfang und Laufzeit zwischen RE = 1 und RE = 3. Der weltweite Aktienmarkt liegt bei ungefähr RE = 4 und darin enthaltene Einzelaktien je nach Branche und Geschäftsmodell zwischen RE = 3 und deutlich mehr als RE = 10 wie zum Beispiel Tech-Aktien wie Nvidia, Tesla oder Palantir mit deutlich mehr als RE = 10. Der Durchschnitt über alle Einzelaktien weltweit liegt bei ungefähr RE = 9.

Konzeptcheck: »Wie kann es sein, dass der Aktienmarkt insgesamt RE = 4 hat, die durchschnittliche Aktie aber mehr als Doppelte?«. Antwort: Das liegt am vermeidbaren Risiko bei Einzelaktien – im Schnitt mehr als die Hälfte der Gesamtschwankungen kriegst du weg durch Diversifikation. Einfach alle Aktien in einen Topf werfen, dann verflüchtigt sich ein großer Teil des Risikos. Diese vermeidbaren Risikoeinheiten siehst du für alle Produkte in der dritten Spalte. Nur drei Typen sind nahezu frei von Ballast: risikoarme Anlagen (weil hier ohnehin wenig schwankt), das Globale Marktportfolio GMP (weil bestens gestreut) und der Weltaktienmarkt als Ganzes (weil hier immerhin schon alle Länder- und Branchenrisiken abgedeckt sind). Alle anderen Anlagen decken nur einen kleineren oder größeren Teil des GMP ab und haben daher notgedrungen für sich genommen vermeidbare Risiken.

Der deutsche Aktienmarkt (RE = 4,5) deckt trotz der Internationalität der Unternehmen nicht alle Branchen und Technologien auf der Welt ab. Ein Aktienfonds mit nur kleinen Unternehmen (RE = 6,5) oder mit nur Private-Equity-Unternehmen wie Blackstone, Carlyle, KKR (RE = 6,5) investiert in die Nische. Das trifft erst recht auf einzelne Private Equity Fonds im ELTIF-Mantel zu, die in eine begrenzte Anzahl eher kleinerer und mittlerer Unternehmen jenseits der Börse investieren. Außerdem nehmen die Fonds zum Kauf dieser Unternehmen ordentlich Kredite auf, was die Risikoeinheiten der Unternehmen hebelt. Bei 50 % Kreditfinanzierung verdoppelt sich das Risiko für die Fondseigner.

Auch Edelmetalle, Rohstoffe und Bitcoin bergen signifikante vermeidbare Risiken. Deshalb gilt: Niemals einen großen Teil des eigenen

Geldes in solche Anlagen investieren, sondern diese immer nur als Beimischung für das Gesamtvermögen nutzen. Genau deshalb ist das GMP so attraktiv. Dort stecken neben Aktien und Anleihen ja auch Gold, Private Equity und Bitcoin schon drin.

Und deshalb werden den meisten Menschen zwei Finanzanlagen völlig ausreichen: Tagesgeld und das GMP als Depot aus wenigen ETFs.

Das liegt auch an den Kosten der Alternativen, die in der vierten Spalte geschätzt sind (mehr Details dazu in Teil III). Je teurer der Vertrieb und die Verwaltung des Produktes, umso höher die vom Anleger zu tragenden Kosten und damit die vorprogrammierten Renditeeinbußen. Das zeigt sich vor allem bei Rentenversicherungen und Private Equity Fonds (ELTIFs). Bei besonders teuren Produkten kann es leicht passieren, dass die Kosten die gesamte Risikoprämie verschlingen. Wertpapierfonds sind häufig günstiger, wobei es auch hier sehr teure Produkte mit Kosten pro Jahr von 2 % und mehr gibt. Sehr günstige ETFs gibt es zu Gebühren von 0,2 % und weniger.

Die letzte Spalte fasst alles in Form der auf lange Sicht zu erwartenden Risikoprämien zusammen. Dazu wurden von den gesamten Risikoeinheiten die vermeidbaren Risikoeinheiten abgezogen. Pro verbleibender »guter« Risikoeinheit sollte es grob 1 % Prämie geben. Diese Risikoprämien wurden um Mindestkosten bereinigt. Um dem groben Prognosecharakter Ausdruck zu verleihen, habe ich die Werte auf halbe Prozente gerundet.

Lesebeispiel 1: Wenn du dein Geld in eine fondsbasierte Rentenversicherung mit 60 % Aktien und 40 % Anleihen und 1 % Gesamtkosten pro Jahr anlegst, dann rentiert sich dein Kapital im langfristigen Durchschnitt mit dem sicheren Zinssatz plus 2 % Risikoprämie. Bei einem sicheren Zins von 2 % heißt das 4 % Rendite pro Jahr.

Lesebeispiel 2: Wenn du das GMP zusammenstellst und dafür besonders günstige ETFs nutzt, dann sollte deine langfristige Rendite im Schnitt bei knapp 3,5 % plus 2 %, also knapp 5,5 % liegen.

Lesebeispiel 3: Wenn du Bitcoin kaufst, musst du mit sehr hohen Wertschwankungen rechnen, je nach Anlagevehikel um die 2 % Kosten pro Jahr und einer unbekannten Risikoprämie. Niemand weiß, wie sich der Kurs weiterentwickeln und welche Risikoprämie herauskommen wird. Alles scheint drin zu sein zwischen Vervielfachung und Absturz. Deshalb hier abermals der Rat: Ein paar Prozent des Portfolios in Krypto und die FOMO ist eingehegt, ohne allzu viel aufs Spiel zu setzen.

Was, wenn du extra risikotolerant bist und mehr als die GMP-Rendite von 5,5 % pro Jahr auf dein Gesamtvermögen anpeilst? Ich rede hier vom Gesamtvermögen, denn bevor du im Depot die Risikoeinheiten in den Himmel schraubst, solltest du einfach Geld vom Tagesgeld ins Depot umschichten und dort beim GMP bleiben. Falls du aber schon alles jenseits deiner Liquiditätsreserve im Depot hast, dann steigt deine Prognose dort immerhin auf 6 %, wenn du vom GMP voll auf weltweite Aktienfonds umsattelst (2 % sicher plus 4 % Risikoprämie für Aktien). Diese Fonds sind ebenfalls bestens gestreut, aber du musst dich dann in Krisenzeiten auf größere Einschläge gefasst machen als beim GMP.

Wenn dein Renditeziel sogar über 7 % liegt, dann gibt es nur noch wenige vertretbare Möglichkeiten für dich. Natürlich kannst du alles auf Bitcoin, Nvidia oder irgendwelche Meme-Stocks setzen. Aber dann riskierst du massive Verluste, ohne hinreichende Kompensation bei der Rendite. Bei der Nvidia-Aktie liegt das Risiko doppelt so hoch wie die Risikoprämie. Während der Aktienmarkt 1 % pro Risikoeinheit erwarten lässt, sind es bei riskanten Einzelaktien nur 0,5 %. Also besser nicht.

Wie schaut es mit Private Equity (oder allgemeiner Private Markets) aus? Gelten dort andere Gesetze, zum Beispiel weil der Wettbewerb der Fonds um günstige Einstiegsmöglichkeiten bei kleinen Unternehmen weniger intensiv ist? Die Wissenschaft beschäftigt sich seit Jahrzehnten mit dieser Frage. Ein Problem beim Messen der Risikoprämie von Private Equity liegt im Mangel an Daten zu unterjährigen Wertentwicklungen der Unternehmen im Fonds, die ja nicht an der Börse gehandelt werden, sondern »privat« gehalten werden (daher der Name Private Equity). Die beste Arbeit zum Thema ist 2021 im *Journal of Finance* erschienen. Die Forscher haben alle Cashflows rein und wieder raus aus 4000 Private Equity Fonds über einen Zeitraum von fast 40 Jahren zusammengetragen und sauber die von den Anlegern jeweils getragenen Risikoeinheiten vermessen. Damit konnten sie herausfinden, ob sich die Anleger mit Private Equity besser oder schlechtergestellt hätten, als wenn sie ihr Geld in Aktien- und Anleihefonds mit demselben Risikoprofil investiert hätten. Die Antwort: Sie hätten sich signifikant bessergestellt mit Aktien und Anleihen. Nach Abzug der Kosten hat der durchschnittliche Private Equity Fonds also nicht geliefert. Dachfondskonstruktionen schnitten mit ihren extra hohen Kosten am schlechtesten ab. Die Bandbreite der Ergebnisse war zwar groß, aber überdurchschnittliche Renditen in den Vorperioden waren keinerlei Garantie für Outperformance in den nachfolgenden.

Vielleicht das wichtigste Ergebnis: Die zu erwartenden Renditen von Private Equity Fonds haben über die Jahre kontinuierlich nachgelassen. Das spricht dafür, dass bei immer mehr Geld, das in die Fonds drängt, der Wettbewerb um Zielunternehmen so groß geworden ist und die Kosten so hoch, dass hier doch keine anderen Rendite-Risiko-Gesetze herrschen und folglich für den Privatanleger keine Extra-Renditen zu holen sind – eher im Gegenteil.

Bleiben als letzte Option sogenannte Hebelprodukte, die die Risikoeinheiten einer Anlageform und damit auch die Risikoprämie hochhebeln. Da dabei leider auch der vermeidbare Risikoanteil hochgehebelt wird, scheiden alle Hebelprodukte auf Einzelaktien, Rohstoffe, Gold et cetera von vornherein aus. Ein Hebelprodukt auf das GMP wird noch nicht angeboten, aber seit Kurzem ein ETF auf den Weltaktienmarkt (MSCI-Weltindex) mit zweifachem Hebel. Die Übersetzung der Renditeprämie ist aufgrund der Eigenart der Produktkonstruktion nicht ganz 2:1, sondern leicht schlechter und die Kosten liegen leicht über denen normaler ETFs. Dennoch können mutige Anleger bei ungefähr 8 RE mit 9,0 % Rendite rechnen (7,0 % Risikoprämie plus 2 % sicherer Zins).

Eine letzte Alternative für extra risikotolerante Anleger besteht darin, den Kredithebel auf einen Aktienindex selbst zu bauen. Das Magazin *Economist* verweist dazu auf das Buch *Lifecycle Investing* der beiden Yale-Professoren Ian Ayres und Barry Nalebuff aus dem Jahr 2010. Die argumentieren, dass junge Anleger mit ihrem großen und sicheren Humankapital einen Wertpapierkredit in Höhe ihres Aktiendepots aufnehmen und zusätzlich ins Depot investieren sollten für doppelte Risikoeinheiten und aufgrund der Kreditkosten nicht ganz, aber fast, doppelte Risikoprämie.[28] Laut *Economist* haben solche Wertpapierkredite an Privatinvestoren mit einer Billion US-Dollar im August 2025 (also etwas ein Viertel des gesamten Kryptomarktes) eine neue Rekordhöhe erreicht. Weil große Preisstürze zu Zwangsverkäufen der als Sicherheiten hinterlegten Wertpapiere führen würden, muss sich mittlerweile auch die Aufsicht über das gehebelte Risiko auf den Bilanzen der vielleicht nicht zur risikotoleranten, sondern auch allzu leichtfertigen Anleger Sorgen machen.

Im nächsten Teil erarbeiten wir mithilfe der Grundprinzipien von Rendite und Risiko das Big Picture deiner Finanzen. Zuerst durch die Brille deines Gesamtvermögens und Gesamtrisikos und dann mit dem Prognose-Fernglas. Nur wenn du bei beiden den Durchblick hast, kannst du dir aus der Liste von 9+1 Finanzstrategien die wirkungsvollsten für deine Ziele auswählen.

Code II – Deine Finanzprinzipien

Dieser Code ist eine Art Selbstvergewisserung: Er soll dir bewusst machen, welche Prinzipien dich bei deiner Geldanlage leiten – damit du klug entscheidest, statt dich von kurzfristigen Impulsen treiben zu lassen.

- Vermeidbares Risiko im Vermögen: (maximieren ◀●▶ minimieren)
- Kosten deiner Geldanlage: (maximieren ◀●▶ minimieren)
- Komplexität deiner Finanzprodukte (maximieren ◀●▶ minimieren)
- Deine Anstrengungen, das GMP zu schlagen (maximieren ◀●▶ minimieren)
- Deine Market-Timing-Anstrengungen (maximieren ◀●▶ minimieren)

DIE ZEIT hatte mich vor Kurzem gefragt: »Welchen Geld-Ratschlag in drei Sätzen haben Sie für unsere Leserschaft?«.

Meine Antwort passend zu Code II: »Gib mir die **Gelassenheit, das hinzunehmen,** was ich nicht ändern kann – etwa, dass mehr Rendite nur um den Preis von mehr Risiko zu haben ist, dass das Auf und Ab der Märkte unvorhersehbar ist und dass ich im Voraus nicht zwischen Gewinner- und Verliererpapieren unterscheiden kann.

Gib mir die **Kraft, das zu ändern,** was in meiner Hand liegt: mein Einkommen, meinen Lifestyle, mein Sparverhalten – und wie ich das Ersparte passend zu meinen Zielen ins Risiko gebe.

Und gib mir die **Weisheit, Fehler zu vermeiden:** auf heiße Tipps zu hören, Risiken nicht breit genug zu streuen, Kosten zu unterschätzen – und meine Stimmung von Angst oder Gier bestimmen zu lassen. Und wenn möglich, gib mir auch ein bisschen Geduld. Denn Zeit ist die beste Renditequelle.«

III Deine Finanzen

Du hast gerade die fundamentalen Prinzipien von Rendite, Risiko und Zinseszins kennengelernt. Du verstehst jetzt, wie Vermögen wächst und warum Streuung, Kostenkontrolle und Geduld die wirksamsten Werkzeuge sind. Mit diesem Wissen bist du bereits besser informiert als die meisten.

Nun beginnt der spannendste und persönlichste Teil der Reise. In diesem Teil werden wir die universellen Finanzmarktprinzipien auf deine individuelle Situation anwenden. Die Ideen weiterer prämierter Denker wie Franco Modigliani, William F. Sharpe und Robert C. Merton kommen hinzu (siehe Anhang). Hier geht es ans Eingemachte: Wir werden dein Gesamtvermögen bilanzieren, deine Vermögensrisiken bestimmen und eine Prognose für deine finanzielle Zukunft erstellen. Schließlich werden wir konkrete Strategien durchgehen, wie du mehr aus deinem Geld machst und deinem Wunsch-Lifestyle Schritt für Schritt näher kommst.

Das ist der Moment, in dem aus abstrakten Konzepten deine ganz konkrete finanzielle Landkarte entsteht.

Ich möchte ehrlich mit dir sein: Wir werden weiter mit Zahlen arbeiten müssen. Wir werden addieren, multiplizieren und schätzen. Für manche fühlt sich das vielleicht wie eine Hürde an. Aber keine Sorge: Du musst kein Mathe-Ass sein, um diesen Weg zu meistern. Es geht nicht um Formeln oder Nachkommastellen, sondern darum, deine Finanzen realistisch einzuschätzen, zu durchblicken und dann selbst in die Hand zu nehmen. Außerdem liefern dir unsere sieben Protagonisten reichlich Anschauungsmaterial – mit echten Herausforderungen, Zahlen und Lösungswegen.

Was, wenn du dich von den Zahlen doch überfordert fühlst? Das ist völlig normal und kein Grund, das Handtuch zu werfen. Hier sind ein paar Tipps, wie du trotzdem auf Kurs bleibst:

- Konzentrier dich auf das große Ganze. Wenn dir eine Berechnung zu kompliziert erscheint, überflieg den Abschnitt. Die Kernaussagen fasse ich dir immer auch in Worten zusammen. Wichtiger als jede einzelne Zahl ist das Verständnis für die Zusammenhänge.
- Geh es langsam an und nimm dir etwas Zeit. Ein Taschenrechner oder dein Smartphone ist dabei dein bester Freund. Mach einen Schritt nach dem anderen.
- Nutz den digitalen Co-Piloten. Auf www.financial-lifestyle.de kannst du deine Zahlen direkt eingeben, und die Rechnungen werden automatisch für dich erledigt. Sieh die Website als deinen persönlichen Assistenten, der dir die Fleißarbeit abnimmt.
- Betrachte es als einen ersten Entwurf. Dein erster Finanzplan muss nicht perfekt sein. Es ist eine Skizze, die dir Orientierung gibt und die du im Laufe der Zeit weiter verfeinern kannst.

Bist du bereit, den entscheidenden Schritt zu tun und die Kontrolle über deine finanzielle Zukunft zu übernehmen? Dann lass uns gemeinsam dein persönliches »Big Picture« entwerfen. Die Klarheit, die du gewinnen wirst, ist jede Minute wert.

Gesamtvermögen: Wie viel gehört dir schon heute?

Der Blick auf dein Gesamtvermögen bringt oft gute Nachrichten. Denn hier zählen nicht nur Konten und Depots, sondern auch deine künftige Rente und alles, was du noch sparen wirst. So merkst du schnell: Du bist schon heute vermögender und hast mehr Gestaltungsspielraum, als du dachtest. Und vor allem: Du kannst in zwei Minuten noch vermögender werden – indem du an deiner Sparquote schraubst.

Dein Big Picture: Jetzt mal ehrlich

Dein Gesamtvermögen ist die ehrlichste Zahl deiner persönlichen Finanzen. Diese Zahl zeigt die Differenz an zwischen allem, was dir gehört oder auf was du Anspruch hast – und allem, was du noch jemandem schuldest. Die Zahl zeigt dir also, was dir über dein laufendes Einkommen hinaus zur Verfügung steht.

Konkret: Wenn du dein Auto mit einem Kredit bezahlt hast, gehört es dir (noch) nicht wirklich. Genauso wenig wie dein Haus, das die Bank (noch) »mitbesitzt« – beides ist also noch nicht Teil deines Gesamtvermögens. Dafür hast du aber jetzt schon Anspruch auf deine spätere Rente, und die hat einen konkreten Wert, der in dein Gesamtvermögen einfließt. Die Grundregel ist einfach:

+ Dein Finanz- und Sachvermögen
+ Gegenwartswert deiner absehbaren Renten-Ansprüche
+ Gegenwartswert deiner zukünftigen Spartätigkeit
- Schulden und Kredite
= dein Gesamtvermögen

Wozu diese Zahl wichtig ist? Sie zeigt dir sehr klar die Differenz zwischen dem Eindruck, den du möglicherweise nach außen vermittelst (mein Haus, mein Auto etc.) und dem, was schwarz auf weiß dir gehört. Morgan Housel nennt das in seinem weltweit erfolgreichen Buch *The Psychology of Money*[1] den Unterschied zwischen sichtbarem Reichtum und echtem Wohlstand aus Vermögen. Vermögen ist das, was man erst mal nicht sieht, weil es eben noch nicht ausgegeben wurde.

Warum du diese Zahl kennen solltest? Weil die Basis für Lifestyle und Lifestyle-Upgrade nicht aus dem besteht, was auf dem Konto oder im Depot steht, sondern aus deinem **Gesamtvermögen**. Stell dir vor, du hast 50 000 € im Depot, aber noch 30 000 € Studienkredit zurückzuzahlen. Dann hast du eben nicht 50 000 € Spielraum, sondern nur 20 000 €. Wenn du jetzt also kalkulierst, dass du entspannt 30 % Verluste aushalten kannst, wären das 15 000 € – das kratzt gefährlich am Rand deines tatsächlichen Puffers. Darum: Rechne dir dein Geld nicht schön, sondern sei ehrlich mit dir.

Es geht für dich darum, deinen Financial Lifestyle zu erreichen – aber nicht auf Pump, um »reich zu wirken«, sondern tatsächlich und solide aufgestellt. Also: Was bleibt übrig, wenn du alle Schulden von deinem Vermögen abziehst? Und wie stabil ist dieser Überschuss – oder das Minus?

Dein wichtigstes Ziel heißt dabei immer: den finanziellen Ruin vermeiden. Deine Schulden dürfen nie größer werden als dein Vermögen. Denn Kredite wollen heute bedient werden, und mit deiner künftigen Rente kannst du heute keine Schulden bezahlen. Fangen wir also mit der Vermögensbilanz an. Was du als Input brauchst, (erstmal sammeln, wir rechnen später …) sind:

- die Kontostände deiner Bankkonten und Wertpapierdepots
- Besitzt du Immobilien? Gibt es einen Hauskredit?
- die aktuellen Werte von privaten oder betrieblichen Altersvorsorgeverträgen
- Außerdem hast du idealerweise den Bescheid der Rentenversicherung zur Hand.

Dein Humankapital: Welchen Wert hat deine zukünftige Arbeit?

Dein Humankapital ist der Gegenwartswert all dessen, was du in den kommenden Jahren mit deiner Arbeitskraft verdienen wirst. Der größte Teil davon wird für Konsum draufgehen. Der Anteil jedoch, mit dem du Rentenansprüche erwirbst oder den du auf die Seite legst, erhöht dein Vermögen. Da diese Erhöhung schon heute absolut absehbar ist und eindeutig dir gehören wird, gehört dieser zukünftige Sparanteil auch schon heute auf deine Bilanz.

In der Fachsprache: »Zukünftiges Sparen aus Humankapital ist ein finanzieller Anspruch an dein zukünftiges Selbst.« Du kannst dir das wie ein unsichtbares Guthaben vorstellen, das schon existiert und daher Teil deines Finanzplans sein sollte – auch wenn es sich erst nach und nach auf deinem Konto materialisiert. Dieses Guthaben hängt mit deiner Fähigkeit zusammen, viel und sicher Geld zu verdienen. Deine Karriere, dein Arbeitgeber und die Gesamtwirtschaft bestimmen, wie viel du verdienen wirst. Dieselben Faktoren bestimmen, wie sicher dein Verdienst und damit auch dein Sparanteil Realität wird. Um den heutigen Guthabenwert von Rente und Zukunftssparen zu schätzen, brauchen wir eine Vorstellung von beidem, von der Höhe deiner Sparraten und Beiträge und von deren Schwankungen über die Zeit. Je höher die Schwankungen, umso weniger sollte derselbe zukünftige Betrag heute theoretisch für dich wert sein.

Wichtiger Unterschied: Du wirst feststellen, dass wir die Risikoeinheiten (RE) für dein Humankapital anders bestimmen als für handelbare Geldanlagen wie Aktien oder Fonds (wie in Tabelle 4 gezeigt). Das hat einen einfachen Grund: Deine Arbeitskraft wird – zum Glück – nicht an einer Börse gehandelt. Ihr Wert und das damit verbundene Risiko lassen sich nicht objektiv am Markt ablesen. Stattdessen spielen deine persönliche Situation (Wie sicher ist dein Job?) und deine individuelle Wahrnehmung (Wie gehst du mit Unsicherheit um? Deine Risikotoleranz) eine viel größere Rolle. Deshalb kombinieren wir in Tabelle 5 das generelle Berufsrisiko mit deiner persönlichen Risikotoleranz, um einen passenden RE-Wert für dein Humankapital zu finden.[2] Bei Aktien und Co. hingegen orientieren wir uns an den messbaren Schwankungen am Markt.

Die Risikoeinheiten in der zweiten Spalte packen in eine Zahl, wie sicher der Job (z. B. wegen Kündigungsschutz), wie stabil die Gehaltsentwicklung (z. B. über Tarifverträge) und wie anfällig Unternehmen und Branche sind. Die Risikoeinheiten in der zweiten Zeile spiegeln die persönliche Risikotoleranz aus dem Münzwurf in Teil I wider.

Für deinen persönlichen RE-Wert zur Berechnung des Gegenwartswertes von Humankapital suchst du in Tabelle 5 die Zeile mit deinem Jobrisiko und die Spalte mit deiner Risikotoleranz. Im Kreuz steht der gesuchte Wert, den wir gleich für die Vermögens- und Risikobilanz brauchen werden.

Ein Beispiel: Stell dir vor, du hast dich gerade als Anwalt selbstständig gemacht. Die neue Kanzlei hat erst wenige Klienten und entsprechend hoch ist mit RE = 4 das Jobrisiko deines neuen Berufsprofils. Wenn du selbst mit RE = 1 nur eine geringe Toleranz mitbringst, dann magst du dieses Jobrisiko gar nicht und dein Humankapital trägt für dich in der neuen Kanzlei hohe RE = 8 (im Kreuz von Zeile »Selbstständige/Unternehmer (unsicher)« und Spalte »Risikotoleranz RE = 1«). Dein zukünftiges Einkommen hat für dich einen geringeren Gegenwartswert, weil die Kanzlei-Einnahmen unsicher sind und du damit nicht gut schlafen kannst. Wenn du dagegen in den verbeamteten Richterdienst gewechselt hättest, wäre die Situation ein andere. Das Jobrisiko von Beamten ist mit RE = 0,5 so gering, dass deine Risikotoleranz fast egal ist für die resultierenden RE des Humankapitals aus Tabelle 5. Dein zukünftiges Einkommen, das in Sparen und Rentenbeiträge fließt, bekommt dann bei der Berechnung des Gegenwartswertes keinerlei Risikoabschlag.

		Deine Risikotoleranz in RE					
Dein Jobrisiko in RE		0,5	1	2	3	4	>4
Beamte	0-1	1	0	0	0	0	0
Angestellte (solides Unternehmen)	1-2	1	1	1	0	0	0
Angestellte (anfälliges Unternehmen)	2-3	4	2	1	1	1	1
Selbstständige/Unternehmer (etabliert)	2-4	9	5	3	2	1	1
Selbstständige/Unternehmer (unsicher)	>4	15	8	4	3	2	2
Gründer	>5	25	13	6	4	3	3

Tabelle 5: Richtwerte für die Risikoeinheiten (RE) des eigenen Humankapitals

Allgemein gilt für Humankapital auf der Vermögensbilanz: Je riskanter dein Einkommen und je geringer deine Risikotoleranz, desto geringer der Gegenwartswert der Summe, die du einmal gespart oder als Rentenpunkte gesammelt haben wirst. Futur zwei. Ein bisschen ungewohnt vielleicht, aber wichtig, denn das Humankapital als immaterieller Vermögenswert spielt eine wichtige Rolle in der praktischen Finanzplanung[3]. Schließlich kannst du dieses Kapital aktiv durch deinen Karriereverlauf beeinflussen. Es bestimmt maßgeblich, wie sich dein Vermögen entwickeln wird. Das gilt es heute zu berücksichtigen.

Deshalb ist der Gegenwartswert des Sparens so wichtig für dein persönliches Big Picture – vor allem, wenn du nicht zufällig eine Million geerbt hast. Dann besteht deine größte Chance darin, aus deinem zukünftigen Einkommen Vermögen und Rentenansprüche aufzubauen.

Für Jüngere ist das Humankapital oft der größte Posten auf der Vermögensbilanz und deshalb hoch relevant für die Finanzentscheidungen. Es bestimmt die Risikotragfähigkeit bei der Geldanlage, die Planungssicherheit und die Vorteilhaftigkeit bestimmter Strategien. Und selbst wenn du älter bist, aber einen sicheren Job auf Lebenszeit hast: Dein Humankapital hat ein stabileres Rückgrat als zum Beispiel das eines Solo-Selbstständigen in der Kreativwirtschaft – auch wenn beide heute dasselbe auf dem Konto haben. Du könntest dann bei deinen Investitionen mehr ins Risiko gehen, weil deine Gesamtbilanz stabiler ist.

Wenn du jung bist, dann kannst du dich dank deines Humankapitals rein rechnerisch jetzt schon vermögend nennen. Selbst bei einem mittleren Einkommen. Den größten Teil deines »Habens« macht deine eigene Arbeitskraft aus – und die ist in der Regel ziemlich stabil und viel wert. Sie ist weniger schwankungsanfällig als der Aktienmarkt und gleicht eher einer Staatsanleihe. Du hast also ein viel stärkeres Fundament, als du vielleicht glaubst, und auch mehr Gestaltungsspielraum, um mehr für deinen Financial Lifestyle tun.

Dazu ein Beispiel: Stell dir vor, du bist 27, hast gerade dein Studium abgeschlossen und deinen ersten Jobvertrag in der Tasche. Du verdienst, sagen wir, 60 000 € brutto im Jahr – also etwa 36 000 € netto. Du arbeitest voraussichtlich bis 67. Das sind 40 Jahre Erwerbsleben. Dein Humankapital hat für dich persönlich RE = 1 und du rechnest mit 3 % langfristigem Einkommenswachstum. Damit gleicht dein Einkommensstrom einem Sparplan mit 3 % jährlicher Rendite (Risikoprämie 1 % wegen RE = 1 plus 2 % sicherer Zins) und 3 % jährlichem Anstieg. Die vereinfachte Berechnung des Gegenwartswertes (unter der Annahme, dass Gehaltswachstum und Zins fürs Abzinsen identisch sind) lautet:

40 Jahre × 36 000 € Jahresnetto = 1,44 Millionen € Humankapital

Wenn du regelmäßig ein Sechstel deines Nettos sparen wirst, hat zukünftiges Sparen aus Humankapital für dich einen Gegenwartswert von 240 000 €. Dieser Betrag steht als Anspruch an dein zukünftiges Selbst heute auf der Vermögensbilanz. Mehr Risiko im Humankapital bedeutet weniger Guthaben. Ein sicherer Job hat also handfesten Wert gerade für Menschen mit geringer Risikotoleranz.

Dieses Big Picture hilft dir auf zwei Arten:

- **Für dein Selbstbewusstsein:** Du bist nicht arm, nur weil dein Kontostand gerade nicht glänzt. Du bist ein laufendes Millionenprojekt in der Frühphase.
- **Für deine finanzielle Strategie:** Wenn dein Humankapital groß und relativ sicher ist (z. B. bei Angestellten oder Beamten) und du ordentlich sparen wirst, kannst du beim Geldanlegen ruhig etwas mehr Risiko eingehen.

Behandle dich also wie ein wertvolles Asset. Investiere in dich selbst, halte dich gesund, entwickle deine Fähigkeiten – und schütze dein Humankapital, zum Beispiel durch eine gute Berufsunfähigkeitsversicherung. Und Laufen, Brokkoli, du weißt schon …

Wenn du mit jemandem zusammenlebst, dann betrachtet – als Rechenexperiment – euer Vermögen gemeinsam. Euer gemeinsames Humankapital wird euch mit hoher Sicherheit erst recht zu rechnerischen Millionären machen. Das senkt (zumindest, solange ihr zusammenlebt) das Gesamtrisiko noch einmal, weil auch das Risiko von Humankapital gestreut werden kann. Übrigens ein weiterer Grund, als Paar nicht im selben Unternehmen zu arbeiten.

Sieben Vermögensbilanzen

Du hast die Lifestyles von Frida, Jana, Fred, Karin, Armin, Benno und Frank schon kennengelernt. Jetzt schauen wir ihre Vermögen an. Ihre Bilanzen in Tabelle 6 verraten, wie viel sie bisher aufgebaut haben. Zuvor noch ein Blick auf Deutschland insgesamt. Die Bundesbank befragt Haushalte in Deutschland (Studierende, Angestellte, Beamte, Rentner usw.) alle paar Jahre nach ihrem Finanz- und Sachvermögen. Dies geschah zuletzt 2023 und die Ergebnisse werden im Monatsbericht aus dem April 2025 ausführlich vorgestellt. Demzufolge lag das mittlere Nettovermögen nach Abzug etwaiger Schulden (50 % haben mehr, 50 % haben weniger) bei ungefähr 100 000 €.

Die Verteilung links und rechts des Durchschnittswertes ist … sagen wir: nicht besonders gleichmäßig. Laut Bundesbank hat das unterste Drittel der Haushalte so gut wie kein Vermögen und die ganze untere Hälfte besaß 2023 nur etwas mehr als 2 % vom gesamten Kuchen.[4] Die Eintrittskarte zum Club der reichsten 10 % löst du ab einem Finanz- und Immobilienvermögen von 780 000 €. Dieser Gruppe gehören rund 61 % des gesamten Finanz- und Immobilienvermögens. Laut einer Studie der Boston Consulting Group gibt es darunter insgesamt 3 300 Superreiche (Menschen mit mehr als 100 Millionen US-Dollar Finanzvermögen).[5]

Die Bundesbank schätzt in ihrem Monatsbericht auch das Vermögen der Haushalte aus Ansprüchen an die gesetzlichen Rentensysteme. Für den mittleren Haushalt kommen demzufolge zu den 100 000 € Nettovermögen noch einmal rund 200 000 € aus dem Gegenwartswert der Rentenansprüche dazu. Damit lag 2023 das Gesamtvermögen in der Mitte bei rund 300 000 €. Für das untere Drittel der Haushalte macht die gesetzliche Rente fast das gesamte Nettovermögen aus, für die reichsten 10 % nur rund ein Fünftel. Das Vermögen aus zukünftigem Sparen käme bei allen noch dazu. Das hat die Bundesbank nicht geschätzt, ist aber für deinen Finanzplan besonders wichtig.

Betrachten wir nun die Vermögensbilanzen der sieben.

	Frida	Jana	Fred	Karin	Armin	Benno	Frank
Eckdaten							
Alter aktuell	45	35	50	30	40	55	60
Alter geplanter Renteneintritt	70	67	70	67	67	64	67
Lebenserwartung mit Puffer	90	95	90	95	90	90	90
Nettoeinkommen pro Monat	**950 €**	**2 800 €**	**3 800 €**	**1 800 €**	**6 400 €**	**58 000 €**	**6 200 €**
Einkommenswachstum	2 %	3 %	2 %	2 %	2 %	2 %	2 %
Sparquote	-100 %	10 %	10 %	5 %	25 %	30 %	12 %
Prognose gesetzliche Rente (brutto)	**1 262 €**	**2 200 €**	**0 €**	**1 908 €**	**3 925 €**	**3 150 €**	**8 309 €**
Vermögensbilanz (in 1 000 €)							
Bankkonten (Kontostand)	50	15	90	5	125	200	210
Altersvorsorge (aktueller Wert)		25	120		40	220	
Wertpapiere (Depotwert)	220	20	280		140	2 500	
Immobilien (Schätzwert)	300		800			5 500	
Kredite (Restschuld)		-10	-150			-2 000	
Zukünftiges Sparen (Wert heute)	-285	107	69	33	402	1 795	61
Gesetzliche Rente (Wert heute)	145	287		215	428	753	1 929
Gesamtvermögen	**430**	**444**	**1 209**	**253**	**1 135**	**8 969**	**2 201**

Tabelle 6: Vermögensbilanzen vor Financial-Lifestyle-Strategie

Frida – die Frugalistin

Frida ist 45 und lebt bewusst reduziert. Mit 950 € Netto im Monat käme sie nicht weit, aber sie hat mit Bedacht über die Jahre etwas aufgebaut. Ihr Vermögen liegt bei 430 000 €, davon 50 000 € auf der Bank, 220 000 € in Wertpapieren und 300 000 € in einer Wohnung. Plus 145 000 € als Gegenwartswert ihrer prognostizierten gesetzlichen Rentenansprüche (alles vor Steuern). Man könnte meinen, das sei solide, doch Frida lebt von ihrem Kapital und hat das auch für die Zukunft vor. Die Sparquote ist -100 %. Sie verbraucht ihr doppeltes Nettoeinkommen, und das zehrt am Vermögen. Der Gegenwartwert ihres »Überkonsums« bis zum Renteneintritt liegt bei minus 285 000 € (Gegenwartswert von 950 € monatlichem »Entsparen« über 25 Jahre bis zum geplanten Ruhestand mit 70). Wird das Vermögen bis zu ihrem Lebensende reichen? Sie rechnet eigentlich mit einem Leben bis 90, will aber mit Puffer sicherstellen, dass das Geld auch bis 95 reichen würde.

Jana – die Journalistin

35 Jahre, 2 800 € netto bei 80 % Teilzeit, 10 % Sparquote auch in der Zukunft. Ihr Gehalt soll weiter mit 3 % pro Jahr ansteigen. Jana hat sich in der Vergangenheit schon ein Finanzvermögen bei Bank und Versicherung von rund 60 000 € erarbeitet. Hinzu kommen 287 000 € an Ansprüchen an die gesetzliche Rentenversicherung und der Gegenwartswert ihrer zukünftigen Spartätigkeit in Höhe von 107 000 € (jeweils heruntergerechnet mit einem Zins, der den persönlichen RE ihres Humankapitals aus Tabelle 4 entspricht – mehr Details dazu weiter unten). Zieht man den Konsumentenkredit von 10 000 € ab, beläuft sich ihr heutiges Nettovermögen auf 444 000 €. Das klingt nicht schlecht, doch werden wir sehen: Für die lange Frist ist das zu wenig.

Fred – der Friseur

50 Jahre alt, 3 800 € Nettoeinkommen, 10 % Sparquote und als Selbstständiger nur etwas private Altersvorsorge, aber keine gesetzliche Rente. Sein Gesamtvermögen aus Wertpapieren und geerbter Immobilie mit Restschuld summiert sich auf knapp über 1,2 Millionen €. Er geht davon aus, dass er bis 70 Haare schneidet und föhnt. Bis dahin will er von seinen Einnahmen noch den Gegenwert von 69 000 € sparen. Seine Bilanz fühlt sich für ihn mit den Wertpapieren und dem Hauskredit riskant an, vor allem, weil er mit dem Gedanken spielt, den Friseurladen doch schon mit 67 zuzuschließen, und dann sichere Zuflüsse braucht.

Karin – die Köchin

Mit 30 Jahren, 1 800 € Einkommen und 5 % Sparquote hat sie nicht viel Spielraum. Immerhin kommt sie auf ein Gesamtvermögen von 253 000 €. Das liegt daran, dass sie noch am Anfang ihrer Berufslaufplan steht. Das hebt den Gegenwartswert von Rente und zukünftigem Sparen. Insgeheim spekuliert sie mit einer Erbschaft und dann vielleicht mit dem eigenen Restaurant.

Armin – der Autoverkäufer

40 Jahre, 6 400 € netto und 25 % Sparquote. Sein heutiges Vermögen von gut 1,1 Millionen € teilt sich auf drei große Teile auf: Finanzprodukte, zukünftiges Sparen und Ansprüche an die Gesetzliche. Muss er sich als Autoverkäufer Sorgen um die berufliche Zukunft machen? Auch Berufsunfähigkeit ist ein Thema für ihn als Hauptverdiener in der Familie. Wird sein Traum von der eigenen Wohnung trotzdem aufgehen?

Benno – der Banker

55 Jahre, 58 000 € netto im Monat, 30 % Sparquote. Vermögen: knapp 9 Millionen €. Davon 2,5 Millionen € im Depot und 5,5 Millionen € Immobilien, die noch mit 2 Millionen € Krediten belastet sind. Trotzdem beschleicht ihn das Gefühl, dass die Kombi aus Fortführung des jetzigen Lifestyles, Aufhören mit 64 und Harvard für die beiden Kinder nicht funktionieren wird.

Frank – der Forscher

60 Jahre, 6 200 € netto, 12 % Sparquote. Sein Vermögen: gut 2,2 Millionen €, das meiste extrem solide als Pensionsanwartschaft und zusätzlich viel Bares auf Bankkonten. Er hat festgestellt, dass er weniger zum Leben braucht, und fragt sich, wie er mit dem eingesparten Geld aus einem Downgrade Gutes für andere tun kann.

Wie groß ist dein Gesamtvermögen?

So wie wir es bei unseren sieben Bekannten gemacht haben, kannst du auch deine eigene Vermögensbilanz aufschlüsseln. Ziel der Übung ist es, deine gesamte »Spielmasse« zu erfassen – also alles, was dir heute und künftig für deinen Lifestyle zur Verfügung steht. Das ist das Fundament deines Finanzplans, ohne das du keine weitreichenden Finanzentscheidungen treffen solltest. Auf diesem Fundamt werden wir die Risiko- und Prognosebilanz aufsetzen.

Auf der Seite www.financial-lifestyle.de kannst du die Zahlen direkt eingeben und musst nicht rechnen. Disclaimer: Dort und hier müssen wir mit vereinfachenden Annahmen arbeiten. Die Ergebnisse sind vor allem als Orientierung gedacht und werden dir die entscheidenden Stellhebel für deinen Financial Lifestyle offenlegen. Hier nun Schritt für Schritt, wenn du den Stift schon gespitzt hast:

1. **Zahlen zusammentragen**
   - **Monatliches Nettoeinkommen:** Falls du Beiträge in eine kapitalgedeckte betriebliche Altersvorsorge (Direktversicherung, Pensionskasse oder Pensionsfonds) einzahlst, zähle diese wieder zum Netto dazu, weil sie zum Sparen gehören.
   - **Aktuelle Sparsumme aus dem Nettoeinkommen:** Zur Sparsumme gehören private und betriebliche Rentenbeiträge, Anlagen in Wertpapiere, Bankguthaben und Kredittilgungen.
   - **Aktuelles Finanz- und Sachvermögen:** Bankkontostand, Depotstand, Immobilienwert, aktuelles Vertragsguthaben (eingezahlte Beiträge plus bisher erzielte Zinsen, Überschüsse oder Wertzuwächse) in privaten und betrieblichen Altersvorsorgeprodukten mit eigenem Konto.
   - **Schulden und Kredite:** Alle aktuell ausstehenden Beträge.
   - **Rentenbescheid der gesetzlichen Versicherung** beziehungsweise des Versorgungswerkes: Für Beamte gibt es keinen Bescheid und du musst bitte selbst anhand von hochgerechneten Dienstjahren und deinem ruhegehaltsfähigen Schlussgehalt die anfängliche monatliche Pension schätzen.
   - **Rentenzusagen** deines Arbeitgebers aus Direktzusagen oder Unterstützungskassen: Diese Zusagen behandelst du vereinfacht genauso wie die Zahlen aus dem Rentenbescheid der gesetzlichen Rente.

- **Deine persönlichen Risikoeinheiten** für dein Humankapital aus der Tabelle 5 im letzten Abschnitt fürs Abzinsen von Sparen und Rente in Schritt 2.

2. **Gegenwartswert zukünftiges Sparen berechnen**

   Ziel: Du findest heraus, was deine gesamten zukünftigen Ersparnisse aus heutiger Sicht wert sind. Zum Abzinsen ziehst du die Risikoeinheiten deines Humankapitals aus Tabelle 5 heran.

   - **Auswahl Tabelle:** Nimm die Sparplan-Tabelle mit derjenigen Wachstumsrate (B1 für 0 %, B2 für 2 % oder B3 für 4 %) zur Hand, die du für deine persönliche Gehaltsentwicklung in der Zukunft durchschnittlich erwartest. Deine Sparraten steigen annahmegemäß mit derselben Rate. Falls du unsicher bist, nimm die mit 2 % Wachstum.
   - **Hochrechnen Sparraten:** Die Tabelle nutzt Zinssätze. Die persönlichen Risikoeinheiten (RE) deines Humankapitals aus Tabelle 5 musst du also übersetzen. Beispiel: RE = 2 plus 2 % sicherer Zins ergibt 4 %.[6] Falls du unsicher bist, wähle hier die Zeile mit 3 %. Suche dann die Spalte mit der Anzahl an Jahren von heute bis Rentenbeginn. Nimm den Rechenfaktor im Kreuz aus Spalte und Zeile und multipliziere deine aktuelle monatliche Sparsumme damit. So erhältst du den Zukunftswert deiner Ersparnisse zu Rentenbeginn.
   - **Abzinsen des Zukunftswertes:** Um nun als Letztes den Gegenwartswert zu berechnen, blättere zur Tabelle A für Einmalanlagen. Dort suchst du wieder die Zeile mit dem Zinssatz, der sich aus den persönlichen Risikoeinheiten des Humankapitals plus 2 % ergibt (im Zweifelsfall 3 %) und wieder die Spalte für die Anzahl an Jahren bis zum Rentenbeginn. Teile nun den Zukunftswert aus dem letzten Schritt durch diesen Rechenfaktor. Das Ergebnis ist dein heutiges Vermögen aus zukünftiger Spartätigkeit.

3. **Gegenwartswert gesetzliche Rente**

   Ziel: Du findest heraus, welchen Wert deine zukünftigen Ansprüche an die gesetzliche Rente aus heutiger Sicht haben. Zum Abzinsen ziehst du die RE deines Humankapitals aus Tabelle 5 heran.

- **Rentenbescheid nutzen:** Nimm deinen letzten Rentenbescheid zur Hand und finde die voraussichtliche Rente bei Fortzahlung von Beiträgen und bei einem Anpassungsfaktor von 1 % (steht so fix und fertig im Bescheid). In diesem Faktor steckt die Annahme, dass der Wert eines Rentenpunktes bis zu deiner Rente 1 % pro Jahr steigen wird. Über die letzten 20 Jahre waren das zwar im Schnitt mehr als 2 % pro Jahr, aber ich rate auch hier, lieber konservative Werte anzusetzen.
- **Gesamtwert zum Rentenstart schätzen:** Multipliziere die angegebene Monatsrente mit zwölf und dann mit deinen voraussichtlichen Rentenjahren. Greife bei der Lebenserwartung lieber hoch (z. B. Lebenserwartung 95 minus Renteneintritt 67 ist gleich 28 Jahre Rentenjahre), denn die Lebenserwartung wird dank des medizinischen Fortschritts weiter ansteigen.[7] Das Ergebnis der Multiplikation ist der Zukunftswert deiner gesetzlichen Rente zum Rentenstart. Wieder wurde bei der Berechnung angenommen, dass Anstieg der Rente und Zins zum Herunterrechnen identisch sind. Gehe mit Versorgungswerken, Beamtenpension und Direktzusagen genauso vor.
- **Auf Gesamtwert heute runterrechnen:** Nimm denselben Rechenfaktor aus Tabelle A für Einmalanalagen wie im letzten Schritt beim Gegenwartswert des zukünftigen Sparens (RE aus Tabelle 5 plus sicherer Zins, Anzahl Jahre bis Rentenstart). Teile den Zukunftswert der Rente durch diesen Rechenfaktor – so bekommst du den heutigen Wert deiner gesamten Rentenansprüche. Wenn du schon viele Rentenpunkte gesammelt hast, nimm einen kleineren Rechenfaktor.[8]

4. **Alles zusammenrechnen**
   - Addiere: Bankkonten + Wertpapierdepots + aktuelle Werte deiner privaten und betrieblichen Vorsorge + Immobilienwert + Gegenwartswert zukünftiges Sparen + Gegenwartswert Rente
   - Ziehe etwaige Kredite ab.
5. **Bilanz ziehen**

So, das war der Kassensturz. Das Ergebnis ist dein heutiges Gesamtvermögen aus Arbeit und Kapital. Es zeigt dir, wie viel dir schon gehört – auch wenn ein Teil davon (wie Rente und Sparen) erst in Zukunft sichtbar wird und ein Teil davon für spätere Abzüge wie Steuern und Sozialversicherung reserviert ist.

Diese Zahl ist der Ausgangspunkt für alles, was folgt. Im nächsten Schritt geht es darum, wie stabil dieses Fundament ist. Wie viel Risiko steckt in deiner Bilanz, und kannst du dieses Risiko entspannt schultern? Kurz: Wir prüfen jetzt die Standfestigkeit deines Vermögens.

Risikobilanz: Welches Risiko steckt in deinem Vermögen?

Für deine Geldstrategie musst du wissen, wie stark dein Vermögen schwanken kann – also wie robust es wirklich ist. Nur so findest du das richtige Maß zwischen Renditechance und ruhigem Schlaf. Und nur so kannst du gezielt nachjustieren, wenn sich dein Leben, deine Pläne oder dein Risikoempfinden ändern. Deine Risikobilanz aufzustellen, ist außerdem überhaupt nicht schwierig. Du weist jedem Baustein ein individuelles Risiko zu und bildest dann den Durchschnitt.

Hier sind die Richtwerte für die einzelnen Bausteine:

- **Bankguthaben und Tagesgeld** sind stabil (RE = 0).
- **Depots** hängen vor allem vom Aktienanteil und von der Streuung ab. Ein breit gestreutes GMP-Depot hat mit RE = 3,5 viel weniger Risiko als ein Klumpen mit wenigen Einzelaktien mit meist mehr als RE = 7.
- **Immobilien** hängen von Typ und Lage ab. Wohnimmobilien in guten Lagen sind stabiler (RE = 1–3), Wohnungen auf dem Land sind deutlich riskanter (RE = 2–4), Büros und Gewerbe sind noch riskanter (RE = 3–6).
- **Private oder betriebliche Altersvorsorge** hängt vom Vertrag ab. Mit Garantien: RE = 0,5–1. Fondsbasierte Policen: RE = 1–3.
- **Kredite** haben für dich immer 0 Risikoeinheiten, denn die Raten müssen an die Bank gezahlt werden, egal, ob der Wert der Immobilie

steigt oder fällt. Das gesamte Risiko liegt beim Eigenkapital, also dem Teil, den du selbst eingebracht hast, um die Immobilie zu kaufen. Hier kommt der Kredithebel ins Spiel: Angenommen, eine Wohnung hat einen Marktwert von 200 000 € und typische Schwankungen von RE = 2. Das Risiko dieser Wohnung bleibt gleich – ob du sie komplett mit Eigenkapital oder mit Kredit finanzierst. Wenn du aber zum Beispiel nur 100 000 € Eigenkapital einsetzt und die andere Hälfte per Kredit finanzierst, dann trägt dein Eigenkapital das gesamte Risiko dieser Immobilie. Das Risiko pro Euro Eigenkapital verdoppelt sich. Aus RE = 2 werden RE = 4. Bei 75 % Kredit vervierfacht sich das Risiko deines eingesetzten Geldes (RE = 8), bei 90 % verzehnfacht es sich (RE = 20). Je höher der Kreditanteil, desto stärker wirkt also der Hebel auf dein Eigenkapital – und desto größer das Risiko, dass dein Vermögen von Wertverlusten in der Immobilie schnell aufgezehrt wird.

- **Zukünftiges Sparen:** Orientiert sich am Risiko deines Humankapitals und deiner Risikotoleranz. Ein sicherer Job in wirtschaftlich stabilen Zeiten geht mit weniger RE einher als ein unsicherer Job mit unklarer Zukunft der Branche – zumal, wenn Du persönlich Risiken eher scheust. Verwende hier also wieder deinen individuellen RE-Wert aus Tabelle 5. Wenn du dir nicht sicher bist, wähle RE = 1.
- **Gesetzliche Rente:** Deine Rentenansprüche aus zukünftig noch zu leistenden Beiträgen hängen ebenfalls von den Risikoeinheiten deines Humankapitals und deiner Risikotoleranz ab. Verwende also auch hier deinen individuellen RE-Wert aus Tabelle 5. Wenn du schon länger berufstätig bist und viele Rentenpunkte erworben hast, dann ist dir die voraussichtliche Rente aus dem Rentenbescheid schon weitgehend sicher. Je höher dieser Anteil, umso näher liegen die RE bei 1.

Entscheidend wird sein, dass deine Risikobilanz insgesamt mit deinen Zielen und deinem Risikoappetit zusammenpasst. Bevor du deine Gesamtzahl ausrechnest, werfen wir wieder einen Blick auf unsere sieben Bekannten.

Sieben Risikobilanzen

Stimmen die Risiken in der Vermögensbilanz von Frida, Jana, Fred, Karin, Armin, Benno und Frank mit dem überein, was sie tolerieren wollen?

	Frida	Jana	Fred	Karin	Armin	Benno	Frank
Risikobilanz (in 1 000 €)							
Bankkonten (Kontostand)	50	15	90	5	125	200	210
RE =	0	0	0	0	0	0	0
Altersvorsorge (aktueller Wert)		25	120		40	220	
RE =		2	2		2	2	
Wertpapiere (Depotwert)	220	20	280		140	2 500	
RE =	3,5	4	4		4	7	
Immobilien (Schätzwert)	300		800			5 500	
RE =	2		3			2,5	
Kredite (Restschuld)		-10	-150			-2 000	
RE =		0	0			0	
Zukünftiges Sparen (Wert heute)	-285	107	69	33	402	1 795	61
RE =	0	1	3	1	2	1	0,5
Gesetzliche Rente (Wert heute)	145	287		215	428	753	1 929
RE =	1	1		1	1,5	1	0,5
Gesamtvermögen	**430**	**444**	**1 209**	**253**	**1 135**	**8 969**	**2 201**
RE =	**3,5**	**1,2**	**3,3**	**1,0**	**1,8**	**3,8**	**0,5**
Risikotoleranz in RE =	2,5	4	2,5	2	2	3	1

Tabelle 7: Risikobilanzen der sieben

Tabelle 7 enthält für jeden Vermögensbaustein der sieben Personen in der Zeile »RE =« die enthaltenen Risikoeinheiten. Du siehst zum Beispiel, dass alle Bankkonten auf RE = 0 gestellt sind, während die Depots zwischen RE = 3,5 und RE = 7 variieren. Die RE für zukünftiges Sparen und die gesetzliche Rente werden bestimmt durch die RE des jeweiligen Humankapitals in Kombination mit der Risikotoleranz. Diese findest du in der letzten Zeile.

Bei allen (außer Fred als Unternehmer und Armin als Autoverkäufer) fallen die Risikoeinheiten für das zukünftige Sparen niedrig aus, weil entweder das Einkommen stabil oder die Risikotoleranz hoch ist. Die RE für die Gesetzliche Rentenversicherung orientieren sich an denen für das zukünftige Sparen. Für Armin liegen sie leicht drunter, weil er mit seinen 20 Berufsjahren schon einen Teil der Rente sicher hat. Für alle Angestellten außer dem vermögenden Benno spielt die beiden Humankapital-Bausteine eine dominante Rolle auf der Bilanz. Mit ihrer Stabilität ziehen sie das durchschnittliche Risiko in den Bilanzen nach unten. Trotzdem übersteigt das Gesamtrisiko für drei der sieben deren Risikotoleranz.

Frida – die Frugalistin (45)

Frida hat in ihren früheren Berufsjahren in Vollzeit ein beachtliches Vermögen aufgebaut, von dem sie schon heute, mit 45 Jahren, die Hälfte ihrer Ausgaben bestreitet. Frida ist damit der klassische Fall für einen frugalistischen Lifestyle (oder neudeutsch: FIRE = »Financial Independence, Retire Early«), einer Art »Rente mit 45« dank angespartem Vermögen. Über die nächsten 25 Jahre summiert sich ihr negatives Sparen wie schon bekannt zu einem Gegenwartswert von minus 285 000 €. Das sind Schulden gegenüber ihrem Zukunfts-Ich, die in der Risikobilanz genauso wirken wie ein Kredit von der Bank. Sie muss die Zahlungen an sich selbst fest einplanen und dafür wie bei einem Kredit mit festen Tilgungen 0 Risikoeinheiten ansetzen. Durch das negative Vorzeichen erhöhen diese Schulden das Gesamtrisiko substanziell. Hinzu kommen riskante Wertpapiere und eine Immobilie. Macht im Schnitt über alle Bausteine stolze 3,5 Risikoeinheiten, was ihre Risikotoleranz von RE = 2,5 bei Weitem übersteigt.

Solange sie gesund bleibt, die Märkte nicht crashen und die Immobilie keine Probleme macht, trägt das. Weil das Vermögen bis zum Lebensende reichen muss, gibt es da aber auch noch das Risiko der Langlebigkeit. Aktuell rechnet sie bis 90, aber was, wenn sie 95 oder gar älter wird? Sie braucht also eine Strategie, um durch Umschichtung Risiko aus ihrem Vermögen rauszunehmen.

Jana – die Journalistin (35)

Sie hat 444 000 € Vermögen aufgebaut und das meiste davon ist zukünftige Bewegungsmasse im Baustein gesetzliche Rente und Sparen aus zukünftigem Einkommen. Ihr Humankapital taxiert sie als auch online erfolgreiche Journalistin mit hoher Risikotoleranz auf nur RE = 1. Das im Vergleich kleine Wertpapierdepot mit RE = 4 fällt nicht weiter ins Gewicht, sodass ihr Gesamtvermögen RE = 1,2 trägt. Sie ist neben Benno die Person mit der höchsten Risikotoleranz im Bunde. Volle RE = 4 traut sie sich zu, auch weil sie schon immer gewohnt ist, flexibel auf Veränderungen in ihrem Leben zu reagieren. Deshalb plant sie, auch ihre zukünftigen Sparraten in breit gestreute und günstige Wertpapiere mit 4 Risikoeinheiten zu investieren. Sollte bei ihr jedoch eine Renteneinkommenslücke klaffen, dann kann sie wenig über Umschichten oder noch mehr Risikoprämie ausrichten. Sie müsste bei ihrem Einkommen anpacken – in ihrem Fall gelingt das sogar ohne Verhandlung oder neuen Job: durch die Umstellung von Teilzeit auf Vollzeit.

Fred – der Friseur (50)

Freds Vermögen aus überwiegend Immobilien und Depot liegt bei knapp 1,2 Millionen €. Der Hauskredit hebelt die ohnehin schon überdurchschnittlichen hohen 3 Risikoeinheiten seiner selbst genutzten Immobilie weiter nach oben. Zusammen mit den Aktienfonds im Depot liegt er mit insgesamt RE = 3,3 im Vermögen deutlich über seiner eigentlichen Risikotoleranz von RE = 2,5. Das Profil verspricht zwar ordentliche Wertzuwächse, aber als Selbstständiger fehlt ihm in der Rente die sichere Bank der gesetzlichen Rente und er sollte sich überlegen, wie er hier eine bessere Balance hinbekommt. Vielleicht gar freiwillig in die Gesetzliche einzahlen?

Karin – die Köchin (30)

Karins Gesamtvermögen von 260 000 € setzt sich vor allem aus Sparen und Rente zusammen. Ihr berufliches Risiko als Köchin ist überschaubar, ihre persönliche Risikotoleranz liegt bei RE = 2 – sie nutzt davon aber nur die Hälfte. Ihr eigentliches Problem liegt auf der Liquiditätsseite: Sie hat nur 5 000 € direkt verfügbar. Ihr Lifestyle ist also fragil, kleine Schocks könnten reichen, um sie in finanzielle Schwierigkeiten zu bringen.

Armin – der Autoverkäufer (40)

Sein Vermögen liegt bei gut 1,1 Millionen €. Sein Lifestyle ist finanzierbar, solange sein Einkommen sicher fließt. Bei den Risikoeinheiten hat er mit seiner Risikotoleranz von

RE = 2 nur noch wenig Spielraum. Das liegt an den 2 Risikoeinheiten seines Jobs als Autoverkäufer in Zeiten, in denen die Branche mal wieder im Umbruch ist (Kombination aus RE = 3 für das Berufsprofil und RE = 2 Risikotoleranz). Bei der gesetzlichen Rente hat er schon einige Rentenpunkte sicher und deshalb nur 1,5 Risikoeinheiten angesetzt. Probleme mit dem Einkommen würden voll durchschlagen. Genau hier liegt seine finanzielle Achillessehne. Wenn er sich beruflich umorientieren muss, dann wahrscheinlich mit einem geringeren Gehalt. Noch ärger wäre ein Unfall mit seinem Boliden und danach Berufsunfähigkeit. Dann wäre es nicht nur mit dem Feiern vorbei, sondern alle in der Familie müssten den Gürtel eng schnallen.

Benno – der Banker (55)

Knapp 9 Millionen € hat Benno angesammelt als Selfmademan. Die hat er vor allem in Immobilien gesteckt, dazu 2,5 Millionen € in Aktien und riskante Private Equity Fonds (RE = 7). Sein Gesamtrisiko liegt bei satten RE = 3,8 und damit auch für einen erfahrenen Investmentbanker wie ihn zu hoch. Er hat sich maximal RE = 3 auf alles vorgenommen, weil er seinen Lifestyle nicht aufs Spiel setzen und seinen beiden Kindern auch noch ein solides Fundament mitgeben will. Auch für ihn lautet also die Frage, wie er mehr Stabilität in seine Finanzen hineinbekommt.

Frank – der Forscher (60)

Bennos Problem mangelnder Finanz-Stabilität hat Frank definitiv nicht. Über 1,9 Millionen € als Pensionsforderungen an den Staat, die mit dem geringen Risiko von Staatsanleihen vergleichbar sind, und 210 000 € auf dem Bankkonto. Sicherer geht fast nicht. So unterschreitet sein Vermögensrisiko mit RE = 0,5 sogar noch seine ohnehin niedrige Risikotoleranz von RE = 1. Da gibt es für Frank auf der Risikoseite wenig zu optimieren, sondern zu überlegen, was er mit seiner gewonnenen finanziellen Freiheit anfängt.

Bevor wir zu deiner eigenen Risikobilanz kommen, möchte ich aus dem Vergleich unserer sieben Bekannten ein paar allgemeine Regeln ableiten, wann Menschen mit ihrem freien Finanzvermögen mehr oder weniger Risiken eingehen können. Manche Faktoren machen dein Gesamtvermögen stabiler – und erlauben dir, bei der Geldanlage mehr Risikoprämie einzusammeln. Andere erhöhen die Verletzlichkeit – und sind ein Grund, besser Risiko zurückzuschrauben und auf die Prämie zu verzichten.

Mehr Risikoprämie für deine Anlagestrategie kannst du dir leisten, …

- wenn dein Job und damit der Gegenwartswert von Rente und zukünftigem Sparen sicher sind,
- wenn du die zukünftige Sparquote erhöhen kannst, denn dann wächst bei stabilem Einkommen der ebenso stabile Gegenwartswert des Sparens,
- wenn du wenig oder keine Schulden hast (denn Kredite wirken wie ein Hebel, der jede Schwankung verstärkt),
- dein Vermögen insgesamt breit gestreut ist und nicht zu stark in einzelnen Immobilien oder Betriebsanteilen steckt, die deine Risikobilanz dominieren,
- und natürlich, wenn du eine hohe Risikotoleranz hast und Schwankungen psychologisch gut aushalten kannst.

Das heißt konkret: Eine junge, ungebundene und schuldenfreie Beamtin mit hoher Risikotoleranz kann sich leisten, nach einem Sicherheitspuffer von sechs Monatsgehältern den größten Teil ihres Geldes in das GMP zu investieren. Ein 60-jähriger Unternehmer mit Restkredit auf dem Haus und Eltern, die Pflege brauchen, sollte dagegen auf Nummer sicher gehen und Wertpapiere mit Risiko eher meiden, um im eigenen Alter nicht an Essen und Heizung sparen zu müssen.

Wenn du noch in Ausbildung oder Studium bist und vielleicht schon ein kleines Erbe bekommen hast, bist du in einer spannenden Lage: Dein Humankapital ist sehr hoch – du hast viele künftige Einkommen vor dir –, aber deine aktuelle Liquidität ist begrenzt. Deshalb solltest du einen Puffer behalten, um Studium und Lebenshaltung entspannt finanzieren zu können. Den großen Rest kannst du aber für eine langfristig ordentliche Risikoprämie breit gestreut investieren. Du kannst dir mehr Schwankung leisten als jemand, der kurz vor der Rente steht – das Weltwunder Zinseszins arbeitet für dich …

Wie sieht deine Risikobilanz aus?

Jetzt bist du wieder dran: So entschlüsselst du im ersten Schritt den Durchschnitt der Risikoeinheiten für dein gesamtes Vermögen – eine Zahl, die dir zeigt, wie riskant deine Bilanz insgesamt ist. Erst im nächsten Schritt bei der Prognose geht es dann um die Risikoprämien, die du mit den aktuell eingegangenen Risiken voraussichtlich verdienen wirst.

- Nimm den Gegenwartswert jedes Bausteins (Bankkonto, Depot, Rente, zukünftiges Sparen usw.) aus der Vermögensbilanz.
- Multipliziere jeden Baustein mit seinen Risikoeinheiten.
- Addiere alle Ergebnisse und teile die Summe durch dein Gesamtvermögen aus der Vermögensbilanz. So erhältst du den »gewichteten« Durchschnitt der Einzelrisiken. Mit dieser Vorgehensweise überschätzen wir das Gesamtrisiko eher, denn wir ignorieren mögliche Risikostreueffekte zwischen den Bausteinen.

Als kleine Hilfestellung siehst du hier die Berechnung exemplarisch für **Janas** Risikobilanz. Alle Beträge sind wie in Tabelle 6 in Tausender-Schritten angegeben – also zum Beispiel 15 statt 15000 €. Wenn du magst, kannst du dahinter deine eigenen Werte hinschreiben und durchrechnen.

Zuerst gewichtete Summe berechnen (Baustein × RE):

■ Kontostand Banken:	15 × 0 RE	=	0
■ Kontostand Altersvorsorge:	25 × 2 RE	=	50
■ Depotstand:	20 × 4 RE	=	80
■ Kredite:	–10 × 0 RE	=	0
■ Zukünftiges Sparen:	107 × 1 RE	=	107
■ Gesetzliche Rente:	287 × 1 RE	=	287

Gewichtete Summe (nicht in Tabelle 7 vermerkt)	=	524
Gesamtvermögen	=	444

Dann gewichtete Summe durch Gesamtvermögen teilen: $524 \div 444 \approx 1{,}2$ RE

Wie hoch ist das Risiko deines Gesamtvermögens in Risikoeinheiten? Passt es zu deiner Risikotoleranz? (Du erinnerst dich an das Experiment mit dem Münzwurf in Teil I …)

Prognose: Auf welchen Lifestyle läuft's hinaus?

Bevor du über eine Auszeit, mehr Reisebudget oder eine Renovierung nachdenkst, kommt die nüchterne Frage: Reicht dein aktueller Vermögensplan auch für später? Alle weiteren Überlegungen bauen darauf auf. Wer sein späteres Einkommen aus Rente und Vermögen realistisch einschätzt, kann von diesem Punkt aus zurückrechnen, wie viel finanzieller Spielraum heute übrig bleibt. Sollte ein komfortabler Puffer bleiben, dann kannst du guten Gewissens schon heute mehr Geld ins Leben investieren. Falls der aktuelle Plan nicht aufgeht, musst du die Stellhebel identifizieren, die dich dennoch ans Ziel bringen. Die Reihenfolge ist entscheidend: Erst die Basis wasserdicht machen, dann Lifestyle-Upgrades draufsetzen.

Ich erläutere dir gleich kompakt, wie die Prognose deines Einkommens in der Rente funktioniert. Dann schauen wir uns die entsprechenden Ergebnisse der sieben Bekannten an und zuletzt gehen wir Schritt für Schritt durch Janas Prognosebilanz für dich zum Nachbauen. Wenn dir nicht nach den Details der Berechnungen ist, gib deine Zahlen am besten direkt auf www.financial-lifestyle.de ein.

Aus Risikoeinheiten (RE) wird die Risikoprämie in Prozent (RP): Für die langfristige Prognose deiner Finanzen rechnen wir deine Vermögensbausteine in die Zukunft hoch. Für dieses »Aufzinsen« brauchen wir die erwarteten Renditen, die du auf die einzelnen Vermögensbausteine verdienen wirst. Diese Renditen hängen, wie du weißt, von drei Faktoren ab: von den »guten« Risikoeinheiten (die mit Risikoprämie) im Vermögensbaustein, von den Produktkosten (als Abzug von dieser

Risikoprämie) und vom sicheren Zins (der wird für die Rendite zur Risikoprämie addiert). Wir müssen also jetzt einen Perspektivwechsel vornehmen: weg von den Risikoeinheiten, die wir für die Bestimmung deines heutigen Gesamtrisikos gebraucht haben, und hin zu den zukünftig zu erwartenden Renditen, mit denen du Prognosen anstellst. Genau für diesen Schritt hatte ich zu deiner Orientierung Tabelle 4 mit Risikoeinheiten UND Risikoprämien für gängige Anlagemöglichkeiten erstellt.

Für deine Prognose schätzt du also zuerst mithilfe der Tabelle 4 für jeden Vermögensbaustein die erwartete Risikoprämie. Berücksichtige dabei bitte deine spezifischen Produktkosten (Verwaltungskosten bei Fonds, durchschnittliche Kostenbelastung bei Rentenversicherungen). Wenn du sie nicht kennst, frage bitte deinen Berater oder den Chatbot deiner Wahl (siehe Teil IV für einen Prompt). Im nächsten Schritt berechnest du die mittlere Risikoprämie über alle Bausteine (als gewichteten Durchschnitt), addierst den sicheren Zins und rechnest damit dein heutiges Gesamtvermögen auf dein Zukunftsvermögen bei Renteneintritt hoch.

Diese Vorgehensweise ist flexibel, denn du kannst direkt schauen, wie sich deine Prognose ändert, wenn du mehr oder weniger Risikoprämie verdienen wirst. So lässt sich neben dem »mittleren« Szenario auch ein »schlechtes« Szenario mit einer Risikoprämie von null schätzen.

Bei den beiden Humankapital-Bausteinen gibt es noch einen kleinen Schlenker für akkuratere Prognosen gerade bei hohen beabsichtigten Risikoprämien auf zukünftig angelegte Sparraten, den ich in diese Endnote gepackt habe.[9]

Aus dem prognostizierten Zukunftsvermögen berechnet sich dann (indem du durch die Anzahl an Monaten in Rente teilst) dein voraussichtliches Renteneinkommen zu Rentenbeginn – erst als Bruttobetrag, dann als Nettobetrag in heutiger Kaufkraft, damit du es mit deinen heutigen Ausgaben als Richtwert direkt vergleichen kannst. Falls du eine Immobilie hast, in der du später leben willst, lass diese bei der Prognose weg, denn sie bringt dir später kein Einkommen. Dafür musst du dann auch keine Miete zahlen.[10]

Reicht die Rente für unsere sieben?

Schauen wir uns nun die Prognosebilanzen der sieben Bekannten an, und zwar bevor strategische Stellhebel ins Spiel kommen.

	Frida	Jana	Fred	Karin	Armin	Benno	Frank
Prognosebilanz in 1 000 €							
Bankkonten	50	15	90	5	125	200	210
RP =	0 %	0 %	0 %	0 %	0 %	0 %	0 %
Altersvorsorge		25	120		40	220	
RP =		1 %	2 %		1 %	1 %	
Wertpapiere	220	20	280		140	2 500	
RP =	2 %	4 %	3 %		3,5 %	4 %	
Immobilien	300		800			5 500	
RP =	2 %		2 %			3 %	
Kredite		-10	-150			-2 000	
RP =		1 %	3 %			1,5 %	
Zukünftiges Sparen (kalkulatorisch)	-285	70	69	28	339	1 592	62
RP =	0 %	4 %	3 %	2 %	3,5 %	4 %	0 %
Gesetzliche Rente (kalkulatorisch)	145	287	0	215	488	753	1 929
RP =	1 %	1 %		1 %	1 %	1 %	0,5 %
Gesamtvermögen (kalkulatorisch)	**430**	**407**	**1 209**	**248**	**1 132**	**8 766**	**2 202**
RP =	**2,8 %**	**1,6 %**	**2,0 %**	**1,1 %**	**1,9 %**	**3,4 %**	**0,4 %**
Zwischenrechnung							
Vermögen Renteneintritt (in 1 000 €)	1 374	1 273	2 657	766	3 220	14 043	2 606

	Frida	Jana	Fred	Karin	Armin	Benno	Frank
Monatsbrutto bei Renteneintritt	5 724 €	3 789 €	11 071 €	2 281 €	11 666 €	45 009 €	9 442 €
Abzüge für Steuern und KV / PV	25 %	20 %	30 %	20 %	35 %	40 %	35 %
Rentenszenarien (Kaufkraft heute)							
Mittleres Netto	**2 617 €**	**1 608 €**	**5 215 €**	**877 €**	**4 442 €**	**22 597 €**	**5 343 €**
... im Vergleich zu Ausgaben heute	138 %	64 %	152 %	51 %	93 %	55 %	98 %
Schlechtes Netto	**1 344 €**	**969 €**	**3 526 €**	**591 €**	**2 666 €**	**16 857 €**	**5 185 €**
... im Vergleich zu Ausgaben heute	71 %	38 %	103 %	35 %	56 %	41 %	95 %
Wahrscheinlichkeit schlechtes Netto	15 %	6 %	23 %	5 %	8 %	24 %	24 %

Tabelle 8: Prognosebilanzen vor Financial-Lifestyle-Strategie

In Tabelle 8 siehst du Folgendes:

- Noch einmal die einzelnen Vermögensbausteine mit ihren Gegenwartswerten – dieses Mal flankiert von der jeweils erwarteten Risikoprämie (zu den Abweichungen der kalkulatorischen Werte von Sparen und Rente gegenüber der Vermögensbilanz, siehe letzte Endnote).
- Die Risikoprämie auf das Gesamtvermögen als gewichteter Durchschnitt der Einzelprämien. Die Berechnung erfolgt exakt so wie beim Durchschnitt der Risikoeinheiten in der Vermögensbilanz.
- Das mit der Risikoprämie (plus sicherer Zins) aufgezinste Zukunftsvermögen bei Renteneintritt. Direkt darunter die erwartete Bruttorente aus diesem Vermögen. Dazu wurde das Vermögen durch die Anzahl an Monaten bis zum Lebensende geteilt. Annahme: Rente steigt mit Inflation und sicherer Zins entspricht Inflation.

- Das mittlere Netto ist die so geschätzte Bruttorente minus der Abzüge (Prozentabzug steht unter Bruttorente) und dann mit der Inflation (2 %) runtergerechnet auf heute.
- Das schlechte Netto ist die Prognose, wenn beim Hochrechnen des Vermögens die Risikoprämien für alle Bausteine auf null gestellt werden. Damit wird simuliert, dass die zukünftigen Renditen viel niedriger ausfallen werden als historisch.[11] Das Szenario ist auch gleichbedeutend mit dem hypothetischen Fall, dass all dein Vermögen auf dem Bankkonto liegt und du den sicheren Zins verdienst. Aus dem Vergleich von mittel und schlecht wird somit auch der Effekt des Zinseszinses deutlich.[12]
- Die letzte Zeile zeigt noch eine Schätzung, wie wahrscheinlich das schlechte Szenario für jeden der sieben ist.[13] Denn entscheidend ist nicht nur, ob es möglich ist – sondern, ob sich die Person deshalb auch den Kopf zerbrechen muss.

Bei Frugalistin **Frida** klaffen wegen des hohen Risikos auf ihrer Bilanz die Nettoeinnahmen zwischen mittlerem und schlechtem Szenario zum Beispiel weit auseinander. Im mittleren hätte sie bei gleicher Kaufkraft 38 % mehr als heute. Im schlechten hätte sie fast 30 % weniger, und das bei einer bisher noch eingeplanten Lebensdauer bis 90. Wenn sich abzeichnet, dass sie älter würde, müsste sie noch mehr haushalten. Klare Schlussfolgerung: Geld vom riskanten Depot auf sicheres Bankguthaben umschichten. Außerdem fallen bei einem Vergleich der Risikoeinheiten (RE = 3,5) im Depot aus der Vermögensbilanz und der Risikoprämie (RP = 2 %) aus der Prognosebilanz die Produktkosten in Höhe von 1,5 % pro Jahr auf. Zweites To-do: verbleibende teure Wertpapiere raus, günstigere Wertpapiere rein.

Friseur **Fred** hat gemischte Gefühle beim Blick auf die Prognosen. Im mittleren Szenario hätte er deutlich mehr, als er heute ausgibt. Das Einkommen soll auch aus den Verlaufserlösen seiner Immobilie kommen. Die will er sicher anlegen und selbst zur Miete in eine kleinere Wohnung ziehen. Daher peilt er für das Alter auch 120 % der heutigen Ausgaben an. Davon wäre er im schlechten Szenario weit entfernt. Die Spreizung liegt wie bei Frida an den möglichen Wertschwankungen bei Immobilie und Wertpapieren. Erst wenn er dieses

Risiko in den Griff bekommt, sollte er damit beginnen durchzurechnen, ob sein Wunsch-Lifestyle möglich ist: Barbershop drei Jahre früher abschließen und ein Café eröffnen, das sich nicht rechnen muss. Dann würden die Einnahmen drei Jahre früher versiegen als jetzt und er müsste drei Jahre länger aus dem Vermögen leben.

Köchin **Karins** Finanzplan ist noch keiner. Mit der gesetzlichen Rente könnte sie nur die Hälfte ihrer heutigen Ausgaben heben. Sollten die Kassen der Rentenversicherung klamm werden und die Renten real stagnieren, dann wäre es nur ein Drittel. Entweder die erhoffte Erbschaft fällt überraschend hoch aus oder Karin setzt auf ihre Kochkunst und versucht, über einen neuen Job auf ein neues Karrieregleis mit mehr Gehalt und Aufstiegschancen zu wechseln.

Autonarr **Armin** macht im mittleren Szenario fast eine Punktlandung und könnte mit seinem Netto seine heutigen Ausgaben zu über 90 % decken. Bitter wird es im schlechten Szenario, denn ähnlich wie bei Frida schlagen da die Risikopositionen auf seiner Bilanz durch. Da stellt sich die Frage, ob da eine eigene Immobilie als Stabilitätsanker oder eher als Risikoverstärker wirken würde.

Bennos prognostiziertes Nettoeinkommen im Alter liegt in beiden Szenarien weit unter den heutigen Ausgaben. Das liegt an seinen sehr hohen heutigen Ausgaben und seinem Plan, in neun Jahren, mit 64, als Banker aufzuhören. Die Hälfte des heutigen Budgets, so hat er durchkalkuliert, würde im Alter reichen. Das könnte trotzdem knapp werden. Erst recht, wenn ein Marktcrash einen großen Krater in sein risikobehaftetes Vermögen reißt. Das schlechte Szenario ist für ihn wahrscheinlicher als für alle anderen. Seine Prognose bestätigt also das Fazit aus der Risikobilanz: Risiken runter, damit seine Bilanz krisenfester wird. Außerdem fällt wie bei Frida die Diskrepanz zwischen Risikoeinheiten (RE = 7) und Risikoprämie (RP = 4) im Depot auf. Bei Benno sind es nicht die Produktkosten, sondern das vermeidbare Risiko aus Einzelaktien und Private Equity. Bessere Diversifikation ist also angezeigt.

Die Prognose für Forscher **Frank** atmet Stabilität. Das schlechte Szenario ist zwar wahrscheinlich, verdient durch die geringe Abweichung aber den Namen gar nicht. Die Zukunft verheißt für Frank eine auskömmliche Pension und viel Luft für Philanthropie.

Wie sieht deine Rentenprognose aus?

Schauen wir uns nun **Janas** Prognose im Detail an, sodass du für dich mitrechnen kannst:

1. **Zuerst berechnen wir die durchschnittliche Risikoprämie**, die Jana verdienen wird. Dazu muss gewichtet werden.
   Gewichtete Summe berechnen (Vermögensbaustein in 1 000 € × RP):
   - Kontostand Banken: 15 × 0 % RP = 0 %
   - Kontostand Altersvorsorge: 25 × 1 % RP = 25 %
   - Depotstand: 20 × 4 % RP = 80 %
   - Kredite: -10 × 1 % RP= –10 %
   - Zukünftiges Sparen: 70 × 4 % RP = 280 %
   - Gesetzliche Rente: 287 × 1 % RP = 287 %

   Gewichtete Summe der Risikoprämien = 662 %
   Gesamtvermögen (kalkulatorisch) = 407
   Dann gewichtete Summe durch Gesamtvermögen teilen:
   662 % ÷ 407 ≈ 1,6 % RP. Janas Gesamtvermögen wird also im Mittel jedes Jahr um 3,6 % größer (1,6 % Risikoprämie plus 2 % sicherer Zins).
2. **Zukunftsvermögen bei Renteneintritt schätzen.**
   Durchschnittsrendite 3,6 %, Laufzeit 32 Jahre (Alter 35, Rente mit 67). Das ergibt einen Rechenfaktor aus der Tabelle für Einmalanlagen von ≈ 3,13.[14]
   Zukunftsvermögen: heutiges Gesamtvermögen × 3,13 ≈ 1,27 Mio. €.
3. **Bruttorente berechnen.** Zukunftsvermögen durch Anzahl Monate in Rente (Rente mit 67 bis Alter 95, 28 Jahre = 336 Monate). 1,27 Mio. € ÷ 336 ≈ 3 800 € Brutto pro Monat.
4. **Spätere Abzüge schätzen und mittlere Nettorente in heutige Kaufkraft umrechnen.**
   20 % für Steuern sowie Kranken- und Pflegeversicherung (KV/PV) abziehen und durch Rechenfaktor für 32 Jahre bei 2 % Inflation teilen: 3 800 € × 0,8 ÷ 1,88 ≈ 1 600 € Netto.

5. **Schritte 2–4 wiederholen und im Schritt 2 die Durchschnittsrendite auf den sicheren Zins von 2 % setzen.** Shortcut: Das heutige kalkulatorische Gesamtvermögen durch die Anzahl an Rentenmonaten teilen und die Abzüge abziehen: 407 000 € ÷ 336 × 0,8 ≈ 1 000 € Netto.
6. **Einordnung**: Mit dem mittleren Netto könnte sich Jana 64 % ihrer heutigen Ausgaben leisten, im schlechten Szenario sogar nur 38 %. Auch wenn das schlechte Szenario wegen der langen Zeit bis zur Rente unterwahrscheinlich ist, lautet die klare Botschaft aus der Prognose für Jana: Ihr Renteneinkommen ist zu gering und sie muss sich dringend überlegen, welche Stellhebel sie in Gang setzen kann, um ihren Lifestyle zu sichern und im Idealfall auch noch Luft nach oben zu haben für ihren Traum von einer zusätzlichen großen Reise pro Jahr. Ihr heutiges Geld- und Sachvermögen bietet nicht viel Gestaltungsspielraum. Sie wird also wohl tatsächlich an ihrem Humankapital und konkret an ihrer Teilzeit ansetzen müssen.

Wie verhält sich deine Prognose zu deinen heutigen Ausgaben beziehungsweise deinen Vorstellungen, wie viel Prozent davon du später brauchen wirst? Liegt schon das mittlere Szenario weit drunter? Unterscheiden sich die beiden Szenarien stark voneinander? Oder ist sogar noch Platz für ein baldiges Lifestyle-Upgrade? Dann brauchst du wahrscheinlich eine neue Strategie. Genau darum geht es jetzt im letzten Part dieses Teils.

Stellhebel: 9+1 Strategien für deinen Wunsch-Lifestyle

Überraschung: Wenn es um deinen Lifestyle geht – also darum, den aktuellen abzusichern oder aber dir dauerhaft mehr Konsum leisten zu können, sei es das geleaste Auto, der Pool im Garten oder auf der anderen Seite weniger Arbeit und mehr Freizeit durch ein Sabbatical oder Teilzeit – dann läuft am Ende alles auf 9+1 Strategien hinaus.

Finanzieller Handlungsspielraum ist fast immer da – auch wenn er sich manchmal gut versteckt. Die Kunst besteht darin, ruhig und systematisch zu überlegen: Wo habe ich Luft? Wo kann ich etwas bewegen? Und wie verteile ich die Last so, dass sie tragbar bleibt? Wer das beherzigt, hat schon die halbe Miete – und ist auch auf die Zwischenfälle des Lebens besser vorbereitet.

Die Logik hinter den 9+1: Finanzerfolg potenziert sich aus drei Grundgrößen – Einkommen, Sparen und Risikoprämie – mit jeweils drei Stellschrauben, die du bewusst drehen kannst. Hinzu kommt eine separate Stellschraube, über die sich lange und trefflich schreiben und streiten lässt: Welche konkrete Aktie oder welchen spezifischen Fonds oder ETF soll ich kaufen und ist jetzt der richtige Zeitpunkt? Ich habe die Strategie abgesondert, weil sie aus meiner Sicht gar keine Strategie im Sinne eines wirkungsvollen Stellhebels ist.

Die neun Stellschrauben sind dein Spielfeld für neun mögliche Strategien:

- **Einkommen** bestimmt, wie viel überhaupt reinkommt. Hier geht es um deinen Karriereweg und damit um Gehaltswachstum, deine Arbeitszeit und mögliche zusätzliche Quellen. Trivial: Wer mehr verdient, hat mehr Spielraum.
- **Sparen** entscheidet, wie viel über die Zeit von diesem Einkommen übrig bleibt. Hier zählen Ausgaben, Sparbeginn und -dauer und die gewählte Sparform. Auch ein hohes Einkommen verpufft, wenn am Ende des Monats nichts auf die Seite geht.
- **Risikoprämie** ist das, was du dir mithilfe von Risikoeinheiten aus dem Gesparten an Rendite holst. Wer klug streut und Kosten im Blick behält, verdient langfristig pro Risikoeinheit 1 % Rendite – die faire Belohnung für Risiko.

Daneben gibt es einen ganzen Strauß von Faktoren, die du nicht strategisch bearbeiten kannst, weil sie außerhalb deiner Kontrolle liegen: Arbeitslosigkeit und Berufsunfähigkeit zum Beispiel, aber auch eine zufällige Erbschaft oder ein Lottogewinn ebenso wie Steuerpolitik und technischer Fortschritt, wie wir es am Beispiel KI gerade erleben. Auch Unfälle, Schäden oder politische Entscheidungen zur Rente liegen nicht in deiner Hand. Dasselbe gilt für die Höhe der allgemeinen Risikoprämien, für Börsenkrisen und für den Wettbewerb der Anbieter und damit deren Konditionen. Diese Unterscheidung ist wichtig:

- **Financial-Lifestyle-Strategie** heißt, die eigenen Hebel konsequent zu nutzen.
- **Umfeldfaktoren einkalkulieren** heißt, die Unwägbarkeiten mitzudenken und einen Puffer einzubauen.

Dein Finanzplan wird robust, wenn du das, was du beeinflussen kannst, bewusst steuerst – und das, was du nicht beeinflussen kannst, nicht verdrängst, sondern einkalkulierst.

Kategorie	Deine Stellhebel	Umfeldfaktoren
Einkommen	1. Karrierepfad (Gehaltsentwicklung) 2. Arbeitszeit (Teilzeit/Vollzeit) 3. Andere Verdienstquellen (auch während Rente)	• Arbeitslosigkeit, Berufsunfähigkeit • Erbschaft, Lotto, etc. • Steuerpolitik, Fortschritt (z.B. KI)
Sparen	4. Sparquote (Anteil nicht verausgabtes Netto) 5. Spardauer (z.B. Beginn erster Job und Ende Renteneintritt) 6. Sparform (Pflichtrente, Anlageform, Tilgung Hauskredit)	• Unfall, Schäden, Trennung, etc. • Zinsen und Teuerungsraten • Rentenpolitik
Risikoprämie	7. Anlagerisiko insgesamt 8. Davon unvergütet wegen mangelnder Streuung 9. Renditeschmälerung durch Kosten	• Risikoprämien auf Anlagen • Börsenkrisen • Wettbewerb der Anbieter
Sonstiges	9+1. Auswahl Produkte, Market Timing	• Allgemeines Glück oder Pech

Tabelle 9: 9+1 Strategien

Deine Einkommensstrategie

Mehr verdienen: Klar, das ist leichter gesagt als getan. Und doch: Vielleicht lässt sich der Wechsel von Teilzeit zu Vollzeit einrichten, eine Gehaltserhöhung verhandeln oder über eine Fortbildung langfristig ein höheres Einkommen erzielen. David Deming aus Harvard fasst die Forschung zusammen: Investitionen in dein Humankapital funktionieren. Dein Gehalt steigt mit deinem Können, heutzutage vor allem mit deinen Kompetenzen rund um Problemlösung und Teamwork.[15] Eine aktuelle Arbeit zeigt, dass Vorbilder im Umfeld gute Auslöser für den nächsten Schritt sein können. Wer in der Nachbarschaft sieht, dass andere durch Selbstständigkeit oder clevere Finanzentscheidungen aufsteigen, nutzt selbst mehr Chancen und kommt bei Einkommen und Vermögen schneller voran, vorausgesetzt, er ist gut ausgebildet.[16]

Länger verdienen: Besonders wirksam ist der Hebel »Mehr verdienen« früh im Berufsleben, weil die höheren Sparraten aus dem Verdienst jahrzehntelang Rendite erwirtschaften können. Und wer später in Rente geht, gewinnt doppelt: Zum einen steigt die gesetzliche Rente bis zum Lebensende um rund 6 % pro Aufschubjahr. Zum anderen sammelst du weiter Rentenpunkte – also gibt es obendrauf noch 2–3 % mehr. Natürlich ist das nicht für jeden machbar oder wünschenswert, aber: Auch dieser Hebel existiert und er kann sich als wertvoll erweisen, wenn es für die anderen Hebel schon zu spät ist. Die letzte Option ist, die Rente durch ein Zusatzeinkommen aufzubessern. Gemäß Statistischem Bundesamt[17] sind 13 % der Rentner zwischen 64 und 75 erwerbstätig, ein Drittel davon sogar mit mehr als 20 Stunden pro Woche.

Anders verdienen: Einkommen muss nicht nur aus dem klassischen Job kommen. Schon während des Studiums kann ein Nebenjob helfen, Erfahrungen und Polster aufzubauen. Später können es freiberufliche Projekte sein, ein eigenes kleines Business nebenher, ein Onlineshop oder die Beteiligung an Start-ups. Wer tiefer in einem Fachgebiet steckt, findet vielleicht Lehraufträge, Beratungen oder Vorträge spannend. Wer praktisch veranlagt ist, bietet Dienstleistungen an – von Nachhilfe über Handwerk bis digitale Services.

Auch im mittleren Karrierealter lohnt sich der Blick nach links und rechts. Manchmal ergibt sich ein Zusatzverdienst aus Hobbys, die man professionalisiert. Manchmal über Netzwerke – Aufsichtsrats- oder Beiratsmandate, Nebenjobs in Vereinen oder Projekten. Und wer später in Rente geht oder schon im Ruhestand ist, kann durch »Anders verdienen« noch einmal ganz neue Rollen ausprobieren – ob als Coach, Autorin oder Gründerin.

Deine Sparstrategie

Mehr sparen: Ja, es ist ein Evergreen der Finanzratgeber, aber trotzdem nicht ganz falsch: Kleine Ausgaben hinterfragen, unnötige Abos kündigen, mal zur Eigenmarke im Supermarkt greifen. Vielleicht ist auch eine kleinere Wohnung eine Option – aber eben nur, wenn es zur Lebenssituation passt. 1 % mehr sparen bedeutet, dass über ein normales Arbeitsleben der Gegenwert von rund fünf Monatsgehältern mehr zur Seite gelegt wird.

Länger sparen: Wer früh anfängt, profitiert doppelt: durch den Zinseszinseffekt und durch die Macht der Gewohnheit. Wer erst später anfängt, muss dann umso mehr beiseitelegen. Warren Buffett hat sein gigantisches Vermögen nicht nur durch geschickte Aktienauswahl gemacht, sondern vor allem, weil er über 70 Jahre lang investiert war. Zeit im Markt schlägt Timing. Die *72er-Regel* von oben macht das fix anschaulich: Teile 72 durch 6 % jährliche Rendite und du bekommst eine Verdopplungszeit deines Aktienvermögens von zwölf Jahren. Vervierfachung nach 24 Jahren.

Klüger sparen: Klug sparen heißt ganz allgemein, so viel Risikoprämie auf sein Vermögen zu verdienen, wie es gerade noch mit der eigenen Risikotoleranz und -tragfähigkeit vereinbar ist. Klüger sparen heißt folglich für dich, dass du die Risikoeinheiten in deinem Finanzvermögen durch Umschichtungen zwischen verschiedenen Sparformen auf deine Risikotoleranz hin aussteuerst. Wenn du insgesamt 2,5 Risikoeinheiten akzeptieren kannst, dann sollten die Geldanlagen unter deiner eigenen Kontrolle die gesetzten Risikoeinheiten bei Rente und Co. wettmachen. Am Risikoprofil der Pflichtrente als erster Säule der Altersvorsorge kannst du nämlich wenig rütteln. Wenn du zudem schon eine betriebliche oder private Rentenversicherung abgeschlossen hast, hast du außer bei fondsgebundenen Policen auch hier keinen Einfluss auf die Risikoprämie mehr. Immerhin: Falls die Renditeprämie im Vertrag wegen hoher Kosten weit hinter den getragenen Risikoeinheiten zurückbleibt, kannst du dir überlegen, die Beiträge zu reduzieren oder ganz zu stoppen (Vorsicht: Die Kosten auf bisher Eingezahltes laufen weiter!) und lieber in flexiblere Geldanlagen umzuschichten. Auch bei den etwaigen Immobilien in deinem Vermögen kannst du die Risikoeinheiten nicht ändern.

Für die Risikosteuerung bleiben deshalb Bankeinlagen, Wertpapiere und – falls du Schulden hast und der Vertrag Sondertilgungen erlaubt – auch Kredittilgungen. Tilgungen reduzieren nicht nur das Gesamtrisiko deines Vermögens, sondern auch die zukünftige Zinslast. Zahlst du zum Beispiel 4 % Kreditzinsen und hast gleichzeitig Geld auf Bankkonten zu 2 %, ist die Sache klar: Die Tilgung geht vor.

Fazit: Die Verteilung deines Vermögens auf die verschiedenen Bausteine bestimmt maßgeblich dein Vermögensrisiko. Da Rentenversicherungen, Immobilien und Humankapital größtenteils fixiert sind, liegen deine wichtigsten Stellhebel für Risikoeinheiten und Risikoprämie bei Bankeinlagen und Wertpapieren.

Deine Risikoprämien-Strategie

Mehr Risikoprämie verdienen (bei entsprechender Tragfähigkeit): Hier geht es darum sicherzustellen, dass du mittels Feinsteuerung innerhalb des Finanzvermögens die für dich passende Gesamtanzahl an Risikoeinheiten erreichst. Wer zu konservativ für seine Toleranz anlegt, verschenkt Chancen. Wer zu aggressiv vorgeht, läuft Gefahr, Verluste nicht aussitzen zu können. Weil dies ein zentraler Stellhebel deiner Geldstrategie ist, noch mehr dazu im nächsten Abschnitt.

Vermögen klüger diversifizieren: Hier und im nächsten Punkt geht es darum, dass du pro getragener Risikoeinheit auch möglichst ein volles Prozent an Risikoprämie verdienen wirst. Diversifikation tilgt vermeidbare Risiken und lässt damit nur »gute« Risikoeinheiten übrig im Vermögen. Der Goldstandard der diversifizierten Wertpapieranlage ist das *Globale Marktportfolio (GMP)* – es bündelt alle handelbare Anlageklassen weltweit und liefert damit die bestmögliche Streuung frei Haus. Die Streuung von Immobilienrisiken ist dagegen fast unmöglich, denn wer hat schon mehrere Immobilien an verschiedenen Orten. Deshalb sollte die Immobilie niemals einen zu hohen Anteil am Gesamtvermögen haben, erst recht nicht, wenn dieses Klumpenrisiko durch Kredit gehebelt ist.

Kosten und Gebühren drücken: Gebühren wirken oft wie eine Kleinigkeit, doch ihr Effekt summiert sich über die Jahre massiv. Das wird deutlich, wenn du sie nicht isoliert als kleine Prozentzahl liest, sondern sie in Relation zu deiner Risikoprämie betrachtet. Wenn du mit dem GMP eine Renditeprämie von 3,5 % anpeilst, dann fressen dir Ausgabeaufschlag und 1,5 % Verwaltungsgebühren fast die Hälfte deiner Prämie weg und nach 20 Jahren hast du dein Vermögen nicht verdreifacht, sondern nur verdoppelt.

Deine sonstigen Stellhebel

Sofern du deine Risikoprämie auf günstige Kosten und maximale Streuung geeicht hast, spielt die konkrete Anbieter- und Produktauswahl nur noch eine untergeordnete Rolle. Das liegt am intensiven Wettbewerb zwischen den Häusern und an den Leitplanken durch den Verbraucherschutz. Dein Vermögen wird sich nahezu identisch entwickeln, egal ob der Fonds oder ETF von Vermögensverwalter A oder B, der Weltindex von MSCI, FTSE oder Solactive stammt oder du dein Depot bei Bank 1 oder Broker 2 hast – solange die Kosten günstig sind. Um einen Kosten-Vergleich kommst du also nicht umhin. Gerade bei Rentenversicherungen musst du dir unbedingt mehrere Angebote einholen und dir die Gesamtreduktion der Risikoprämie durch sämtliche Kosten darlegen lassen. Bitte tue dir diesen Gefallen unbedingt: Niemals, wirklich niemals, einen langfristigen Vertrag wie eine Rentenversicherung oder einen Kredit ohne Vergleichsangebote abschließen. So profitierst auch du vom Wettbewerb als wahrscheinlich größter Segnung einer Marktwirtschaft.

Derselbe Wettbewerb zwischen Marktteilnehmen, in diesem Fall zwischen professionellen Anlegern, sorgt auch dafür, dass es im Vorhinein keinen »richtigen« Zeitpunkt zum Kaufen und Verkaufen von Wertpapieren gibt. Der immens intensive Wettbewerb auf Kapitalmärkten um auch nur den kleinsten Informationsvorsprung sorgt dafür, dass alle relevanten Daten schon in den Preisen verarbeitet wurden, bevor du überhaupt davon Wind bekommen hast oder auch nur piep sagen konntest. Der richtige Zeitpunkt für deine Sparstrategie hängt deshalb ausschließlich davon ab, ob du gerade Geld hast oder brauchst oder ob du Vermögen umschichten willst, um deine Risikoeinheiten auszusteuern.

Im Buch klang dieses Aussteuern schon ein paar Mal an. Du erinnerst dich: Junge Beamtinnen können mehr Risikoeinheiten im Geldvermögen vertragen als ältere Unternehmer. Hoch verschuldete Immobilienbesitzer und Menschen ohne Liquiditätspuffer sollten ganz die Finger von Wertpapieren lassen. Die Frage nach dem individuell richtigen Risikoanteil im Geldvermögen ist eine zentrale. Zu wichtig für Faustregeln. Daher widme ich ihr hier noch einen extra Abschnitt.

Wie viel Risiko ist genug?

Vielleicht hast du schon einmal von dieser Faustregel gehört: *100 minus Alter = Aktienanteil im Finanzvermögen*. Also mit 30 Jahren: 70 % in Aktien, 30 % in sichere Anlagen wie Tagesgeld oder Anleihen. Mit 70 Jahren: lieber nur noch 30 % Aktien – der Rest soll »sicher« sein. Die Idee hinter dieser Regel ist: Wer jung ist, hat Zeit. Und Zeit heilt an der Börse (fast) alle Wunden. Wenn der Markt mal kracht – wie 2008 oder 2020 – kannst du das in der Regel aussitzen. Deine Aktien erholen sich, irgendwann erreichen sie wieder die alten Höchststände. Wer jung ist, kann also mutiger investieren. Wer älter ist, hat weniger Zeit zum Aussitzen – und sollte vorsichtiger sein. In Zahlen: Ein dickes Minus bei einem kleinen Depot mit Mitte 20 ist ärgerlich – aber zumeist verschmerzbar. Dasselbe dicke Minus bei einem großen Depot mit Mitte 60? Wenn du bei bester Gesundheit bist und voraussichtlich 90+ Jahre alt wirst? Das tut weh. Das macht diese populäre Erklärungsformel so überzeugend. Die Wissenschaft sieht die Sache trotzdem anders: Die »100 minus Alter«-Regel ist viel zu allgemein.

In der Wissenschaft sprechen wir nicht davon, dass das Risiko mit der Zeit automatisch kleiner wird und du entsprechend mehr tolerieren kannst. Warum? Das Risiko – gemessen an der durchschnittlichen Schwankung pro Jahr – nimmt zwar mit der Anzahl an Jahren ab (Zeitdiversifikation), aber der absolute Verlust in Euro, der eintreten kann, wird mit den Jahren sogar größer, weil nach längerer Zeit eben auch mehr Vermögen auf dem Spiel steht. Wenn jemand für sich Risiko also nicht nur als mögliche Wertschwankung in Prozent begreift (»es könnte um 20 % anders kommen als gedacht«), sondern als möglichen Verlust in Euro (»es könnte um minus 20 000 € anders kommen als gedacht«), dann ist keineswegs gesagt, dass mit längerem Zeithorizont automatisch mehr Risiko eingegangen werden sollte. Das Argument »Zeitdiversifikation« (je länger die Anlagedauer, umso weniger riskant die Anlage) hängt also am Risikomaß. Und da Menschen den möglichen Verlust in Euro häufig wichtiger finden als die Schwankung in Prozent, ist das Argument in seiner Pauschalität problematisch.

Aber es gibt ein viel besseres Argument, warum *bestimmte* Jüngere mehr Risiko eingehen können als *bestimmte* Ältere, das auch für dich eine persönlichere Feinsteuerung erlaubt: Das Humankapital als sicherer Posten im Gesamtvermögen ist für junge Menschen noch größer, weil sie noch viel mehr Jahre mit Verdienst vor sich haben. Das reduziert das Gesamtrisiko und bedeutet, dass Jüngere im freien Finanzvermögen mehr Risiko (und damit Rendite) draufpacken können als Ältere, ohne insgesamt riskanter dazustehen. Durch diese Brille lässt sich dein persönliches Risikoziel treffsicherer maßschneidern als durch eine Faustregel. Und weil dein Risikoziel (in RE) zusammen mit Einkommen und Sparen der wichtigste Stellhebel ist, lohnt sich ein genauerer Blick durch diese Brille:

Während der GMP-Anteil im Gesamtvermögen bei der Faustregel »100 minus Alter« nur vom Alter abhängt, berücksichtigt Robert C. Merton, Nobelpreisträger für Wirtschaftswissenschaften, auch die individuelle Risikoaversion, das Verhältnis von Rendite und Risiko und vor allem das Risiko des persönlichen Humankapitals. Es macht in der Tat einen großen Unterschied, welches Risiko mit deinem Job verbunden ist. Als Angestellter mit einem sehr sicheren Job oder als Beamter sind deine Arbeitskraft und damit auch deine Arbeitseinkünfte fast komplett risikofrei. Sogar deine Rente ist weitgehend vorhersehbar. Du kannst also auch mit 60 Jahren noch relativ viele Aktien in deinem Depot halten, weil klar ist: Jeden Monat kommt pünktlich Geld aufs Konto. Ganz anders sieht es aus, wenn du ein Unternehmen gründest oder freiberuflich arbeitest. Dann sind deine Arbeitseinkünfte mit einem hohen Risiko behaftet. Du kannst also selbst in jungen Jahren keinen so hohen Aktienanteil in deinem Depot haben, weil es immer sein kann, dass monatelang überhaupt kein Geld auf dein Konto kommt und du dir hohe

Verluste schlicht nicht leisten kannst. Selbstverständlich gibt es auch zwischen den Selbstständigen Unterschiede: Eine Notarin mit treuer Klientel liegt beim Risiko deutlich niedriger (eher RE 3) als ein freier Künstler mit wechselndem Erfolg und Festivalsaison (eher RE 6).

Was für die Arbeitskraft gilt, gilt auch für andere stabile Vermögensbestandteile – etwa schuldenfreie Immobilien. Wer mit Ende 50 eine oder sogar mehrere abgezahlte Wohnungen besitzt, kann sich mehr Aktienrisiko leisten. Warum? Die Immobilien sind recht sicher und erhöhen damit den sicheren Anteil im Gesamtvermögen. Wer keine Rücklagen hat, sollte vorsichtiger sein.

Humankapital ist für die allermeisten eine dauerhaft sichere Einnahmequelle und Jüngere haben davon naturgemäß viel mehr als Ältere auf ihrer Vermögensbilanz. Damit ist bei Jüngeren mit ihrem großen Humankapital automatisch ein größerer Teil des Vermögens risikoarm. Hinzu kommt, dass Jüngere noch weniger an anderen dauerhaften Vermögensbausteinen mit Risiko wie zum Beispiel Immobilien aufgebaut haben als Ältere. Humankapital und Immobilien zählen zu den »Hintergrundrisiken«. Damit sind Vermögensbestandteile gemeint, die zwar nicht täglich sichtbar auf deinem Konto erscheinen, aber deine finanzielle Situation stark prägen. Meist nehmen wir sie stillschweigend als gegeben an: Wir rechnen fest mit unserem Gehalt oder glauben, dass unsere Wohnung langfristig ihren Wert hält oder sogar im Wert steigt. Genau deshalb nennt man sie »Hintergrund«-Risiken – sie laufen mit, ob bewusst oder unbewusst. Und: Sie können positiv wirken. Wenn du jung bist, einen sicheren Job hast oder später eine abbezahlte Immobilie, dann erhöht dies alles den stabilen Anteil deines Gesamtvermögens – dadurch kannst du dir im freien Finanzvermögen mehr Schwankungen leisten. Wer allerdings ein unsicheres Einkommen hat oder mit einer stark verschuldeten Immobilie in den Markt startet, trägt automatisch schon mehr Risiko im Hintergrund – und sollte das bei der Portfolioplanung berücksichtigen.

Gibt es also eine gute allgemeine Faustregel dafür, wie viel von deinem Geld du investieren solltest? Nein, gibt es nicht. Es gibt nur dein persönliches Risikoziel. Das solltest du bei deinen persönlichen 9+1 Strategien im Hinterkopf behalten.

Mit den Risikoeinheiten in der Geldanlage steuerst du das Ausmaß an Finanzmarktrisiko, das du gezielt aufnimmst, um damit eine Risikoprämie zu verdienen. Andere Risiken in deinem Leben jenseits der Finanzmärkte, die vielleicht noch zu viel größeren Vermögensverlusten führen könnten, solltest du jedoch lieber an eine Versicherung abgeben, um deinen Wunsch-Lifestyle nicht zu gefährden. Deshalb hier nun ein paar Worte zu deiner Versicherungsstrategie.

Deine Versicherungen: Was, wenn es dicke kommt?

Das Leben ist voller Überraschungen – leider nicht immer angenehmer Art. Zum Glück kann man sich gegen viele negative Schocks absichern: gegen Diebstahl, Überschwemmungen, Feuer und vieles mehr. Bei manchen Risiken ist die Versicherung in Deutschland sogar Pflicht. Angestellte müssen sich gegen Arbeitslosigkeit, Krankheit und Altersarmut versichern. Der Gesetzgeber will damit verhindern, dass Menschen im Ernstfall ruiniert dastehen. Und er will ein zweites Problem vermeiden: dass nur diejenigen eine Versicherung abschließen, die sich selbst als riskante Gruppe einschätzen.

Denn wenn sich ausschließlich die mit hohen Risiken versichern – zum Beispiel die, die häufig krank sind oder ständig Unfälle haben – dann steigen die Schadensfälle für die Versicherung stark an. Die Beiträge müssten so hoch sein, dass am Ende niemand mehr eine Police bezahlen könnte. Damit essenzielle Versicherungen für alle erschwinglich bleiben, müssen alle dabei sein – auch die, für die ein Schaden sehr unwahrscheinlich ist und die im Schnitt draufzahlen. Daraus ergeben sich zwei wichtige Implikationen:

Erstens und egal, wer sich versichern lässt: Bei Risikoversicherungen zahlt die Gemeinschaft der Versicherten im Schnitt immer mehr ein, als sie herausbekommt. Grund: Die Versicherer müssen ihre Verwaltung und ihren Vertrieb finanzieren. Dazu kommt: Die eingezahlten Beiträge könnten theoretisch von den Versicherten selbst angelegt werden und Rendite bringen. In der Vermögensbilanz ist eine Versicherung für die meisten also ein Minusgeschäft.

Zweitens und speziell für die mit weniger Risiko: Dieses Minusgeschäft trifft vor allem die Versicherten, die statistisch sicherer unterwegs sind als ihre Vergleichsgruppe mit demselben Fahrzeug oder Wohnort. Wer vorsichtiger Auto fährt oder in einer Straße mit umsichtigen Nachbarn wohnt, in der kaum eingebrochen wird, zahlt im Verhältnis stärker drauf. Gleiches gilt für Menschen mit geringer Unfall- oder Sterbewahrscheinlichkeit.

Zwei Faustregeln für den Versicherungskauf

1. **Versichern gegen den Ruin.** Eine Versicherung ist vor allem dann geboten, wenn ein Schaden dich oder deine Familie finanziell existenziell bedrohen würde. Dazu gehören: Berufsunfähigkeits- und Risikolebensversicherung. Wenn dein Partner allerdings ebenfalls gut verdient und ihr schon ein nennenswertes Vermögen habt, kann man über diese Policen noch einmal nachdenken. Ebenfalls wichtig: die Haftpflichtversicherung. Personenschäden können extrem teuer werden, deshalb ist die Kfz-Haftpflicht in Deutschland gesetzlich vorgeschrieben. Eine allgemeine private Haftpflicht kostet nicht viel und ist in jedem Fall sinnvoll.
2. **Finger weg, wenn du den Schaden locker selbst tragen könntest.** Kleinere Risiken solltest du selbst schultern. Versicherungen für Smartphones, Fernseher oder Waschmaschinen sind fast immer überflüssig. Ein Schaden würde dich nicht ruinieren. Die Versichertengemeinschaft zahlt im Schnitt drauf – und du erst recht, wenn du sorgsam mit deinen Dingen umgehst.

Die Faustregel für deine Versicherungsstrategie ist simpel: Nur absichern, was dich ernsthaft aus der Bahn werfen würde. Alle anderen Risiken selbst tragen.

Sieben Lifestyle-Perspektiven mit passenden Strategien

Die sieben Bekannten, die wir hier betrachten, haben sehr unterschiedliche Startpunkte. Einkommen, Ausgaben, Vermögen, Risiko – alles variiert, genau wie ihre Wünsche. Die Prognosen haben gezeigt, dass alle sieben ihre aktuelle Finanzstrategie überdenken müssen, um ihre Wunsch-Lifestyles zu erreichen oder abzusichern. Hier sind ihre Kernstrategien im Überblick, bevor wir ins Detail gehen:

- **Frida:** Risiken im Depot senken, Kosten sparen und für ein längeres Leben planen.
- **Jana:** Mehr arbeiten, Sparquote erhöhen und deutlich mutiger investieren, um Rentenlücke und Reisewunsch zu finanzieren.
- **Fred:** Hauskredit tilgen, freiwillig in die gesetzliche Rente einzahlen und den Rentenstart vorziehen.
- **Karin:** Einkommen durch Jobwechsel steigern, Sparquote erhöhen und (mit erhoffter Erbschaft) den Grundstein fürs Restaurant legen.
- **Armin:** Humankapital durch Berufsunfähigkeitsversicherung absichern und auf riskanten Immobilienkauf verzichten.
- **Benno:** Ein Jahr länger arbeiten, Sparquote maximieren und Anlagerisiko durch Umschichtung ins GMP deutlich reduzieren.
- **Frank:** Vermögen durch steueroptimierte Spenden reduzieren und so mit »warmen Händen« Gutes bewirken.

Die Tabellen 10 und 11 zeigen jetzt schon einmal das »Nachher«. An den schwarz umrandeten Stellen wurden Strategiewechsel vorgenommen.

Schauen wir uns nun im Detail an, wie die sieben die Hebel nutzen.

Frida – die Frugalistin

Lifestyle-Wunsch: Das Leben, wie es ist, abgesichert in die Zukunft tragen. Bis 70 Jahre will Frida weiter in Teilzeit arbeiten, dann mit 90 % der heutigen Ausgaben auskommen. Und sie wünscht sich einen finanziellen Puffer, falls sie doch 95 wird.

Herausforderung: Die Risikoeinheiten im Vermögen übersteigen ihre Risikotoleranz und gleichzeitig ist die aktuelle Risikoprämie aufgrund von hohen Produktkosten niedrig. Ihre Planung hatte sie bisher nur bis zu einem Alter von 90 anstelle 95 aufgestellt.

Strategie: Die Hälfte des Depots verkaufen und auf die Bank (zu 2 % sicher) umschichten, damit die Risikoeinheiten in der Bilanz ungefähr ihrer Toleranz von 2,5 RE entsprechen. Die Restmittel im Depot in Höhe von 110 000 € in günstige ETF anlegen, um die Renditeprämie beim selben Risiko (3,5 RE) von 2 % auf 3,4 % hochzufahren. Beide Aktionen führen dazu, dass die Wahrscheinlichkeit für das schlechte Szenario unter 10 % sinkt, während die Einkommen sogar noch leicht ansteigen. Jetzt kommt die größte Anpassung, nämlich fünf Jahre mehr Lebenszeit einplanen. Damit will sie ihrem Langlebigkeitsrisiko Rechnung tragen, auf das sie schon mehrfach in Gesprächen mit Beratern, aber auch Freunden hingewiesen wurde. Da sie den größten Teil ihres Renteneinkommens aus ihrem Vermögen und nicht aus der gesetzlichen Rente (die zahlt ja bis zum Lebensende) beziehen wird, muss das Vermögen nun auf 60 zusätzliche Monate verteilt werden. Ihr Bruttoeinkommen sinkt in beiden Szenarien um 15 %, das Netto wegen des dann geringeren Steuersatzes etwas weniger stark. Trotzdem: Die Wahrscheinlichkeit, dass sie unter ihre Marke von 90 % ihrer heutigen Ausgaben rutscht, ist nicht zu vernachlässigen.

Ergebnis: Wenn alles nach Plan läuft, hat Frida genug Reserven, um auch bis 95 Jahre ihren Lifestyle durchzuziehen. Falls sich jedoch abzeichnen sollte, dass sich ihr Vermögen weniger gut rentiert als nötig, müsste sie doch noch auf andere Stellhebel zurückgreifen. Noch ein paar Jahre länger ein paar Stunden die Woche arbeiten, oder angesichts ihrer Risikotoleranz auch denkbar: mit 70 nicht alles Vermögen sicher auf die Bank, sondern über die dann noch verbleibenden 25 Jahren Anlagehorizont doch noch etwas Risikoprämie anpeilen.

Jana – die Journalistin

Lifestyle-Wunsch: Jana möchte mehr reisen. In fünf Jahren will sie starten, 15 Jahre lang, jedes Jahr 4 000 €. Runtergerechnet kostet das im heutigen Wert rund 60 000 €.

Herausforderung: Mit 67 Jahren hätte sie nach aktueller Prognose 1 600 € netto im Mo-

	Frida	Jana	Fred	Karin	Armin	Benno	Frank
Eckdaten							
Alter aktuell	45	35	50	30	40	55	60
Alter geplanter Renteneintritt	70	67	**67**	67	67	**65**	67
Lebenserwartung mit Puffer	**95**	95	90	95	90	90	90
Monatliches Netto	**950 €**	**3 150 €**	**3 800 €**	**2 000 €**	**6 400 €**	**58 333 €**	**6 200 €**
Einkommenswachstum	2 %	3 %	2 %	3 %	2 %	2 %	2 %
Sparquote (in % vom Netto)	-100 %	20 %	10 %	10 %	**23 %**	40 %	12 %
Prognose gesetzliche Rente (brutto)	**1 262 €**	**2 420 €**	**420 €**	**2 170 €**	**3 925 €**	**3 281 €**	**8 309 €**
Vermögens- und Risikobilanz (in 1 000 €)							
Bankkonten	**160**	15	**50**	5	125	200	210
RE =	0	0	0	0	0	0	0
Altersvorsorge		25	120		40	220	
RE =		2	2		2	2	
Wertpapiere	**110**	20	130	120	140	2 500	
RE =	3,5	**8**	**3**	**2**	4	**3,5**	
Immobilien	300		800			5 500	
RE =	2		3			2,5	
Kredite		-10	**0**			-2 000	
RE =		1	0			0	
Zukünftiges Sparen	-285	241	61	89	393	2 662	61
RE =	0	1	3	1	2	1	0,5
Gesetzliche Rente	181	316	60	244	488	732	1 929
RE =	1	1	2	1	1	1	0,5
Gesamtvermögen	**466**	**607**	**1 221**	**458**	**1 186**	**9 815**	**2 201**
	2,5	**1,2**	**2,4**	**1,3**	**1,4**	**2,7**	**0,5**

Tabelle 10: Vermögens- und Risikobilanzen nach Financial-Lifestyle-Strategie

	Frida	Jana	Fred	Karin	Armin	Benno	Frank
Prognosebilanz in 1 000 €							
Bankkonten	160	15	50	5	125	200	30
RP =	0 %	0 %	0 %	0 %	0 %	0 %	0 %
Altersvorsorge		25	120		40	220	
RP =		1 %	2 %		1 %	1 %	
Wertpapiere	110	20	130	120	140	1 780	
RP =	3,4 %	7,5 %	2,5 %	2 %	3,5 %	3,5 %	
Immobilien	300		800			5 500	
RP =	2 %		2 %			3 %	
Kredite		-10	0			-2 000	
RP =		1 %	3 %			1,5 %	
Zukünftiges Sparen (kalkulatorisch)	-285	106	63	74	312	2 369	62
RP =	0 %	7,5 %	2,5 %	2 %	3,5 %	3,5 %	0 %
Gesetzliche Rente (kalkulatorisch)	181	316	70	244	488	732	1 929
RP =	1 %	1 %	1 %	1 %	1 %	1 %	0,5 %
Gesamtvermögen (kalkulatorisch)	**466**	**471**	**1 234**	**444**	**1 105**	**8 802**	**2 022**
RP =	**2,5 %**	**2,7 %**	**1,9 %**	**1,4 %**	**1,9 %**	**3,3 %**	**0,5 %**
Zwischenrechnung							
Vermögen bei Renteneintritt (in 1 000 €)	1 394	2 049	2 379	1 544	3 112	14 741	2 399
Monatsbrutto bei Renteneintritt	4 645 €	6 099 €	8 621 €	4 594 €	11 274 €	49 136 €	8 693 €
Abzüge für Steuern, KV / PV	20 %	25 %	30 %	20 %	35 %	40 %	35 %
Rentenszenarien (Kaufkraft heute)							
Mittleres Netto	2 265 €	2 427 €	4 310 €	1 766 €	4 293 €	24 185 €	4 919 €
... im Vergleich zu Ausgaben	119 %	96 %	126 %	103 %	89 %	59 %	90 %
Schlechtes Netto	1 243 €	1 052 €	3 128 €	1 056 €	2 602 €	17 604 €	4 761 €
... im Vergleich zu Ausgaben	65 %	42 %	91 %	62 %	54 %	43 %	87 %
Wahrscheinlichkeit schlechtes Netto	9 %	6 %	18 %	5 %	8 %	15 %	23 %

Tabelle 11: Prognosebilanzen nach Financial-Lifestyle-Strategie

nat, gerechnet in heutigen Preisen zu wenig. Hier war immerhin schon eingeplant, dass sie auch ihre zukünftigen Sparraten in Wertpapiere mit 4 % Risikoprämie investiert. Das Problem liegt also woanders: beim Einkommen und dem, was zum Sparen übrig bleibt.

Strategie: Sie stockt von 80 auf 90 % Arbeitszeit auf. Das sind 12,5 % mehr Gehalt, netto nun 3 150 €. Die komplette Erhöhung wandert in die Sparrate, die so auf 630 € wächst. Damit steigt die Sparquote auf 20 % und der Wert des zukünftigen Sparens um 241 000 €. Außerdem wachsen ihre Rentenpunkte durch das höhere Einkommen.

Mit ihrer hohen Risikotoleranz und der Sicherheit bei Einkommen und Rente kann sie theoretisch (und praktisch) die Risikoeinheiten und damit die Risikoprämie auf ihr bestehendes Depot und auf zukünftige Sparraten kräftig hochfahren, und zwar wie viele junge Menschen in Amerika auch mithilfe von Wertpapierkrediten oder gehebelten ETFs. Wir simulieren hier RE = 8 und wegen der Kosten dieser Strategie RP = 7,5 %. Die kombinierten Hebel bei Einkommen, Sparen und Risikoprämie wirken. Das Renteneinkommen liegt (bei dann höherem Steuersatz) mit 96 % nur noch knapp unter ihren heutigen Ausgaben. Das schlechte Szenario bleibt unwahrscheinlich.

Ergebnis: Ihr Gesamtvermögen ist durch die höheren Sparansprüche an ihr zukünftiges Selbst kräftig angestiegen. Das schließt fast die Rentenlücke. Wenn sie allerdings die 60 000 € Gegenwert für die Wunschreisen vom Gegenwartswert des zukünftigen Sparens abzieht, rutscht sie wieder in den roten Bereich (knapp 70 % der Ausgaben – in Tabelle 11 nicht gezeigt). Ob sie daher in fünf Jahren tatsächlich voll durchstarten wird mit dem Upgrade und wie lange sie sich das dann gönnen wird, will sie abhängig machen von der Entwicklung in Job und Depot.

Fred – der Friseur

Lifestyle-Wunsch: Mit 67 Schluss machen mit Kamm und Schere. Stattdessen ein kleines Café betreiben, das sich selbst trägt mit Einnahmen gleich Ausgaben, keine großen Sprünge.

Herausforderung: Seine Prognosen klingen komfortabel: Mit 70 stünden nach Steuern 5 215 € pro Monat zur Verfügung, in heutigen Preisen. Aber ein Haken ist das hohe Gesamtrisiko durch den Immobilienkredit als einem vermeidbaren Risikotreiber. Seine Toleranz liegt bei RE = 2,5. Außerdem ist seine Risikotragfähigkeit geringer als bei Angestellten und Beamten mit vergleichbarem Gesamtvermögen, weil er als wirklich dauerhaftes Einkommen im Alter nur eine Rürup-Rente hat. Der Rest muss aus dem Vermögen kommen, das zu früh aufgebraucht sein könnte. Und weil er die Immobilie für mehr Einkommen verkaufen und dann in eine kleinere Mietwohnung ziehen will, steigen die Ausgaben in der Rente geschätzt sogar auf 120 % der heutigen Kosten. Im schlechten Szenario wäre das nicht mehr drin und schon gar nicht das Café.

Strategie: Fred muss mehrere Hebel anfassen. Erstens muss der Hauskredit weg, um die Zinsbelastung und das Risiko aus Kredithebel zu reduzieren. Für die Tilgung zum nächstmöglichen Zeitpunkt nimmt er 40 000 € vom Konto und 110 000 € aus dem Depot. Als Zweites will er den Teil seiner Rente aufstocken, den er bis zum Lebensende bekommen wird. Aktuell bekommt er nur aus dem Rürup-Vertrag eine Leibrente. Bevor er sich selbstständig machte, hatte er als Angestellter schon vier Jahre in die Gesetzliche eingezahlt. Die Ansprüche würden verfallen, wenn er nicht noch freiwillig aufstockt. Solche freiwilligen Beiträge kann er zudem noch von seiner Einkommensteuer als Vorsorgeaufwendungen absetzen. Er hat ausgerechnet, dass er mit einem Einsatz von netto 40 000 € Gegenwartswert auf zehn Rentenpunkte aufstocken kann (Bruttokosten sonst knapp 94 000 €), die ihm 420 € zusätzliches Brutto-Renteneinkommen bescheren würden, und zwar bis zum Lebensende. Diese 40 000 € merkt er sich als Abzugspunkt für das Depot, das dann noch mit 130 000 € auf seiner neuen Vermögensbilanz steht. Diesen Betrag will er in nachhaltige ETFs anlegen. Das bringt zwar etwas weniger Risikoprämie wegen Produktkosten und geringerer Streuung (RP = 2,5 % für RE = 3), passt aber besser zu seinen Werten.

Wenn er nun eine Zwischenrechnung macht, stellt er zufrieden fest, dass sein heutiges Vermögen durch die günstig erworbenen Rentenpunkte sogar leicht angestiegen ist und durch die Umschichtungen viel sicherer geworden ist und nur noch 2,4 Risikoeinheiten trägt. Außerdem ist ein größerer Teil seines Renteneinkommens bis zum Lebensende garantiert. Trotzdem ist die prognostizierte Rente fast gleich hoch wie in der Ausgangssituation (in Tabelle 11 nicht gezeigt).

Ergebnis: Sein Wunsch ist die Rente mit 67, aber nicht zurückgelehnt im Sessel, sondern hinter der Theke in seinem Café. Er macht das Café nicht fürs Geld, sondern für seinen großen Freundes- und Bekanntenkreis. Der einzige Regler, den er in seinem Finanzplan dafür verschieben muss, ist, sein Renteneintrittsalter von 70 auf 67 zu verändern. Das macht bei der Rente eine Menge aus, weil drei Jahre Einkommen und Sparen fehlen und das Vermögen nicht weiterwächst, sondern auf sicher umgestellt wird. Trotzdem würde es im mittleren Szenario noch reichen mit dem angepeilten Anstieg der Ausgaben auf

120 %. Das schlechte Szenario ist durch die sichere Strategie unwahrscheinlicher geworden. Seine Sorgen, dass er wirklich dort hineinrutschen könnte, halten sich in engen Grenzen. Schließlich muss er das mit dem Café ja nicht heute entscheiden.

Karin – die Köchin

Lifestyle-Wunsch: Ein eigenes Restaurant. Dafür braucht sie 120 000 € Startkapital – Ablöse, Renovierung, Marketing. Doch mit ihrer heutigen Finanzlage hat Karin keine Chance auf einen Kredit. Vielleicht wird es etwas mit der Erbschaft?

Herausforderung: Karin hat kein Geld- oder Sachvermögen, abgesehen von einer eisernen Reserve auf der Bank. Die wächst bei ihrer aktuellen Sparquote von 5 % kaum an. Wie die Journalistin Jana muss sie am Einkommen ansetzen, wenn sie aus eigener Kraft ein akzeptables Renteneinkommen erreichen will.

Strategie: Ein besser bezahlter Job. Karin findet eine Stelle in einem bekannten Hotelrestaurant mit 200 € mehr netto und Aufstiegsperspektive – Gehaltswachstum 3 % pro Jahr anstelle 2 % im aktuellen Job. Ihre Sparquote kann sie auf 10 % steigern. Sie startet einen Wertpapiersparplan, peilt aber dort nur eine Risikoprämie von 2 % an, damit auch insgesamt die 2 Risikoeinheiten stehen. Das erreicht sie dadurch, dass sie rund 60 % ihres Depots in das GMP investiert und 40 % in Geldmarktpapiere, die eine vergleichbare Rendite zum jeweils besten Tagesgeld bezahlen, ohne dass Karin als Zins-Hopper ihr Geld immer wieder zu einer anderen Bank bringen müsste, um dort die besseren Zinsen zu bekommen.

Ergebnis: Bis zum Renteneintritt in 37 Jahren wächst ihr Vermögen auf eine aus heutiger Sicht große Zahl von über 1,5 Millionen €. Nach Steuern und zu heutigen Preisen bedeutet das jedoch trotzdem nur ein Nettoeinkommen von 1 200 € und damit 70 % ihrer heutigen Kosten (nicht in Tabelle 11 gezeigt). Das schlechte Szenario zeigt ihr eigentlich nur, wie wenig herauskäme, wenn sie all ihr Geld auf dem Bankkonto ließe und es dort gerade mit der Inflation Schritt hielte, und vor allem, wenn auch die Rentenwerte in der Gesetzlichen stagnierten. Dann käme real ungefähr das heraus, was sie hineinsteckt, und das wären nur etwas mehr als ein Drittel ihrer heutigen Ausgaben. Deshalb rechnet sie schon einmal vorsichtig eine Erbschaft über 120 000 € ein. Das Geld würde sie auch ins Depot legen mit 2 % Risikoprämie. Das würde schließlich reichen, um im mittleren Szenario ihre heutigen Ausgaben voll zu decken.

Exkurs: Was tun mit einer Erbschaft oder einer großen Summe – alles auf einmal investieren oder lieber schrittweise?

Wenn plötzlich eine größere Summe auf dem Konto landet, stellt sich die Frage: Gleich anlegen oder besser vorsichtig stückeln? Die Wissenschaft sagt: Wer eine lange Anlagedauer hat, fährt statistisch besser mit der Einmalanlage – denn dann arbeitet das Geld sofort für dich. Doch wer bei Börsenhochs einsteigt und kurz darauf einen Crash erlebt, ärgert sich oft grün und blau. Die Psychologie sagt daher: lieber langsam. Viele Anleger fühlen sich wohler, wenn sie zum Beispiel über zwölf Monate in Teilbeträgen investieren.[18] Manche nennen das den Cost-Average-Effekt. Das senkt die Gefahr von Reue und hilft beim Durchhalten. Und das ist am Ende vielleicht der entscheidendere Faktor. Trotzdem mein Rat: Wenn du mental stabil bist und die Märkte nicht ständig kontrollierst: Einmalanlage, aber natürlich breit gestreut. Wenn du eher zur Vorsicht neigst und sonst vielleicht gar nichts anlegst: Stückweise investieren, zum Beispiel per monatlichem Sparplan.

Armin – der Autoverkäufer
Lifestyle-Wunsch: Die eigenen vier Wände.
Herausforderung: Das Risiko im Gesamtvermögen liegt bei 1,8 RE, seine Toleranz bei 2,0 RE. An sich eine vertretbare Ausgangslage. Doch Armin ist der Hauptverdiener der Familie. Eine Risikolebensversicherung hat er zwar, aber was wäre, wenn er dauerhaft krank würde?
Strategie: Erst mal eine Berufsunfähigkeitsversicherung. Sie würde im Ernstfall 4 000 € brutto im Monat sichern. Kosten: 230 € pro Monat. Seine Sparquote sinkt von 25 auf 23 %. Dafür verringert sich aber auch das Risiko seiner zukünftigen Einkünfte.
Jetzt die Upgrade-Frage: Weiterhin zur Miete oder Wohnung kaufen? Weil sich viele mit dieser Frage beschäftigen, schauen wir uns die Zusammenhänge etwas näher an:
Sein Vermieter nennt ihm nach zwei Verhandlungsrunden final einen Kaufpreis von 600 000 € für die Wohnung, in der Armin wohnt. Für Notar und Grunderwerbsteuer plant Armin mindestens 8 % ein. Auch ohne Makler und Renovierungen braucht er also 650 000 €. Auf Konten und im Depot hat er 200 000 € zurückgelegt, die er als Eigen-

kapital einsetzen kann. Bleibt ein Finanzierungsbedarf von 450 000 €, für den ihm die Bank ein Darlehen über 20 Jahre mit 4 % Zinsen anbietet. So viel erst mal zu den Kosten der Option »Kaufen«.

Wie sieht es aus mit der Mietersparnis durch den Kauf? Armin zahlt 1 000 € kalt im Monat und wegen Staffelmiete im Vertrag etwa 2 % mehr jedes Jahr. Um den Gegenwartswert dieser Miete zu bewerten, reicht eine einfache Regel: Man nimmt die jährliche Anfangsmiete (12 000 €) und teilt sie durch die Differenz zwischen Zins und Mietenwachstum. Bei 4 % Zins und 2 % Mietsteigerung ergibt das 600 000 €. Die Mietersparnis endet nicht mit Armins Auszug oder Lebensende. Auch seine Erben – oder wer immer die Wohnung später besitzt – zahlen keine Miete mehr. Die Ersparnis wirkt also wie eine Einkommensquelle auf Dauer, die jedes Jahr bares Geld spart. Und genau das steckt in der hohen Zahl von 600 000 €. Ein Preis für alle künftigen Mieten, die nie gezahlt werden müssen.[19]

Stellen wir die Zahlen gegenüber: 600 000 € Gegenwartswert Mietersparnis minus 450 000 € Kredit = 150 000 €. Aber Achtung: Armin muss 200 000 € Eigenkapital einsetzen, die er sonst mit Risikoprämie anlegen könnte. Unterm Strich ist er nach Kauf also 50 000 € ärmer, und er kann mit seinen 200 000 € keine Risikoprämie am Finanzmarkt erwirtschaften. Dazu kommt: Das Risiko in seinem Gesamtvermögen würde durch den Kredithebel steigen, weil er den Kredit zurückzahlen muss, egal wie sich der Wert der Immobilie entwickelt. Von heute 2,0 Risikoeinheiten auf 3,5. Seine Toleranz liegt nur bei 2,5. Das Risiko wäre also zu hoch.

Was wäre, wenn Armin die Wohnung kauft – aber nicht selbst darin wohnt, sondern sie vermietet? Dann ist das Ganze eine Kapitalanlage wie bei Wertpapieren, nur in der Abwicklung viel aufwendiger. Die Zahlen bei Miete, Kredit und Eigenkapital bleiben dieselben wie bei der Eigennutzung, aber nun sind Steuern zu berücksichtigen, denn Mieteinnahmen sind steuerpflichtige Einnahmen und Zinsen und Abschreibungen absetzbare Ausgaben. Der Reihe nach:

Die Mieten: Von den Mieteinnahmen gehen bei einem persönlichen Steuersatz von 40 % auf Einkommen über Armins Gehalt hinaus 400 € pro Monat gerechnet an den Fiskus. Das reduziert den Gegenwartswert der Mieteinnahmen netto auf 360 000 €.

Die Kreditzinsen: Auch hier gehen 40 % ab, weil Zinskosten auf vermietete Objekte steuerlich absetzbar sind. Das reduziert den Netto-Gegenwartswert des Kredites, da sich der Staat indirekt an den Kosten beteiligt. Der ökonomische »Marktwert« der Schulden sinkt von 450 000 € auf 270 000 €.

Zwischenergebnis: 360 000 € netto Mieteinnahmen minus 270 000 € netto Kredit minus 200 000 € Eigenkapital macht -110 000 €. Das ist noch schlechter als bei Eigennutzung, weil die Steuerlast auf die Mieteinnahmen höher ist als die Steuerersparnis auf die Kreditzinsen.

Die Abschreibungen als Joker: Vermieter dürfen 50 Jahre lang 2 % des Gebäudewerts jährlich steuerlich geltend machen. Rechnen wir mit 90 % Gebäudeanteil an den gesamten 650 000 € Anschaffungskosten und wieder 40 % Steuersatz, ergibt das 4 680 € (650 000 × 90 % × 2 % × 40 %) weniger Steuern pro Jahr. Der Gegenwartswert dieses sicheren Zahlungsstroms über die die nächsten 50 Jahre liegt bei circa 148 000 €.

Endergebnis: Die Abschreibungen drehen den Business Case für die vermietete Immobilie ins Positive. Aus -110 000 € werden +38 000 € Gegenwartswert der Kaufvariante. Dank der Steuervorteile ein stolzer Gewinn. Dafür muss sich Armin freilich die nächsten Jahrzehnte um Mieter, Reparaturen und eine Menge Papierkram kümmern. Wenn er die Arbeit an Hausverwalter und Steuerberater gibt, muss er deren Kosten über die Zeit mit den 38 000 € verrechnen.[20]

Fazit für Armin: Für Armin als Eigennutzer wäre der Kauf der Wohnung bei diesen Zahlen ein klares Minusgeschäft: weniger Vermögen und mehr Risiko in der Bilanz. Auch die vermeintliche Sicherheit, die eigene Wohnung zu besitzen, wiegt das aus Armins Sicht nicht auf. Für Armin als Vermieter wird die Rechnung durch den steuerlichen Joker zwar positiv. Aber nach wie vor würde der Kredithebel das Gesamtrisiko in seiner Bilanz über seine Toleranz hinauskatapultieren. Dieses zusätzliche Risiko und der jahrelange nervige Zeitaufwand fürs Kümmern um die Wohnung lassen seinen Daumen auch für die Wohnung als Kapitalanlage runtergehen.

Ergebnis ohne Immobilienkauf: Bis zum Renteneintritt wächst Armins Vermögen auf 3,1 Millionen €. Seine Rente nach Steuern beträgt dann 4 293 € in heutigen Preisen – etwas weniger durch die Beiträge zur Berufsunfähigkeitsversicherung. Selbst im schlechten Szenario bleiben 2 602 €. Damit liegt er noch immer über seiner Zielmarke, sichert seine Familie gegen das größte Risiko ab, hat genug Puffer, um Miete zu zahlen – und keine unkalkulierbaren Risiken durch Immobilienbesitz.

Benno – der Banker

Lifestyle-Wunsch: Benno gehört zu den über 35 000 Einkommensmillionären in Deutschland. Das wünscht er seinen beiden Kindern auch und will ihnen ein Studium samt Vernetzung mit der »globalen Elite« an einer US-Eliteuniversität ermöglichen.

Herausforderung: Harvard, Yale oder Stanford – 90 000 € pro Jahr und Kind. Über vier Jahre also rund 720 000 €. Auch für Benno keine Kleinigkeit.[21] Denn diese Summe wäre schon in nächster Zukunft fällig – und das Geld könnte dann nicht mehr weiter für ihn arbeiten. Selbst wenn er seine Ausgaben nach dem frühen Renteneintritt mit 64 halbieren würde, klafft eine Lücke. Das Problem ist also weniger die Höhe seines Vermögens, sondern das Timing von Einnahmen und Ausgaben: Die Studienkosten fallen an, bevor sein Finanzplan auf Rentenmodus umschaltet.

Strategie: Benno arbeitet mindestens ein Jahr länger. Das bringt zusätzliches Vermögen und verkürzt gleichzeitig die Zeit, in der er von seiner Rente lebt. Er fährt außerdem im Endspurt nochmal die Sparquote hoch auf 40 % und schichtet vor allem um für weniger Unsicherheit: weg von riskanten Einzelengagements in Einzeltiteln und Private Equity mit 7 RE und rein ins GMP-Portfolio. Das senkt das Gesamtrisiko von 3,8 auf 2,7 RE – nun weit besser vereinbar mit seiner Toleranz.

Ergebnis: Sein Vermögen wächst auch nach direktem Abzug der Ausbildungskosten für die Kinder auf eine für die Allgemeinheit astronomische Summe von 14,7 Millionen €. Die Rente nach Steuern erwartet er bei 24 000 € in heutigen Preisen. Selbst im schlechten Szenario bleiben mehr als 17 000 € übrig. Mit dem Plan kann er das Studium der Kinder bezahlen und muss sich nicht zwischen »Elite-Uni« und »goldener Lebensabend« entscheiden.

Frank – der Forscher

Lifestyle-Wunsch: Anders als die anderen hat Frank weder einen Lifestyle-Wunsch noch ein Finanzproblem, das nach einer Lösung verlangt. Sein Wunsch ist schlicht: noch etwas Gutes mit seinem Geld zu tun. Dafür ist er auch zu einem Lifestyle-Downgrade bereit.

Strategie: Frank hat beschlossen, mit »warmen Händen« zu geben. Am besten über die sieben nächsten Jahre, in denen er noch arbeitet, möchte er 300 000 € für gute Zwecke spenden. Der Staat spendet dann mit. Weil Frank den Spitzensteuersatz zahlt, reduziert jeder gespendete Euro seine Abgabenlast um circa 40 Cent. Am Ende »kostet« ihn die Spende rund 180 000 €. Der Betrag wird für die neue Prognose direkt vom Bankguthaben abgezogen, wo dann noch 30 000 € stehen bleiben.

Ergebnis: Die Rente nach Steuern liegt nach generöser Spende bei knapp 4 900 €, im schlechten Szenario bei 4 760 €. Damit fiele sein »Downgrade« überschaubar aus. Er plant schon damit, auch in der Rente aus seinem Ruhegehalt weitere Spenden zu tätigen.

Welche Stellhebel bringen dich zum Wunsch-Lifestyle?

Am Ende zeigt sich: Jeder findet seine Strategie, und jeder muss nur wenige Stellschrauben drehen – aber die richtigen.

An der Einkommensschraube drehen vier Freunde. Jana stockt ihre Teilzeit auf, Karin wechselt in einen neuen Job mit höherem Gehalt und besseren Karriereaussichten, Fred wird seinen Rentenstart drei Jahre früher und Benno ein Jahr später legen als ursprünglich geplant.

Jana und Karin können durch das höhere Gehalt ihre Sparquote erhöhen, Benno macht es im eigenen Interesse auch ohne mehr Einkommen und erhöht durch die spätere Rente auch seine Spardauer um ein Jahr. Armin spart etwas weniger wegen der Berufsunfähigkeitsversicherung. Die Sparform passt Fred am stärksten an: maximale Kredittilgung, weniger in Wertpapiere und dafür im Verhältnis mehr auf Bankkonten und freiwillig in die gesetzliche Rentenversicherung.

Bei der Risikoprämie justiert fast jeder nach: Frida reduziert Risikoeinheiten, Jana geht bewusst höher, Fred entlastet sich, Armin bleibt in der Spur, indem er sich gegen einen Hauskauf entscheidet. Benno sorgt für **Diversifikation,** Frida, Fred und Benno sparen **Kosten.** Fred setzt mit nachhaltigen ETFs noch einen Akzent bei der (in der Gesamtschau nicht so wirkmächtigen, deshalb nur als »halbe« Strategie gewerteten) **Produktauswahl.**

Es braucht also keine hundert Strategien. 9+1 genügen. Wer sie kennt, erkennt auch im eigenen Leben, wo er oder sie etwas drehen kann – und dass sich der Wunsch-Lifestyle vielleicht doch noch erreichen lässt.

Wenn du dir nun Gedanken machst, wo du selbst ansetzen solltest, dann priorisiere am besten sowohl nach Wirkung und nach Umsetzbarkeit, also nach dem maximalen »Bang for the Buck«. Für Jüngere folgt aus den Einkommensschrauben (Höhe und Anstieg) fast alles Weitere. Wenn noch kein Finanzvermögen da ist, ist als Nächstes die langfristig durchzuhaltende Sparquote entscheidend. Beide Hebel sind sehr wirkungsvoll, aber in der Umsetzung viel leichter gesagt als getan. Für Haushalte, die bereits über ein Basisvermögen verfügen, spielt die

Aufteilung auf sichere und riskante Anlagen die größte Rolle. Eine entsprechende Umschichtung ist schon deutlich leichter in der Umsetzung und ersetzt auf Dauer sogar eine höhere Sparquote.[22] Am einfachsten und auf Dauer trotzdem sehr wirksam sind Diversifikation und Kostenminimierung der Geldanlage. Die beiden Hebel gehören definitiv auch auf deine To-do-Liste.

Wann du Profis einschalten solltest

Es gibt Momente in deiner Biografie, da startet plötzlich eine neue Folge oder eine ganz neue Staffel – und du kennst dich erst einmal nicht aus: Du verdienst dein erstes Geld, du ziehst um, ihr bekommt ein Kind oder die Garage brennt ab. Das ist Stress, und das ist auch Stress für dein Konto. Denn in emotional herausfordernden Situationen steigt das Risiko, sich auf halbgare Finanztipps einzulassen, finanzielle Fehlentscheidungen zu treffen und damit langfristig unter seinen Möglichkeiten zu bleiben.

Nehmen wir den Schulabschluss oder Studienbeginn: Schon ist BAföG oder das Geld aus Nebenjobs auf dem Konto, schon sind Shopping- und Broker-Apps installiert. Die Lust auf Freiheit, Lifestyle, Erfolg ist groß, das Finanzwissen nicht. Das kann zu impulsivem Konsum, zu Fehlinvestitionen und schon in jungen Jahren zu Überschuldung führen.

Auch beim Auszug von zu Hause wird es für viele finanziell ernst: Miete, Strom, Internet, Versicherungen summieren sich zu hohen Fixkosten. Und wenn das erste Kind kommt, addieren sich noch mehr Fixkosten dazu. Das alles kann man sich im Prinzip auch von einer KI erklären lassen – aber sind auch Themen, bei denen man ohne Beratung schnell in Fehlentscheidungen schlittert. Aber wer in dieser Phase mit Menschen spricht, die sich mit Finanzen wirklich auskennen (das ist nicht unbedingt Onkel Uwe oder die beste Freundin), trifft bessere Entscheidungen und erzielt langfristig bessere Ergebnisse.

Und dann gibt es die großen Brüche, zum Guten oder zum Schlechten: ein Karrieresprung im Job oder ein Wasserschaden im Haus, eine

Trennung, eine plötzliche Erbschaft oder geerbte Schulden. All das sind Situationen, in denen Menschen in Panik geraten – und dann schnelle Entscheidungen treffen, ohne in Ruhe Alternativen und Optionen geprüft zu haben.

Deshalb: Immer, wenn dein Leben das nächste Level freischaltet und du erst mal ratlos bist – hole dir Hilfe! Es ist nicht nötig, dass du dich selbst zur Finanzexpertin ausbildest oder zum nächsten Investmentguru wirst. Du musst nur wissen, wann du Partner ins Boot holst und vor allem: welche Partner. Das schauen wir uns im nächsten Teil an.

Code III – Deine Finanzen

Dein Gesamtvermögen heute: ______________________ €
Das Gesamtrisiko deines Gesamtvermögens heute: __________ RE
Diskrepanz Gesamtrisiko – Risikotoleranz (Code I): __________ RE
Wie viel Risikoprämie du verdienen wirst: ______________ %
Mit welcher Netto-Rente du rechnen kannst:

- Im mittleren Szenario: ______________________ €
- Im schlechten Szenario: ______________________ €

Gegenwartswert Lifestyle-Upgrade/Downgrade: ______________ €

An welchen Strategiehebeln du ansetzen willst:

1. Karriere (Gehaltsentwicklung)
2. Arbeitszeit (Wochenstunden)
3. Andere Verdienstquellen (Extraeinkommen)
4. Sparquote (Ausgaben anpassen)
5. Spardauer (Start und Konstanz)
6. Sparform (Umschichten Anlageklassen)
7. Anlagerisiko insgesamt (Risikoprämie anpassen)
8. Vermeidbares Risiko (Diversifizieren)
9. Renditeschmälerung (Kosten reduzieren)

9+1. Produkt/Anbieterauswahl

IV Deine Finanzpartner

Wenn du dich schon sicher fühlst mit Vermögensbilanz und Rentenprognose, kannst du deinen Financial Lifestyle Code allein entwickeln und umsetzen – mit ein paar wenigen Apps für den Durchblick, einem Broker-Konto für die Umsetzung und viel Disziplin. Für einige reicht das völlig aus. Aber mal ehrlich: Nicht jeder mag Zahlenkolonnen oder fühlt sich wohl, wenn es um Finanzpläne und Strategien geht. Dann ist es keine Schwäche, Unterstützung dazuzuholen. Im Gegenteil: Auch mit diesem Buch an deiner Seite wirst du vielleicht an Punkte kommen, wo du jemanden brauchst, der dir Informationen aufbereitet, Rechnungen plausibel macht oder die Umsetzung technisch übernimmt. Wichtig ist nur, dass du weißt, worauf du dich einlässt, und dass die Partner zu dir und deinem Weg passen.

Bühne frei für acht Finanzpartner, die dir helfen, oder zumindest so tun als ob. Was sie können, was sie kosten, wem sie dienen, wie du ihren Nutzen für deinen Financial Lifestyle maximierst – und Schaden vermeidest.

- **Freunde & Familie** kennen dich, nicht den Markt. Gold wert bei »Mach mal«; riskant bei »Cousin schwört auf …«.
- **Anlageberater** vom Money Doctor bis zum Formularakrobat. Bringen Gemütsruhe, kosten Geld.
- **Versicherungsvertreter & -makler** versprechen dir Sicherheit, haben die eigene Provision im Hinterkopf.
- **Finfluencer mit Verkaufsmasche:** viel Show, viel gefährliches Risiko. Ihr eigentliches Depot heißt Reichweite.
- **AI-Chatbots** sind schnell und klingen so präzise wie plausibel, sind es aber oft nicht.

- **Finanz-Apps** bringen Ordnung ins Handy, aber nicht unbedingt in deine Finanzen.
- **Broker** bieten einen günstigen Zugang zur Börse. Doch dein Finger auf dem Trading-Button tilgt die Rendite.
- **Plattformen für Finanzthemen** wirken neutral und können sehr lehrreich sein, verdienen aber auch Geld – mit deinen Daten und Klicks.

In diesem Teil lernst du diese acht Finanzpartner genauer kennen. Manche helfen dir wirklich, andere mehr sich selbst. Wir schauen genau hin: Wer bringt dir echten Nutzen für deinen Financial Lifestyle – und wer nur schöne Verpackung? Die Nobelpreisträger George A. Akerlof und Michael Spence haben die Probleme untersucht, wenn Berater mehr wissen als Kunden und das zu ihrem Vorteil ausnutzen (siehe Anhang). Dann erzählen auch schlechte Berater das Blaue vom Himmel und verdrängen im schlimmsten Fall die guten vom Markt. Für die lohnt sich der Aufwand für Qualität dann nicht mehr. Die Lösung besteht für dich darin zu lernen, wie man glaubwürdige Anbietersignale für gute Qualität »lesen« kann und dich nicht von Etikettenschwindel und heißer Luft täuschen zu lassen.

Es geht um dein Leben, nicht um seine Produkte

Für dein tägliches Finanzmanagement in eigener Sache gibt es zwei entscheidende Fragen: *Wer macht die Fleißarbeit?* Und: *Wer trifft die großen Entscheidungen?* Weil die wenigsten Zeit, Lust und Nerven für die Fleißarbeit haben – Verträge ausgraben, letzte Unterlagen suchen, rechnen und planen, neue Angebote sichten –, bleibt sie so gerne liegen. Die größeren und großen Entscheidungen klingen für viele Menschen spannender, machen aber auch mehr Angst: Kaufe ich Wertpapiere? Nehme ich einen Kredit auf für ein Haus? Das ist der Grund, warum oft *beides* über Monate oder Jahre unerledigt bleibt: die Fleißarbeit *und* die großen Fragen. Das ist ärgerlich, denn einer der wichtigsten Faktoren, die dein Geld ohne viel Zusatzarbeit vermehren, heißt: Zeit. Was kannst du also tun, um nicht noch mehr Zeit zu verlieren? Du organisierst dir Unterstützung.

Wo dich Finanzpartner unterstützen

Ein für dich idealer Finanzpartner sollte dir zu deinem bestmöglichen Financial Lifestyle Code verhelfen können. Dazu gehört, deine aktuelle Situation und deine Ziele aufzunehmen (Verstehen), darauf aufbauend eine Strategie zu entwickeln, die dich am verlässlichsten zu deinen Zielen bringt (Planen), und schließlich den Plan mit passenden Produkten umzusetzen (Umsetzen).

Die Frage ist, an welcher Stelle du Unterstützung brauchst und wer als Partner dafür am besten geeignet ist. Geeignet heißt: Der beste Finanzpartner verfügt über die notwendigen fachlichen Fähigkeiten (Kompetenz), setzt sie statt zu seinem eigenen zu deinem Nutzen ein (Interessen) und verlangt dafür eine faire Vergütung (Kosten).

Ein schlechter Finanzpartner hingegen lässt dich im Unklaren über deine finanzielle Situation, macht keinen Plan, verkauft dir ein Produkt mit geringer Risikoprämie und verlangt dafür hohe Gebühren. Womöglich glaubt er mangels eigener Kompetenz oder zu viel Irrglauben sogar selbst daran, dir etwas Gutes zu tun. Damit kann dich der falsche Partner sehr viel Geld kosten – und dich sogar von deinen Zielen abbringen. Deshalb ist es so wichtig, sich die richtigen Partner zu suchen.

Worüber mit dem Finanzberater reden – und worüber nicht

In vielen Beratungsgesprächen liegt der Schwerpunkt auf der Umsetzung, also auf der Frage, welches konkrete Produkt denn gekauft oder verkauft werden soll. Ich halte es für wahrscheinlich, dass bei der Anlageberatung mehr Zeit auf den zusätzlichen Stellhebel 9+1 als auf die wichtigeren ersten neun verwandt wird.

Prominente Fragen sind zum Beispiel: In welchen Fonds soll ich investieren? Lieber die USA untergewichten? Wie kann ich vom KI-Boom profitieren? Ist jetzt der richtige Zeitpunkt für den Einstieg? Wo kann ich Steuern sparen? Welcher Anbieter ist der beste?

Die wichtigen Fragen sind ganz andere: Wie viel Geld brauche ich später tatsächlich? Wie viel und wann soll ich sparen? Wie soll ich sparen und welche Risikoprämie soll ich anpeilen? Wie kann ich besser streuen, um vermeidbares Risiko zu eliminieren? Wie lassen sich die Kosten senken? Und: Wie halte ich mich selbst daran, meinen Plan und meine Strategien durchzuziehen?

Am hilfreichsten wäre ein Berater, der dich nicht nur bei der Produktauswahl, sondern beim Verstehen und Planen begleitet und dafür fair entlohnt wird. In der Praxis aber werden viele nur fürs Umsetzen bezahlt – über Verkaufsprovisionen. Dadurch haben sie naturgemäß einen Anreiz, genau hier Kompetenz zu demonstrieren, weniger über Kosten zu sprechen und das Erkennen und Planen eher kleinzuhalten, weil das zeitaufwendig ist und im Zweifel den Produktabschluss blockieren könnte.

Nicht falsch verstehen: Beratung kann sehr wertvoll sein und für viele den entscheidenden Unterschied machen. Der eigentliche Wert liegt jedoch im *Verstehen* und *Planen* – denn das ist individuell. Die *Umsetzung*, etwa in Form eines Investments in das Globale Marktportfolio, ist dagegen für alle gleich. Bei der Umsetzung geht es nur darum, alles so mühelos und günstig wie möglich zu gestalten.

Wenn du dich fit genug fühlst, kannst du deinen Financial Lifestyle Code durchaus allein entwickeln – beim Messen und Planen mit Apps, Erklärvideos oder KI, beim Umsetzen mit Brokern oder Online-Anbietern. Fühlst du dich damit unwohl, solltest du Partner hinzuziehen. Sie können nicht zuletzt hilfreich sein, um deinen Code zu prüfen und zu validieren. Frage dich also, bei welchen Aufgaben du Unterstützung brauchst und wie viel. Hier nochmal zusammengefasst die wichtigsten

Felder, zu denen du dir gezielt Kompetenz von einem Partner suchen kannst.

Verstehen: Wie hoch ist meine Risikotoleranz, wie groß meine Anfälligkeit für finanzielle Fehlentscheidungen? Was kostet mein aktueller finanzieller Lifestyle, wie viel mein gewünschter? Wie steht es um meine Vermögens- und Risikobilanz, wie um die Streuung und Kosten der einzelnen Bausteine?

Planen: Wie viel Risikoprämie kann ich im Schnitt verdienen? Wie viel Einkommen werde ich im Alter schätzungsweise haben? Auf welche Lebens- und Umfeldereignisse muss ich besonders achten? Gegen welche Ereignisse soll ich mich versichern? Was sind meine wichtigsten strategischen Stellhebel?

Umsetzen: Welche konkreten Produkte sollte ich kaufen? Wie kann ich meine geplante Finanzstrategie konsequent durchziehen? Wie behalte ich trotz des Aufs und Abs an den Märkten meine Gemütsruhe?

Und hier dazu passend ein Kompetenzcheck für deinen potenziellen Finanzberater – damit du herausfinden kannst, ob er oder sie das Handwerk auch wirklich versteht. Am besten, du flechtest die folgenden Fragen locker in euer Gespräch ein. Dann bekommst du einen Eindruck, ob die Person soliden Geldprinzipien folgt oder ob Interessenkonflikte drohen.

Verstehen:

- Wofür ist die persönliche Risikotoleranz wichtig und wie haben Sie die eigene herausgefunden?
- Können Sie mir helfen, eine Vermögens- und Risikobilanz aufzustellen?
- Welche klassischen Geldfehler unterlaufen Menschen (siehe Teil V)?
- Welche Verhaltensmuster stecken dahinter (siehe Teil V)?

Planen:

- Von welchen Faktoren hängt ab, wie viel Risiko ich bei der Geldanlage eingehen sollte?
- Welche Rolle spielt mein Humankapital?
- Welche Risikoprämie erwarten Sie langfristig auf weltweite Aktien, welche auf Wohnimmobilien in Deutschland?
- Wann sollte ich mich gegen Schäden versichern und wann besser nicht?
- Welche grundsätzlichen Strategien habe ich, um mich finanziell besser aufzustellen?

Umsetzen:

- Gibt es den richtigen Zeitpunkt zum Einstieg in die Märkte?
- Wie kann ich später feststellen, ob die Anlageentscheidung eine gute war?
- Wie viel Prozent Produktkosten sind angemessen?
- Wie bezahle ich für Ihre Beratung?
- Welche Hacks nutzen Sie selbst, um der eigenen Strategie treu zu bleiben?

Auf www.financial-lifestyle.de findest du akzeptable Antworten auf diese Fragen und noch ein paar weitere Kompetenzchecks.

Freunde und Familie: Was informelle Finanzpartner leisten

Freunde und Familie können dich grundsätzlich in allen Belangen unterstützen – vorausgesetzt, sie verfügen selbst über Expertise, nehmen sich Zeit und verfolgen keine eigenen Verkaufsinteressen als Finanzberater. Ich schätze, mindestens ein Fünftel der Erwachsenen in Deutschland könnte zu den eben genannten Fragen mit der selbst gesammelten Erfahrung hilfreiche Ratschläge geben. Glück also, wenn du so jemanden im Umfeld hast. Wenn du der Person voll vertraust, besprecht am besten deine konkreten Zahlen. Wenn dir das zu privat ist (oder du die Person damit nicht belasten willst), könnt ihr auch anhand eines Beispielprofils aus diesem Buch über Situation, Ziele und Strategien sprechen.

Studien zeigen: Im Gegensatz zu Tipps aus Social Media (»das wird das nächste Nvidia – kaufen!«) ist Rat von erfahrenen Freunden und Familie bei der Geldanlage meist solide – und die Ratsuchenden profitieren. Anlegerinnen und Anleger, die Tipps von ihrem Umfeld erhalten, investieren häufiger in Fonds statt in Einzelaktien – und haben dadurch besser diversifizierte Depots als die Vergleichsgruppe.[1]

Kosten: »Da nicht für ...«

Für den Rat von Freunden oder Familienmitgliedern entstehen in der Regel keine direkten Kosten. Oft genügt eine kleine Aufmerksamkeit – etwa eine Einladung oder eine vergleichbare Geste – um ihre Unterstützung wertzuschätzen.

Interessenkonflikte: »Hauptsache, wir halten zusammen ...«

Bei Freunden und Familie sollte es keine Interessenkonflikte geben. Niemand will es sich mit nahestehenden Menschen – und womöglich gleich mit der ganzen Familie – verderben. Wenn die Kompetenz vorhanden ist (und du nicht an einen glühenden Verfechter von Stock-Picking oder Krypto gerätst), kann das die ideale Partnerschaft sein.

Tipp: Geh mit deinen Freunden oder Familienmitgliedern die Quizfragen für Berater durch (wenn sie einverstanden sind) oder flechte einige von den Fragen unauffällig in ein Gespräch ein – so bekommst du ein Gefühl dafür, ob sie dir für deinen Financial Lifestyle tatsächlich hilfreich sein können.

Janas Fallstrick: Achtung, Mogelpackung

Jana ist ein Freunde- und Familienmensch. Hier bekommt sie oft guten Rat, und genau auf diesen Effekt setzen auch sogenannte Strukturvertriebe (oft unter dem Deckmantel »Finanzberatung für Frauen« – bitte aufpassen und im Zweifelsfall die Namen der Anbieter im Netz gegenchecken). Strukturvertriebe nutzen die starken Vertrauensbeziehungen im Freundes- und Familienkreis, um Produkte zu verkaufen. Ein vermeintlich guter Rat wird so schnell weitergereicht, entpuppt sich bei genauerem Hinsehen aber nicht selten als Mogelpackung.

Jana hat zum Beispiel gehört, dass eine bestimmte Geldanlage »im Versicherungsmantel« steuerliche Vorteile bringe. Also überlegt sie, einen Teil ihrer monatlichen Sparraten in eine fondsgebundene Rentenversicherung zu stecken. Kurz zur Erklärung: Eine Rentenversicherung ist im Kern ein Sparplan mit festen Spielregeln. Hält man sich daran, gibt es Steuervorteile. Die wichtigste Regel: mindestens zwölf Jahre einzahlen und frühestens mit 62 Jahren anfangen, Geld herauszunehmen. Der Staat will damit langfristiges Sparen fördern. Paternalistisch, ja, aber verhaltensökonomisch nicht unsinnig – viele Menschen sparen tatsächlich erst, wenn sie durch solche Vorgaben angestoßen werden.

Das Steuergeschenk hat zwei Teile. Erstens: Gewinne aus Fonds und ETFs werden nicht schon jedes Jahr teilbesteuert (Stichwort Vorabpauschale), sondern erst bei Auszahlung. Zweitens: Bei Auszahlung fällt nicht die Kapitalertragsteuer an, sondern die persönliche Einkommensteuer – und die auch nur auf 50 % der Gewinne. Beispiel: Mit 67 liegt der Einkommensteuersatz bei 25 %. Dann zahlst du effektiv nur 12,5 % Steuern auf die Gewinne statt 26,4 % (Kapitalertragsteuer plus Soli). Noch besser kann es werden, wenn du dir das Kapital nicht auf einmal auszahlen lässt, sondern in eine Leibrente umwandeln lässt. Je später du damit beginnst, desto geringer die Steuer. Mit 67 musst du auf 17 % (mit 70 noch auf 15 %) der Rente Steuern zahlen. Bei 25 % Einkommensteuersatz zahlst du also effektiv 4,25 % Steuern auf die Rente. Der

Vorteil des »Versicherungsmantels« ist damit umso größer, je länger die Laufzeit, je höher die Rendite und je höher der persönliche Steuersatz.

Ganz ohne Kosten ist das Ganze nicht. Versicherer haben Verwaltungsaufwand – und Steuervorteile sind ein exzellentes Verkaufsargument, von dem sie sich ein Stück abschneiden. Modellrechnungen zeigen: Die Steuerersparnis bringt umgerechnet maximal 1 % Rendite pro Jahr. Die Kosten liegen in den meisten Fällen jedoch zwischen 1–2 %, selten drunter.

Jana wollte das genauer wissen und nutzte den Online-Renditerechner einer großen deutschen Versicherung.[2] Dort wird neben der Bruttorendite auch die Nettorendite nach allen Kosten ausgewiesen. Beispiel: Bruttorendite 5 % pro Jahr, tatsächliche Rendite für den Kunden 2,9 %. Bedeutet: 2,1 % pro Jahr gehen an die Versicherung und das ist fast doppelt so viel wie der angenommene Steuervorteil. Der Steuervorteil kann diese Lücke nicht schließen.

Jana hat sich daraufhin weitere Angebote eingeholt und schließlich eines gefunden, bei dem die Kosten nur 0,6 % pro Jahr ausmachen und ihre 200 € pro Monat in günstige ETFs fließen. Mehr nicht, weil ihr die langjährige Bindung zu viel Flexibilität nehmen würde. Außerdem: Wer weiß, ob der Staat nicht bald neue geförderte Produkte bringt oder die Steuerregeln ändert. Auch hier gilt: Streuung ist eine gute Idee.

Noch ein Kommentar zu Kapitallebensversicherungen: Hier wird eine Rentenversicherung mit einer Risikolebensversicherung kombiniert. Das klingt praktisch, macht aber die Kosten intransparent und die Konstruktion unflexibel. Besser: Die Risikolebensversicherung separat abschließen. (Zur Erinnerung: Eine Risikolebensversicherung ist reiner Hinterbliebenenschutz, zum Beispiel wenn noch ein Haus abbezahlt werden muss. Stirbt die versicherte Person während der vereinbarten Laufzeit, wird die festgelegte Summe ausgezahlt – ohne Sparanteil.)

Anlageberater: Von Money Doctors und Finanzbabysittern

Professionelle Finanzberaterinnen und -berater können dir theoretisch in allen persönlichen Geldfragen weiterhelfen. Die meisten Banken und Sparkassen in Deutschland arbeiten gleichwohl mit einem standardisierten Beratungsprozess, bei dem dein Financial Lifestyle Code im Schnelldurchlauf behandelt wird. Zu Gesprächsbeginn wird erhoben, welche Finanzprodukte du schon besitzt. Darüber wird eine Schablone je nach Lebenssituation gelegt, um daraus abzuleiten, dass du eine bestimmte Versicherung abschließen solltest oder einen Teil deines Ersparten besser in Wertpapiere anlegst.

In der Wertpapierberatung wird nach deiner Risikotoleranz und -tragfähigkeit gefragt. Meist gibt es drei oder vier Risiko-Level. Anschließend werden dir Fonds empfohlen, die zu dieser Einordnung passen. Ein Abgleich mit der Höhe und dem Risiko deines Gesamtvermögens, deinen Zielen und möglichen Lebensereignissen findet nicht statt. Das wäre auch realistisch kaum möglich, denn dazu müssten alle deine Daten erhoben werden (würdest du sie preisgeben wollen?) und gemeinsam mit dir Ziele und Szenarien durchgespielt werden. Das würde viel Zeit erfordern und Systeme voraussetzen, die kaum eine Bank einsetzt.

Im Ergebnis erhältst du ein Wertpapierdepot, das nach einfachen Faustregeln deine Vermögenssituation und deine Ziele abbildet. Das kann definitiv besser sein, als gar nichts zu unternehmen und das Geld ungenutzt auf dem Konto liegen zu lassen. *Aber:* Leistung und Kosten müssen in einem gesunden Verhältnis stehen – und das zu prüfen ist deine Aufgabe: Kosten verstehen, Angebote vergleichen, verhandeln und gegebenenfalls die Bank wechseln.

In der Wissenschaft werden die Leistungen von Finanzberatern diskutiert. Ein viel zitierter Artikel trägt sogar den Titel »Money Doctors«.[3] Die Autoren aus Harvard und Co. argumentieren, dass neben den *hard facts* der Beratung auch *soft facts* eine große Rolle spielen. Berater geben Ratschläge, helfen bei der Umsetzung – und leisten psychologische Unterstützung. Zum Beispiel, wenn es darum geht, den ersten Schritt in die Welt der Wertpapiermärkte zu machen, und man sich jemand zum »Händchenhalten« wünscht, später Ruhe zu bewahren angesichts der Schwankungen an den Märkten, oder einen Sündenbock zu haben, falls Verluste eintreten. Das ist eine nicht zu unterschätzende Leistung. Aber würdest du bei 50 000 € Anlagevermögen 50 € pro Monat (1,2 % Kosten pro Jahr) für den Service »Gemütsruhe« bezahlen? Ehrlich wäre es, und tatsächlich solltest du dich fragen, wie viel dir dieser Service wert ist.

In einem anderen Papier werden Berater sogar mit Babysittern verglichen.[4] Die Aufgabe, Geld solide in Fonds anzulegen, könnten Kunden prinzipiell selbst übernehmen. Viele engagieren aber lieber einen Dienstleister, um Zeit zu sparen und die eigenen Nerven zu schonen. Auch hier stellt sich die Frage: Wie viel ist mir dieser Service wert?

Bitte immer dran denken: Berater, Banken und Fonds können nicht an der Risikoprämie drehen – die gilt für alle gleichermaßen. Der Unterschied liegt allein in den Kosten und der Hilfestellung bei der Beantwortung deiner persönlichen Financial-Lifestyle-Fragen. Die einfache Konsequenz daher bei der Produktauswahl: Wähle den günstigsten, breit diversifizierten Fonds oder ETF.

Die Kosten der Provisionsberatung

Die meisten Banken verdienen ihr Geld in der Beratung nach wie vor über Produktgebühren, sogenannte Verkaufsprovisionen. Das gilt erst recht für Berater in Strukturvertrieben – und ändert sich nicht dadurch, dass auf ihrer Visitenkarte einer der folgenden Titel steht: Vermögensberater, Financial Planner, Financial Consultant, Finanzökonom, Unternehmer in der Finanzberatung, Ansprechpartner für alle Finanzfragen, Finanzcoach, Life Planner, Karriere- und Finanzberater, Persönlicher Berater, Spezialist für Wertpapieranlagen, Berater für den öffentlichen Dienst, Zuversichtsberater, Senior Manager, Hauptrepräsentant, Agenturleiter, Senior Partner …

Ein Tipp angesichts des Visitenkarten-Bingos. Es ist völlig okay und wird kompetente Berater sogar freuen, wenn du nachfragst, welche staatlich anerkannten Qualifikationen (z. B. IHK-Sachkundenachweis, Studium) bei der Ausbildung zum Finanzexperten erworben wurden. Interne Schulungen oder Online-Kurse zählen nicht! Je größer die Diskrepanz zwischen den Titeln auf der Visitenkarte und den anerkannten Qualifikationen, umso eher solltest du das Gespräch beenden.

Provision bedeutet: Nur wenn ein Produkt verkauft wird, fließt Geld. Vorteil: Du zahlst nur dann etwas, wenn du auch etwas umsetzt. Nachteil: Der Berater wird dich nicht beraten, wenn er nicht damit rechnen kann, dass du bei ihm abschließt. Und er wird nur so viel Zeit investieren, wie es sich mit dem erwarteten Ertrag rechnet. Sein natürliches Interesse ist, möglichst viele Produkte mit hohen Provisionen zu verkaufen. Das ist nicht verwerflich, sondern Folge der Verdienstlogik wie in anderen Branchen auch. Je mehr du anlegst, desto interessanter wirst du – denn die Gebühren werden prozentual auf die Anlagesumme berechnet. Zwei Kunden erhalten dieselbe Leistung, zahlen aber unterschiedlich hohe Gebühren.

Beispiel: Kunde A kauft nach einer einstündigen Beratung für 10 000 € einen Aktienfonds. Er zahlt dafür einmalig 2 % Ausgabeaufschlag, also 200 €. Zusätzlich fallen jedes Jahr 1 % Verwaltungskosten an, die direkt dem Fondsvermögen entnommen werden. Ein Teil davon geht als Rückvergütung an den Vertrieb (angenommen die Hälfte, also 0,5 %). Das heißt: Kunde A zahlt einmalig 200 € und danach jedes Jahr weitere Beträge, beginnend mit rund 50 €, steigend je nach Fondsentwicklung. Nach fünf Jahren hat ihn die einstündige Beratung rund 450 € gekostet.

Nicht zu vergessen: Dieses Geld steht nicht für Zins und Zinseszins zur Verfügung. Der tatsächliche Ertragsverlust ist daher höher.

Tipp: Kosten genau ausrechnen (lassen) und der Leistung gegenüberstellen. Nach günstigeren Produkten fragen. Ausgabeaufschlag verhandeln (ja, das geht!).

Honorarberatung und Roboadvisor

Neben der Provisionsberatung gibt es auch die sogenannte Honorarberatung. Hier wird das Honorar meist in Form eines Stundensatzes abgerechnet – in der Regel zwischen 100 € und 250 €. Am Produktverkauf sollten die Berater dann nichts mehr verdienen. Ein weiteres Modell ist die prozentuale Gebühr auf das gesamte verwaltete Vermögen – quasi eine Flatrate. Je nach Anbieter, vom Roboadvisor bis zum Private Banking, liegt diese Gebühr zwischen 0,5 % und 2 % pro Jahr. Bei einem Anlagevermögen von 100 000 € können das also bis zu 2 000 € Jahr für Jahr sein. Anders ausgedrückt: Die Kosten, ob Honorar oder Provision, reduzieren deine Risikoprämie. Investierst du über eine Flat-Fee-Beratung mit 1,5 % Gebühren pro Jahr in ein Portfolio mit einer GMP-Risikoprämie von 3,5 %, bleiben also nur noch 2 % Prämie übrig – mit den bekannten, erheblichen Abschlägen auf dein zukünftiges Vermögen.

Das ist das Problem mit Gebühren: Sie kosten Geld, und weil sie nicht in die Anlage fließen, entgeht dir zusätzlich der Zinseszinseffekt.

Außerdem musst du bei Honorarmodellen und Robos trotzdem auf die Produktgebühren achten. Auch wenn du keinen Ausgabeaufschlag zahlst (der ist durch das Honorar oder die Flat Fee abgegolten), musst du die Verwaltungsgebühren der Fonds weiterhin tragen. Der Anteil, der sonst an die Provisionsberatung geflossen wäre, bleibt nun einfach bei der Fondsgesellschaft. Deshalb empfehlen die meisten Honorarberater auch passive Indexfonds beziehungsweise ETFs.

Interessenkonflikte: Die Psychologie des Kaffees

Grundsätzlich habt ihr ein gemeinsames Ziel: Dein Berater möchte dich als zufriedenen Kunden langfristig behalten, und du möchtest einen Plan, der funktioniert. Solange es um das große Ganze geht – deinen Lifestyle im Einklang mit deiner Risikotoleranz –, liegen eure Interessen auf einer Linie. Um diese Vertrauensbasis aufzubauen, schlüpft der Berater in die Rolle des »Money Doctors«: Er hört dir zu, gibt dir psychologische Unterstützung und schenkt dir vielleicht den besten Kaffee ein. Doch genau bei diesem Kaffee beginnt das Spannungsfeld. Denn die angenehme Gesprächsatmosphäre darf nicht über den harten, zweiten Teil der Realität hinwegtäuschen: Es liegt in der Natur der Vergütungsmodelle und nicht im Charakter der Berater, dass sich bei den Kosten die Interessen diametral gegenüberstehen. Der Provisionsberater hat ein Interesse daran, dir Produkte mit Gebühren zu verkaufen. Je nachdem, wer vor ihm sitzt, wird er diesen Spielraum mehr oder weniger ausreizen. Übertreibt er es, fühlt sich der Kunde übervorteilt – und das Vertrauen ist dahin. Dieses Kalkül zeigt auch eine aktuelle Studie.[5] Ergebnis: Frauen, die sich im Schnitt weniger mit Finanzen beschäftigen und weniger auf Kosten achten, bekommen teurere Produkte und höhere Ausgabeaufschläge angeboten. Frauen, die sich hingegen besser auskennen (und für den Berater schwer zu erkennen sind), lehnen Beratungsempfehlungen häufiger ab als ebenso kundige Männer – denen teure Produkte erst gar nicht angeboten werden.

Der Honorarberater wiederum hat ein Interesse daran, dass du dich möglichst oft mit ihm triffst, damit er seine Zeit in Rechnung stellen kann. Die Interessenkonflikte scheinen hier geringer zu sein – vorausgesetzt, die Beraterin oder der Berater ist seriös, kompetent und verdient nicht nebenbei noch an anderen Stellen an dir.

Freds Fallstrick: Werte haben ihren Preis

Fred möchte in nachhaltige Wertpapiere investieren, um damit auch mit seiner Geldanlage etwas fürs Klima zu tun. Ein Fonds, der nicht in Kohle und Öl und nur in die grünsten Unternehmen pro Branche investiert, klingt für ihn sofort plausibel. Dafür kassiert der Fonds aber 1,7 % Gebühren pro Jahr. Fred steht vor einem Zielkonflikt: Wie viel seiner Rendite ist ihm der mögliche positive Effekt auf Umwelt und Gesellschaft wert? Der Einfluss von Fonds, die umweltschädliche Unternehmen herausfiltern, ist leider fast null. Es gibt nach wie vor noch hinreichend viele Investoren auf den Märkten, die die Aktien dieser aussortierten Unternehmen dankend aufkaufen, sodass die Fondsstrategie einfach verpufft.[6] Fred muss sich also Fonds aussuchen, die über ihre Stimmrechte aktiv auf das Management der Unternehmen Einfluss nehmen. Solche Fonds firmieren unter dem Namen Engagement- oder Impact Fonds, aber auch hier kann es »Greenwashing« geben. Fred muss also mehr als sonst recherchieren, um nicht zu viele Gebühren für zu wenig Impact zu berappen.[7] Generell gilt: Der Hebel über die Wahlurne und beim Shoppen und Reisen auf eine nachhaltige Wirtschaft ist viel größer als über das Depot.

Versicherungsvertreter und -makler: Die Zeche zahlst du

Um deine Altersvorsorge kannst du dich auf verschiedene Weisen kümmern: über Immobilien, über Wertpapiere – oder über Versicherungen, genauer gesagt über Renten- und Lebensversicherungen.

Die Beratung folgt auch hier meist einem festen Drehbuch. Erst wird deine Lebenssituation abgefragt: Beruf, Familie, Einkommen, bestehende Absicherungen. Dann werden Versorgungslücken und Versicherungsbedarf ermittelt. Es folgen Erläuterungen zu Leistungen, Risiken, Wahlmöglichkeiten und Kosten, dazu Hinweise auf mögliche Stolpersteine wie Ausschlüsse oder künftige Beitragssteigerungen. Am Ende gibt es ein Angebot und Hilfe beim Ausfüllen des Antrags.

Der Unterschied zwischen Vertreter und Makler klingt größer, als er ist. Vertreter dürfen nur die Produkte ihres eigenen Hauses verkaufen. Makler haben Zugriff auf mehrere Gesellschaften. Am Ende läuft es aber oft aufs Gleiche hinaus – bezahlt wird über Provisionen. Und in Strukturvertrieben verdient nicht nur der Berater, sondern auch sein Chef und der Chef-Chef mit.

Was von der Rendite übrig bleibt: Die Kosten von Policen

Provisionen gibt es analog zur Wertpapierberatung auch bei Rentenversicherungen. Der Ausgabeaufschlag heißt hier Vertriebs- und Abschlusskosten und die werden über die Beiträge der ersten fünf Jahre abgestottert. Liegen die Vertriebskosten – wie meistens – am gesetzlichen Deckel von 2,5 % der gesamten Beitragssumme, dann fließen bei 200 € Monatsbeitrag und 30 Jahren Vertragslaufzeit insgesamt 1 800 € an den Makler. Jedes Jahr fallen zusätzlich Verwaltungskosten sowie Kosten für die Finanzprodukte an, in die deine Beiträge wandern. Alles zusammengezählt summieren sich die Teilkosten schnell auf 2 % des angelegten Geldes, und zwar pro Jahr. Diese Gesamtkostenquote wird treffend »*Reduction in Yield*« genannt und bedeutet nichts anderes als: jährliche Verringerung deiner Risikoprämie auf Jahrzehnte hin.

Welchen Einfluss die Kostenquote auf dein späteres Vermögen hat, sei es bei der Anlage in Fonds, Private Equity oder Versicherungen, habe ich schon anhand er Sparplan-Tabelle demonstriert. Die kleinen Prozentzahlen klingen harmlos, machen aber langfristig einen Riesenunterschied: Bei einer Fondspolice mit 200 € konstantem Monatsbeitrag über 30 Jahre und Anlage ins GMP (5,5 % erwartete Rendite) kämen vor Kosten rund 178 000 € heraus. Bei einer Gesamtkostenquote von 2 % dagegen nur 126 000 € – fast ein Drittel weniger. Bei einer Gesamtkostenquote von 1 % – was schon einer sehr günstigen Versicherung entspricht – kommen am Ende 16 % weniger für dich heraus.

Wissen die Menschen überhaupt, welche Kosten bei ihrer Geldanlage anfallen? Bei den Gebühren für das Girokonto haben gemäß einer Umfrage des Marktforschers GfK im Auftrag von rentablo.de drei Viertel den Durchblick, bei den Kosten rund um Immobilien wie Makler, Verwaltung oder Kreditzinsen nur noch ein Viertel. Noch weniger präsent sind die Kosten der Wertpapieranlage. Und fast im Blindflug befinden sich viele bei Bausparverträgen, Lebens- und Rentenversicherungen. Die Botschaft: Bei den Kosten, die im Bankkonto auftauchen, haben wir die Zahlen parat. Bei den großen Kostenblöcken, an die wir uns auch noch vertraglich langfristig binden und die über unseren Vermögensaufbau entscheiden – Fondsgebühren, Provisionen, Verwaltungskosten von Versicherungen –, fehlt dieses Wissen fast komplett. Die einfache Lösung wie bei allen anderen Kaufentscheidungen: mehrere Angebote einholen, die Kosten verstehen und vergleichen.

Interessenkonflikte: Folge der Spur der Kosten

Ein kurzer Exkurs zu Schadenversicherungen: Auch hier fallen natürlich Vertriebs- und Verwaltungskosten an. In der fairsten aller Versicherungen (in einer idealen Welt ganz ohne Kosten) zahlen die Versicherten genauso viel ein, wie sie im Mittel zurückbekommen. Viele zahlen ein, ohne jemals einen Versicherungsfall zu haben. Andere trifft es dick und sie bekommen viel mehr ausbezahlt, also sie zuvor einzahlten. Bei der Gruppe als Ganzes sollte sich das jedoch in der Theorie die Waage halten. Implikation: Schließt du eine Handyversicherung über 500 € Schadenhöhe ab und liegt die Schadenswahrscheinlichkeit bei 1 %, dann wäre der faire Preis 5 €. In der Realität aber liegen die Beiträge fast immer deutlich darüber.

Bei Haftpflicht-, Unfall- und Fahrradversicherungen bleiben rund 40 % der Beiträge bei Versicherung und Vertrieb hängen. Im Mittel fließen also weniger als 6 € von 10 € Beiträgen an die Versicherten zurück. Bei Risikoleben und Berufsunfähigkeit ist es etwas besser. Die höchsten Vertriebs- und Abschlusskosten gibt es bei Handyversicherungen, Geräteschutzbriefen und bei Restschuldversicherungen – hier fließen gerne mal mehr als die Hälfte der Beiträge allein an den Vertrieb. Ein klares Zeichen, dass sich diese Policen im Schnitt nicht lohnen und überhaupt nur dann Sinn ergeben, wenn dich ein Schaden sofort in eine echte finanzielle Notlage bringen würde und du vielleicht besonders anfällig bist mit entsprechend hoher Schadenswahrscheinlichkeit.

Ein schöner Indikator für die Gewinnmargen dieser Produkte sind die Preise, die Versicherer an Suchmaschinen zahlen, damit ihre Anzeigen ganz oben stehen. Für jeden Klick auf ein Suchergebnis zu »PKV«

muss ein Anbieter bis zu 50 € hinlegen und auch bei Berufsunfähigkeit schnell 30 € oder mehr. In der Wechselsaison für Kfz-Versicherungen (Oktober/November) können es 20 € pro Klick sein. Diese Marketingkosten müssen am Ende die Kunden tragen – über die Beratungs- und Vertriebskosten in den Policen.

Noch einmal der wichtige Disclaimer: Wenn du sonst gar nichts für deine Finanzen getan hättest, dann kann Beratung trotz hoher Kosten für dich persönlich einen Mehrwert haben. Dann wäre der Berater tatsächlich ein Money Doctor, der dich überhaupt erst zum Sparen bewegt hat – und das verdient eine Vergütung. Wolltest du das Geld aber ohnehin auf einem Sparkonto mit 2 % Zinsen parken, musst du vergleichen: Bringt die Police oder der Fonds nach Kosten mehr als diese 2 %? Liegen die Gesamtkosten bei 2 %, müsste die Versicherung jedes Jahr mindestens 4 % erwirtschaften, um dir etwas zu bringen – und das ist praktisch unmöglich, wenn sie dir gleichzeitig deine Beiträge garantiert.

Frage also immer nach den Gesamtkosten (*Reduction in Yield*). Liegen sie bei 1 %, kann dein Berater diesen Aufschlag wert sein – wenn er ein echter Money Doctor ist. Liegen sie deutlich darüber, sollte die Person weder Money Doctor noch dein Partner sein.

Finfluencer: Die mit dem heißen Tipp

Soziale Medien sind voller Finanz-Content: Tipps zu ETFs, Immobilien, Kryptowährungen. Manche Finfluencer wirken sympathisch, kompetent, fast wie gute Freunde. Und genau darin liegt die Gefahr. Denn was sie sagen, klingt überzeugend – selbst wenn es einseitig oder nur im eigenen Interesse ist. Noch tückischer aber ist, was sie nicht sagen: Zweifel, Verlustrisiken, Gegenargumente. Das lässt Follower glauben, alle anderen wären bereits überzeugt – und sie selbst müssten nur noch nachziehen, um schnell Geld zu machen.

Die neue Forschung nennt das den NOMO-Effekt (»No One May Object«)[8]: Wenn niemand öffentlich widerspricht, glauben wir, dass alle zustimmen. Auch wenn in Wahrheit viele heimlich skeptisch sind. So entsteht eine Spirale, in der aus vermeintlichem Konsens ein gefährlicher Herdentrieb wird – gerade bei Finanzentscheidungen. Hinzu kommt: Wer einem Finfluencer folgt, bekommt dessen Meinung mit großer Regelmäßigkeit in den Feed gespült – und irgendwann wirkt sie »normal«, vertraut, fast wie eine Wahrheit. Dabei wissen wir oft nichts über die Qualifikation dieser Person, ihre wahren Motive oder ihre eigene finanzielle Lage.

Daher hier ein allgemeiner Plausibilitätscheck: Es gibt zwei Bedingungen, die beide gleichzeitig erfüllt sein müssten, damit Kaufempfehlungen von Finfluencern für dich finanziell gewinnbringend sein könnten:

- Der Finfluencer müsste etwas wissen, was kein Finanzprofi in den Handelsräumen oder Hedgefonds weiß. Die hätten sonst schon lange selbst die Kaufgelegenheit entdeckt und den Preis so weit nach oben getrieben, dass sich weitere Investments nicht mehr rentieren.
- Er müsste diese wertvolle Information mit seinen Followern selbstlos und rechtzeitig teilen.

Um es kurz zu machen: a) ist extrem unwahrscheinlich und bei b) trifft eher das Gegenteil zu. Nicht selbstlos, sondern eigennützig: Bestimmte Assets werden hochgejubelt, der Finfluencer verdient daran, die Follower machen Verluste.

Studien zeigen, wie die in sozialen Medien geschürte »Angst, etwas zu verpassen« (FOMO) von Finfluencern ausgenutzt wird – und am Ende nicht nur der finanziellen, sondern auch der psychischen Gesundheit schadet.[9] Wer anfällig für FOMO ist, sucht geradezu nach einem »*Partner in Crime*« und baut eine ungesunde, einseitige Vertrauensbeziehung zu Social-Media-Influencern auf. Wenn dann auch noch NOMO hinzukommt, also niemand in der Community widerspricht, dann verleitet dieses Vertrauen dazu, die von Influencern beworbenen Produkte spontan und unüberlegt zu kaufen. Und das geht in den allermeisten Fällen in die Hose.

Komm bloß nicht in die Gruppe!

Die Empfehlungen der meisten Finfluencer führen zu Verlusten.[10] Eine Erklärung dürfte »Pump and Dump« sein, ein alter Trick: Das Team hinter dem Influencer deckt sich mit einer Penny-Stock-Aktie ein, er bläst sie durch massive Werbung künstlich auf, löst so eine Kaufwelle aus, die den Kurs hochtreibt – und das Team verkauft dann auf dem Höhepunkt die eigene Position in die Kaufwelle hinein. Danach bricht der Kurs ein, weil keine Käufer mehr nachkommen. Solche Tricks sind altbekannt – und im Schnitt verlieren Anleger rund 30 % ihres Einsatzes, wie wir schon vor Jahren in einer Studie nachweisen konnten.[11]

Bei anderen Finfluencern ist der Schaden für die Adepten der Totalverlust, denn genau das ist das Geschäftsmodell: Auf Instagram oder TikTok siehst du gemietete Lambos, dicke Uhren und Selfies irgendwo aus Dubai. Dazu die immer gleichen Schlagworte: »finanzielle Freiheit«, »raus aus dem Hamsterrad«, »passives Einkommen«. Die angeblichen Gewinne stammen oft aus Demokonten oder sind gleich ganz gefälscht. Aber solange es nach leicht verdientem Geld aussieht, erfüllt es seinen Zweck. Dann wirst du eingesammelt. Der »Link in Bio« führt in ein kostenloses Webinar, eine Telegram-Gruppe oder zu einem E-Book. Kostenlos ist hier aber nur der Köder – es geht um deine Daten und darum, dass du schon ein bisschen Vertrauen fasst.

Im Webinar hörst du vor allem Motivationssätze und die immer gleiche Erfolgsgeschichte. Handfeste Strategien? Gibt es nicht. Wichtiger ist, Dringlichkeitsgefühle zu erzeugen, an dein »richtiges Mindset« zu appellieren und dir Angst zu machen, etwas zu verpassen. Am Ende kommt der Pitch – und damit die Falle. Verkauft werden überteuerte Online-Kurse, oft mehrere Tausend Euro teuer (dieses Geld hast du sofort verloren). Der Inhalt: das, was du auch bei YouTube oder in einer Bibliothek kostenlos findest. Dazu Signalgruppen für 300 € im Monat, in denen »geheime« Kauf- und Verkaufstipps gepostet werden – Herkunft unklar, Trefferquote wie beim Würfel. Oder Trading-Bots, angeblich hoch entwickelte Systeme, die in Wahrheit meist einfache Standardsoftware sind, nur neu verpackt und teuer verkauft.

Das eigentliche Gold für Finfluencer liegt jedoch woanders: in den Affiliate-Provisionen. Sie leiten ihre Follower an Trading-Plattformen weiter, oft in Zypern oder anderen Offshore-Oasen. Dort kassieren sie für jede Einzahlung hohe Provisionen. Das heißt, der Influencer hat ein direktes Interesse daran, dass seine »Schüler« möglichst viel handeln und möglichst riskant. Dass die Follower draufzahlen, ist nachweisbar, denn diese speziellen Trading-Plattformen sind wegen des hohen Risikos verpflichtet, auf ihrer Webseite offenzulegen, wie viele ihrer Kunden Geld verlieren. Die Zahl liegt konstant zwischen 70 und 90%. Also: Finger weg.

Viele erfolgreiche Finfluencer entwickeln sich zu eigenen Marken und verkaufen direkt an ihre Community. Das bringt hohe Margen und macht unabhängig von Partnern. Beliebt sind Online-Kurse und Coachings – vom Videokurs »Technische Analyse für Anfänger« über »Passiv investieren mit ETFs« bis hin zu persönlichen 1:1-Sessions. Die Preisspanne reicht von ein paar Dutzend Euro bis zu mehreren Tausend.

Ebenfalls im Angebot: Mitgliedschaften mit exklusiven Inhalten, geschlossenen Communities auf Discord oder regelmäßigen Live-Calls, meist gegen eine Monatsgebühr über Plattformen wie Patreon. Und manche gehen noch einen Schritt weiter: Sie legen sich einen eigenen Coin zu und werben kräftig dafür. Ziel: den Kurs hochzupumpen, um dann die eigenen Anteile mit sattem Gewinn an die Follower zu verkaufen.[12] Auch hier gilt: Finger weg.

Interessenkonflikte: Was Finfluencer wirklich wollen

Deine Aufmerksamkeit und dein Geld.

Armins Fallstrick: Die Jagd nach dem Kick

Neues Restaurant, neues Auto, neue Aktie – Arnim braucht trotz geringer Risikotoleranz auch beim Geldanlegen ab und zu Dopamin. »Dieser Coin verdoppelt sich garantiert!« oder »Da steigt man jetzt ein, sonst bist du zu spät«. Er ist der typische Follower, der mit seinem »Spielgeld« anspringt auf die Versprechen von Glamour und Rendite. Das Muster ist klar: Armin verwechselt Nervenkitzel mit Strategie. Er fühlt sich cool, wenn er handelt – genau das wollen die Influencer. Viele Klicks, viele Trades, viele Verluste. Armins Fallstrick: Wer den Kick sucht(et), landet beim Zocken.

KI: Kennt viele Antworten, aber nicht das Leben

KI-Chatbots auf Basis von LLMs (Large Language Models) sind fantastische Helfer, wenn es um allgemeine Finanzthemen, Recherchen zu Rahmenbedingungen, Produkten, Tarifen et cetera geht. Du kannst dich im Dialog mit ausgereiften Modellen zu fast allen Themen »schulen lassen«. Hier die häufigsten Fragen, die Googles KI-Sprachmodell »Gemini« im Zusammenhang mit Finanzplanung in jüngster Zeit gefragt wurde:

- Wie fange ich an, meine Finanzen zu ordnen?
- Wie kann ich die Rentenlücke schließen?
- Wie schütze ich mein Geld vor Inflation?
- Welche Versicherungen brauche ich wirklich?
- Lohnt sich eine Immobilie als Anlage?
- Was mache ich mit einem größeren Geldbetrag?
- Was soll ich tun, wenn die Börse einbricht oder crasht?
- Wie verhandle ich mein Gehalt?
- Wie sorge ich als Selbstständiger fürs Alter vor?

Mit KI kann heute theoretisch jeder von uns einen fast allwissenden Finanzexperten in der Hosentasche haben. Die allgemeinen Fragen zum Kompetenzcheck von Beratern oben beantworten Chatbots zuverlässig und sogar mit Bravour. Probiere es selbst aus. Man braucht nur ein wenig Übung, um gute Fragen zu stellen, und ein Gespür dafür, wann die Bots etwas erfinden. Das geschieht immer seltener, und mit kritischem Fragen nach der genauen Quelle kommt man dem meist auf die Schliche. Auch einfache Berechnungen werden inzwischen meist fehlerfrei durch *on-the-fly* entwickelten Programmiercode ausgeführt. Wozu also noch Bücher kaufen, die Finanzmärkte erklären, den Rentenbescheid lesen helfen oder Finanzprodukte und deren steuerliche Behandlung erläutern? Wozu noch Steuertabellen nachschlagen? Wozu noch Tools im Netz nutzen? Gute Fragen.

Wo stößt KI beim Thema Finanzen an ihre Grenzen? Den Markt schlagen, also mehr Risikoprämie herausholen, wird sie wegen folgender Logik nicht können. KI macht alle Anleger schlauer, wissender und schneller. Der Wettbewerb um die besten Prognosen, der früher mit schnellen Rechnern und Leitungen ausgetragen wurde, wird schon heute mit KI und Quantencomputern geführt. In diesem Rennen hat kein Einzelner langfristig einen Vorteil – Privatanleger schon gar nicht. Trotzdem können wir uns freuen: Die Technologie sorgt dafür, dass Aktienkurse noch besser die tatsächliche Lage und die wahrscheinlichen Entwicklungen widerspiegeln. Preise werden damit verlässlicher.

Eine wichtigere Grenze der KI für private Finanzstrategien liegt in der Datenverfügbarkeit. Modelle sind nur so gut wie die Daten, mit denen sie trainiert wurden und durch Prompts gespeist werden. Betreiber sind deshalb ständig auf der Suche nach neuen Quellen. Private Finanzen – also Banktransaktionen, Vermögensübersichten, Rentenansprüche, Ziele und vor allem die tatsächlichen Entscheidungen samt ihren positiven oder negativen Konsequenzen – sind jedoch nicht öffentlich verfügbar. Deshalb kann bislang kein Modell darauf trainiert werden. Selbst wenn die KI über alles Wissen aus Fachbüchern und aktuellen Forschungspapieren verfügt, braucht es für solide Empfehlungen doch noch sehr viele konkrete individuelle Informationen.

Kurz gesagt: ChatGPT oder Gemini bräuchten als Input deinen persönlichen Financial Lifestyle Code – deine Präferenzen, Ziele, Einnahmen, Ausgaben, Sparraten, Finanzprodukte, Rentenansprüche, Immobilien, Familiensituation et cetera, um daraus maßgeschneiderte Ratschläge abzuleiten. Idealerweise müsstest du all das in den Prompt packen. Und zusätzlich müsste dein KI-Assistent im Hintergrund auf verlässliche und neutrale Rechenmodule zugreifen, damit die Prognosen stimmen und die Ratschläge nicht nur maßgeschneidert, sondern auch stimmig sind. Beides funktioniert heute noch nicht.

Aber es wird nicht mehr lange dauern, vielleicht fünf Jahre, bis es KI-Assistenten gibt, die persönliche Daten, hohen Datenschutz, transparente Rechenmodelle und bestes Finanzwissen in einem Agentenmodell verknüpfen. Dann kannst du mit dem Finanzexperten in deiner Hosentasche nicht nur allgemein über Inflation, Immobilienkauf, ETFs oder Versicherungen plaudern, sondern er wird dir als persönlicher Finanzcoach auch auf Wunsch fortlaufend den Puls deiner finanziellen Gesundheit messen und dir maßgeschneiderte Ratschläge geben, wie du langfristig finanziell fit bleibst.

Entsprechende Prompts könnten lauten: »*Gib mir Bescheid, wenn du Grund siehst, an meinem Financial Lifestyle Code etwas anzupassen, und schlage mir Handlungsmöglichkeiten vor, wie sie von den besten Finanzexperten der Welt gewählt würden. Wenn ich mein ok gebe, setze sie auch gleich für mich um.*«

Beispielprompts

Die KI kann dir schon heute sehr wertvolle Dienste bei Recherchen leisten und Zeit sparen. Da sie eine Blackbox ist und Dritte versuchen, die Ergebnisse zu lenken, indem sie das Trainingsmaterial fluten, ist gerade bei nicht überprüfbaren Aussagen Vorsicht geboten. Du solltest daher bei Zahlen oder Behauptungen die Quellen anfordern und im Zweifelsfall dort selbst nachschauen. Es schadet auch nicht, den Output verschiedener Modelle zu vergleichen.

Nachfolgend ein paar Prompt-Ideen zu Themen in diesem Buch.

Konkrete Fonds fürs GMP: *Du bist ETF/ETC-Experte und mein Finanzcoach. Finde mir nach eingehender Recherche die besten Fonds für mich, um das Globale Marktportfolio zusammenzustellen: Weltaktien, Weltanleihen, Gold, Private Equity, Bitcoin. Die Fonds sollten minimale TER und Spreads haben, eine Mindestgröße von 500 Millionen Euro, thesaurierend sein und möglichst physisch replizieren. Falls du mehrere Top-Kandidaten pro Kategorie findest, diskutiere die Vor- und Nachteile bzw. schreib mir, dass beide gleich gut sind. Nenne mir pro Kategorie unabhängig von den anderen Kriterien auch den günstigsten Fonds im Markt als Vergleichsgröße.*

Wunsch-Lifestyle: *System (Rolle): Du bist ein einfühlsamer Lifestyle-Coach und Design-Denker. Hilf mir, meine persönliche Lebensphilosophie zu konkretisieren und daraus einen umsetzbaren Lifestyle-Plan mit zugehörigem Budget für Wohnen, Reisen, Lebenshaltung, Hobbys, Ausgehen, Mobilität abzuleiten. Sei praktisch, nicht wertend. // User (Aufgabe): Führe ein kurzes Reflexionsgespräch (max. 8 Fragen), fasse die Antworten zusammen und erstelle anschließend 1) eine prägnante Definition der Lebensphilosophie (Label + 3–4 Sätze), 2) einen konkreten Lifestyle-Blueprint, 3) eine grobe Budgetaufteilung in %-Punkten und 4) 3 Messgrößen, mit denen ich prüfen kann, ob mich der Lifestyle zufrieden macht. Wenn du unsicher bist, schlage 2 alternative Lifestyle-Profile vor (A = konservativer, B = experimenteller) mit schnellen Pro/Kontra-Punkten.*

Wissenschaft: *Du bist Spezialist für sorgfältige Recherchen. Fasse mir die Ergebnisse von wissenschaftlichen Studien (ausschließlich Arbeiten aus Top-Journals oder renommierten Institutionen) zur folgenden Frage zusammen: ____?*

Produktkosten: *Bitte recherchiere die durchschnittliche Kostenbelastung bzw. die Reduction in Yield (RiY) für den folgenden Rentenversicherungstarif: Tarifname: ______________ , Jahr des Vertragsbeginns: _______ . Ich suche eine grobe Schätzung, wie sie in Produktinformationsblättern, Testberichten oder Vergleichen typischerweise angegeben wird. Bitte gib auch* *an, woher du deine Informationen hast, und ob sich die RiY im üblichen Marktbereich (z. B. 1–2 % p. a.) bewegt oder auffällig hoch/niedrig ist. Wenn möglich, gib auch an, ob der Tarif fondsgebunden, klassisch oder hybrid ist und ob es Garantien gibt, die sich auf die Kosten auswirken könnten.*

Erläuterung Altersvorsorge: *Du bist Rentenexpertin. Erläutere mir das 3-Säulen-Modell der Altersvorsorge in Deutschland (gesetzlich, betrieblich, privat) und mache an drei Beispielfällen (Angestellte, Selbstständige, Beamtin) konkret.*

Erläuterung Renteneintritt: *Schätze für mich ab, was es für die Höhe meiner gesetzlichen Rente bedeuten würde, wenn ich zwei Jahre früher in Rente gehe. Frage mich nach Informationen, um eine möglichst akkurate Schätzung zu machen.*

Erläuterung Immobilienanlage: *Du bist Immobilienexperte. Ich überlege mir, eine Wohnung als Kapitalanlage zu kaufen. Erläutere mir in allgemein verständlicher Sprache, welche Faktoren die Profitabilität bestimmen. Worauf muss ich besonders achten? Führe mich durch eine Beispielrechnung mit steuerlichen Implikationen.*

Hack 1: *Welche psychologischen Tricks helfen mir, Impulskäufe zu vermeiden?*
Hack 2: *Wo finde ich die größten Sparpotenziale in meinem Alltag, ohne auf Lebensqualität zu verzichten?*
Hack 3: *Wie erstelle ich ein Haushaltsbuch und halte es konsequent durch?*
Hack 4: *Welche Verhandlungsstrategien kann ich nutzen, um bei meiner Bank bessere Konditionen für einen Kredit zu bekommen?*

Weitere Beispiele mit Ergebnissen aus alternativen KI-Modellen findest du auf der Seite www.financial-lifestyle.de.

Kosten: Übersichtliche Abo-Gebühren

Viele KI-Modelle sind kostenlos nutzbar, für die leistungsstärkeren Top-Modelle liegt die Abo-Gebühr aktuell bei etwa 20 € im Monat.

Interessenkonflikte: Bitte nicht unterschätzen

Ein zentrales Interesse der großen KI-Anbieter besteht darin, deine Daten zu sammeln und für das weitere Training ihrer Modelle zu verwenden. Alles, was du eingibst – Fragen, Prompts, Texte – dient potenziell als Trainingsmaterial. So werden die Systeme Schritt für Schritt schlauer.

Die Frage ist: Willst du deine persönlichen Finanzdaten, also Einnahmen, Ausgaben, Vermögen, Wünsche wirklich einem Modell anvertrauen, das von einem globalen Tech-Konzern betrieben wird? Aus deren Sicht ist das nur logisch – je mehr private und finanzielle Details einfließen, desto besser lassen sich Muster erkennen und desto »menschlicher« wirkt die Maschine. Aber aus deiner Sicht kann das heikel sein. Denn so wie du Social Media mit deiner Zeit und Aufmerksamkeit vergütest, gilt bei KI oft: Nicht die Abo-Gebühr ist das eigentliche Geschäft, sondern die Daten, die User bereitstellen.

Darum ist es wichtig, dieses Interesse nicht zu unterschätzen. KI ist nicht per se »gut« oder »schlecht«, aber du solltest dir bewusst machen, dass Anbieter ein Eigeninteresse haben, möglichst viele Daten einzusammeln – auch deine.

Franks Fallstrick: Plaudern mit der Maschine

Frank redet gern mit seinem Chatbot. »Wie viel Rente bleibt einem Beamten im Ruhestand nach Steuern?« – zack, Antwort. Frank nickt zufrieden, als hätte er einen guten Schachzug gesetzt. Doch da liegt das Problem: Bots klingen souverän, selbst wenn sie Unsinn erzählen. Und

Frank, der Stoiker, denkt sich: »Wird schon passen.« Es passt aber nicht immer. Ein Rechenweg stimmt, die nächste Zahl aber nicht – und alles klingt gleich plausibel. Frank braucht dringend eine Fact-Checking-Strategie, und damit kommen wir zum nächsten Thema: Apps.

Apps: Deine schlauen Taschenrechner

Solange wir noch keinen kompletten AI-Finanzassistenten haben, können wir zumindest kleine digitale Helferlein nutzen, die uns Zeit beim Verstehen, Messen und Planen ersparen. Fast jede Bank und eine Reihe spezialisierter Apps bieten heute die Möglichkeit an, die eigenen Einnahmen und Ausgaben zu analysieren, auch durch Andocken anderer Konten über mehrere Banken hinweg. So schafft man Transparenz darüber, woher das Geld kommt, wohin es geht und wie viel zum Sparen verbleibt.

Auch wenn die automatische Kategorisierung in Kosten fürs Wohnen, Reisen, Shopping et cetera noch nirgends optimal funktioniert (Wie soll auch eine Barabhebung oder eine Überweisung an Friedrich Müller oder ein Kontoübertrag mit Buchungstext »bekannt« korrekt zugeordnet werden?), so ist man spätestens nach einer Stunde Umkategorisieren wesentlich schlauer, kennt die eigene Sparquote und bekommt ein Gefühl dafür, wo bei Bedarf weiteres Sparpotenzial besteht. Damit ist die Sache dann aber auch für die meisten erledigt, denn so viel verändert sich strukturell nicht. Deshalb bieten manche spezialisierte Apps Zusatzfunktionen an wie Aufrunden (kleine Differenzbeträge landen auf einem Sparkonto), Sparziele (wie ein Unterkonto) oder Abo-Alarme (Hinweise, wenn sich ein Abo oder eine Versicherung automatisch verlängert).

Neben den Spezial-Apps für die Kontoanalyse gibt es auch Spezial-Apps für die Depotanalyse. Auch hier können bei Bedarf mehrere Depots verknüpft werden für die Gesamtsicht. Die zentrale Funktion ist die Performance-Analyse von Einzelwerten und Depots über die Vergangenheit – auch im Vergleich zu Benchmarks und manchmal runtergebrochen auf Einflussfaktoren. Beliebt sind Dividenden-Dashboards, die die Ausschüttungen anzeigen und prognostizieren (da Dividenden immer reinvestiert werden sollten, reicht dafür eigentlich ein Blick aufs Konto) und Detailanalysen zu ETFs und Fonds nach Sektoren und Ländern.

Ich glaube, die User haben hier vor allem Spaß am Tüfteln und Analysieren, denn die anonymisierten Auswertungen der Depots auf solchen Plattformen zeigen, dass mehr als zwei Drittel der Anleger nicht besser als der Gesamtmarkt fahren. Das deckt sich mit einer Auswertung, die wir vor vielen Jahren für die Zeitschrift *Finanztest*[13] gemacht haben. Wenn reines Glück oder Pech im Spiel wären, dann sollten nur 50 % drunter liegen. Das Tüfteln kostet für viele folglich nicht nur Zeit, sondern über Trading-Gebühren und schlechte Streuung auch Rendite.

Im Bereich digitaler Rententransparenz hinken wir in Deutschland anderen Ländern wie Schweden, Dänemark und den Niederlanden hinterher. Dort gibt es sogenannte Pension-Dashboards, auf denen man sich mit seiner staatlichen ID einloggen kann und sämtliche Rentenansprüche – manchmal sogar nach Steuern und für verschiedene Zukunftsszenarien – angezeigt bekommt. Die Daten kann man auch in andere Apps importieren. Deutschland hat nun nachgezogen und bei der Gesetzlichen Rentenversicherung ein Webportal www.rentenuebersicht.de eingerichtet. Nach Einloggen mit der PIN-Funktion deines Personalausweises werden dort bei den angeschlossenen Einrichtungen bestehende Ansprüche abgerufen und standardisiert angezeigt (aber nicht auf der Plattform gespeichert).

User können ihre Daten als CSV-Datei herunterladen und zum Beispiel in die Seasn-App der Goethe-Uni zur Auswertung hochladen. Dieser Datensammelservice der Rentenversicherung ist wichtig, weil er das Heraussuchen und die Durchsicht von papiernen Rentenbescheiden erspart. Aber die Benutzung und der Datenexport sind noch etwas holprig und die gesammelten Daten allein helfen den wenigsten Usern weiter, denn sie beantworten noch nicht deren zentrale Fragen: Reicht die Rente? Was kann passieren? Was kann ich tun?

Kosten: Weniger als der Coffee-to-go

Die Nutzung solcher digitalen Dienste erfolgt meist kostenlos oder gegen überschaubare Abo-Gebühren. Oft liegen sie im einstelligen oder niedrigen zweistelligen Euro-Bereich pro Monat – also in einer Größenordnung, die viele als »kleines Geld« verbuchen.

Interessenkonflikte: Mehr Nutzer heißt mehr Geschäft

Das eigentliche Interesse der Anbieter besteht nicht nur darin, dir einen nützlichen Service zu liefern, sondern dich damit möglichst dauerhaft zu binden. Je größer und loyaler die Community, desto mehr Chancen ergeben sich: einerseits für den Verkauf eigener Produkte oder Premium-Dienste, andererseits für Affiliate-Marketing, also Provisionen für die Weiterleitung an Partner. Mit anderen Worten: Deine Zufriedenheit ist wichtig – aber nicht nur, weil dir geholfen werden soll, sondern auch, weil du als potenzieller Kunde für das erweiterte Geschäftsmodell eingeplant bist.

Karins Fallstrick: Verloren im App-Dschungel

Karin liebt Tools. In ihrer Küche gibt es für jede Zutat ein eigenes Messer, und genauso geht sie an ihre Finanzen. Drei Apps hat sie parallel installiert: die eine malt bunte Tortenstücke, die zweite schickt Push-Feuerwerk bei jeder Transaktion, die dritte will ihre Ziele in Sternstunden zerlegen. Nach einer Woche kennt Karin alle Farben auswendig, ihre Sparquote aber immer noch nicht. Das Problem: Apps machen Spaß. Sie fühlen sich an wie Kontrolle, sind aber oft nur hübsche Spielgeräte. Karin sortiert, kategorisiert, verschiebt und verliert sich in Details. Karins Fallstrick: Sie verwechselt Daddeln mit Finanzstrategie. Die App, die ihr am besten helfen könnte, wäre eine, die korrekt im Hintergrund rechnet – und nicht die, die blinkt wie eine Slotmaschine.

Online-Broker: Immer verlockend, immerhin transparent

Online-Broker helfen dir bei der Umsetzung deiner Finanzstrategie, aber sie nehmen dir keine zentrale Aufgabe ab, für die du Vertrauen bräuchtest – wie etwa bei einer Finanzberatung. Es geht bei Brokern nicht um *Vertrauensgüter*, sondern um *Erfahrungsgüter:* Du kannst ihre Leistung einschätzen, ausprobieren und bei Nichtgefallen den Anbieter wechseln. Wie zwischen Amazon und Zalando. Bei Vertrauensgütern kannst du die tatsächliche Qualität der Leistung auch lange danach nicht klar einschätzen und musst daher ein Stück vertrauen. (Der Vollständigkeit halber: Daneben gibt es noch *Suchgüter* wie zum Beispiel Benzin, Strom oder Standard-Sofas. Hier bekommst du im Prinzip immer das gleiche Produkt, aber von unterschiedlichen Anbietern zu unterschiedlichen Preisen.)

Gut für dich: Die Leistungen der Online-Broker – Trades ausführen, Kurse anzeigen, Order-Masken bereitstellen – sind transparent. Auch die Preise. Der Markt sorgt für Vergleichbarkeit, der Wettbewerb für niedrige Kosten. Du kannst ganz nach deinen Vorlieben auswählen: Die einen sind schicker, die anderen etwas nüchterner, aber alle machen mehr oder weniger dasselbe – sie geben dir Zugang zu Wertpapiermärkten und erlauben dir, dein Portfolio zu managen. Ein Preisvergleich lohnt, ein Anbieterwechsel ist oft in 30 Minuten erledigt.

Trotzdem: Auch hier lohnt sich ein Blick hinter die Kulissen. Was treibt Broker an? Klar – sie verdienen an den Transaktionen. Also gestalten sie alles so bequem, ansprechend und verfügbar wie möglich. Ein Gefühl wie am Kaugummiautomaten: immer greifbar, immer verlockend. Genau das wurde in der Studie »Smart(phone) Investing?« untersucht.[14] Kein Angriff auf das Modell der Neobroker – sie haben vielen Sparern erstmals den Weg an den Markt geöffnet. Aber der Effekt ist unabhängig vom Anbieter klar: Wer zu oft handelt, riskiert seine Rendite.

Wenn es um das Investieren mit Online-Brokern geht, fragen viele als Erstes: »Welcher ist der beste?« Dabei lautet die ehrliche, fast schon enttäuschend nüchterne Antwort: Es ist fast egal. Die bekannten Neobroker bieten dir alle das Gleiche: einen günstigen Zugang zum Kapitalmarkt und eine intuitive Benutzeroberfläche. Damit senken sie die Einstiegshürde für eine neue Generation von Anlegerinnen und Anlegern – was grundsätzlich gut ist. Die Fehlerquote liegt woanders: Die Apps laden zum Ausprobieren und schnellen Handeln ein. Zwei Klicks – gekauft. Die meisten Verluste bei den erzielten Risikoprämien kommen vom impulsiven Zocken. Die wissenschaftliche Forschung ist hier gnadenlos klar: Wer häufig handelt, verdient weniger. Wer viel handelt, verliert.

Dazu kommt noch ein Punkt: die Handelszeiten. Viele Neobroker ermöglichen den Handel auch außerhalb der regulären Börsenzeiten oder am Wochenende. Klingt bequem, ist aber teuer. Denn: In diesen Zeiten sind die Spreads – also die Differenz zwischen Kauf- und Verkaufspreis – höher. Der Markt ist dünner, die Kurse schwanken mehr, und du zahlst drauf, ohne es zu merken.[15] Deshalb gilt: Aktien und ETFs solltest du nur während der offiziellen Handelszeiten kaufen. Oder du richtest einen Sparplan ein – der kümmert sich automatisch um die Ausführung und kostet in der Regel weniger.

Weitere Risikofaktoren: Hebelprodukte, Optionsscheine, CFDs. Allesamt hoch riskante Wetten. Diese Produkte haben ihren Platz – aber nicht im Depot von Menschen, die langfristig Vermögen aufbauen wollen. Die Gebühren sind oft versteckt, die Mechanik komplex, die Verluste potenziell verheerend … Kurz: Du brauchst keinen perfekten Broker. Du brauchst einen soliden – und die Fähigkeit, ihn mit Verstand und vor allem Coolness zu nutzen.

Kosten: Was dich Klicks wirklich kosten

Die gute Nachricht zuerst: Wer heute Standardwerte wie DAX- oder S&P-500-Aktien oder einen breiten Index-ETF kauft, zahlt bei vielen Brokern nur Centbeträge. Aber sobald es exotischer wird, steigen die Spannen zwischen Kauf- und Verkaufspreisen (Spreads). Bei Themen-ETFs oder Anleihefonds geht es schnell Richtung 0,5 bis 1 %. Bei illiquiden Nebenwerten oder »Meme-Stocks« zahlst du auch mehr, und ganz oben auf der Preisskala stehen die Derivate und Kryptowerte: Hebel- und Faktorzertifikate, Optionsscheine und auch Bitcoin verschlingen nicht selten mehrere Prozent pro Trade.

Der zweite Kostenpunkt ist die Ordergebühr des Brokers selbst. Wer für eine Order 1 € zahlt, hat einen super Deal. Bei 5 € kann man noch mitgehen. Alles, was über 25 € pro Trade liegt, ist schlicht teuer – vor allem, wenn man regelmäßig handelt. Und wenn statt einer Fixgebühr 1 % vom Handelsvolumen fällig wird, ist das bei großen Beträgen schmerzhaft.

Kurz gesagt: Standardwerte handeln ist billig wie nie. Derivate, Krypto und neuerdings Private Equity Fonds (ELTIFs) sind das Spielfeld, wo Broker, Trading-Plattformen und Emittenten kräftig verdienen – und wo du als Anleger aufpassen musst.

Interessenkonflikte: Warum Broker dich gerne handeln sehen

Das Geschäftsmodell der Broker lebt von zwei Dingen: möglichst vielen Kunden und möglichst vielen Trades. Jeder neue Nutzer bringt Ordergebühren, und je öfter er handelt, desto höher der Ertrag. Für die Broker ist es also attraktiver, wenn du nicht nur einmal im Jahr einen ETF kaufst und ihn liegen lässt, sondern wenn du regelmäßig aktiv bist – idealerweise sogar täglich. Das erklärt auch, warum manche Apps mit bunten Charts, Push-Nachrichten und »0-€-Orderaktionen« locken. Jeder Klick bedeutet Umsatz für den Broker und langfristig höhere Kosten für dich.

Bennos Fallstrick: Exklusivität hat ihren Preis

Benno mag es groß. Leistung, Karriere, Rendite – und bitte in der Premium-Version. Für ihn wirkt ein ETF-Sparplan zu unspektakulär. Also schaut er nach Private-Equity-Angeboten und über seine Beteiligungsgesellschaft nach exklusiven Hedgefonds-Strategien und guten Einstiegsmöglichkeiten bei Start-ups. Sein Fehler: Er bezahlt gern für die Verheißung, aber kauft sich dadurch hohe Gebühren, intransparente Strukturen und viele lange Diskussionen mit Gründerteams ein. Hauptsache, es fühlt sich nach Oberliga und Entrepreneurship an. Dass diese Strategie viel Risiko mitbringt und sehr viel seiner Zeit beansprucht, nervt ihn. Außerdem zeigen neue Forschungsergebnisse, dass riskante Aktien, die vor allem von Reichen wie ihm gekauft werden, signifikant schlechter performen.[16] Statusorientierung hat also auch im Depot ihren Preis. Vielleicht sollte er doch sein Geld günstig und breit gestreut bei Bank oder Broker anlegen wie alle Normalsterblichen auch? Bennos Fallstrick: Er will Rendite mit Bling aufladen.

Plattformen: Zwischen Finanzwissen und Klick-Geschäft

Kanäle wie *Finanzfluss* oder *Finanztip* bieten qualitativ hochwertige, kostenlose und leicht verständliche Inhalte: Videos, Artikel, Rechner, Podcasts – zu praktisch allen Themen der privaten Finanzplanung. Damit haben sie enorme Reichweite aufgebaut und, noch wichtiger, ein hohes Maß an Vertrauen bei ihrer Zielgruppe, vor allem bei jungen und erstmaligen Anlegern. Dieses Vertrauen lässt sich monetarisieren.

Daneben gibt es Hunderte weiterer Websites, die in deiner Suchmaschine ganz oben unter »gesponsert« erscheinen, wenn du einen Steuerrechner brauchst, den Wert deiner Immobilie herausfinden willst oder Kreditkonditionen vergleichen möchtest. Die Seiten haben nur ein Ziel: deine E-Mail-Adresse abzugreifen und an Vertriebsorganisationen zu verkaufen. Typischer Ablauf: Die Betreiber kaufen sich bei Google vordere Plätze, locken dich auf eine Landingpage, bieten ein wenig Erklärung und dann einen Fragebogen an. Am Ende musst du deine E-Mail angeben, um eine »persönliche Auswertung« oder eine Gratisbroschüre zu erhalten. Tipp: Gib dort besser nicht deine private Adresse ein. Wenn es gar nicht anders geht, nutze eine Wegwerf-Mail.

Kosten: Wie Finanzplattformen Geld verdienen

Die wichtigste Einnahmequelle auch für seriöse Kanäle sind Provisionen für Empfehlungen – klassisches Affiliate-Marketing. Es funktioniert wie bei Mode, Drinks oder Kosmetik: Der Seite platziert Links zu den Angebotsseiten der Sponsoren, und wenn ein Follower klickt und handelt – etwa ein Depot eröffnet, eine Kreditkarte beantragt oder sich bei einer Krypto-Börse anmeldet –, fließt eine Provision. Schätzungen gehen davon aus, dass mehr als zwei Drittel der Einnahmen vieler Plattformen aus diesem Modell stammen.

Dazu kommen gesponserte Inhalte und Kooperationen. Unternehmen bezahlen Plattformen direkt dafür, dass ihre Marke im Video oder Artikel auftaucht oder prominent auf der Webseite platziert wird – wie früher das *Product Placement* im Fernsehen. Die Vergütung hängt von Reichweite, Ansehen und Verhandlungsgeschick ab. Solche Beiträge müssen rechtlich als »Werbung« oder »Anzeige« gekennzeichnet werden, was in der Praxis nicht immer so transparent geschieht, wie es sollte.

Und schließlich: klassische Werbeeinnahmen auf YouTube und Instagram. Vor, während oder nach Videos werden Anzeigen geschaltet. Die Content Creator verdienen an den Klicks, die sozialen Medien zahlen pro 1 000 Abrufe. Finanzthemen sind dabei besonders lukrativ, weil Werbetreibende in diesem Bereich höhere Preise akzeptieren als bei Unterhaltung oder Lifestyle.

Die Webseiten mit reinen Informations- und Serviceangeboten (Bewertung Immobilie, Rentenprognose, Vertragsmuster, Rechentools) verdienen ihr Geld mit dem Verkauf deiner Kontaktdaten oder Werbebannern.

Interessenkonflikte: Reichweite, Reichweite, Reichweite

Das zentrale Interesse solcher Plattformen ist klar: möglichst viele aktive Nutzer zu gewinnen – und zwar vor allem solche, die kurz davorstehen, ein Konto oder Depot zu eröffnen oder ein Finanzprodukt abzuschließen. Je größer die Reichweite und je »kaufbereiter« das Publikum, desto mehr Einnahmen über Provisionen, Sponsoring und Werbung.

Ergänzend lohnt ein Blick auf Vergleichsplattformen. Auch hier geht es nicht nur um neutrale Information, sondern um das Geschäft mit Affiliate-Provisionen: Wer über einen »kostenlosen« Vergleichsrechner ein Konto oder eine Versicherung abschließt, bringt dem Plattformbetreiber bares Geld. Was kostenlos aussieht, hat oft einen Preis. Manchmal sind es deine Daten oder Entscheidungen, die du später bereust. Umso wichtiger, dass du genau hinschaust, welche Empfehlungen wirklich helfen, deinem Financial Lifestyle näher zu kommen – und welche nur dem Geschäftsmodell des Anbieters dienen.

Bei all den Hinweisen auf mögliche Interessenkonflikte bitte nicht falsch verstehen: Seriöse Plattformen sind lehrreich, unterhaltsam und setzen auf unabhängige Information, nachvollziehbare Vergleiche und transparente Finanzbildung. Sie kennzeichnen ihre Inhalte sauber und haben sich zu Recht einen Ruf für solide Aufbereitung und Nutzerorientierung erarbeitet. Achte bei Plattformen und YouTube-Kanälen daher immer auf klare Trennung von Inhalt und Werbung, nachvollziehbare Rechenwege und faire Darstellung von Vor- und Nachteilen. Wenn dir etwas zu glatt vorkommt – immer eine zweite Quelle checken.

Fridas Fallstrick: Der Rabbit-Hole-Effekt

Frida liebt es zu graben. Ein neuer Fonds? Oder doch besser Private Markets? Sie befragt die KI, macht eine Recherche im Netz, klickt sich durch Prospekte, Diagramme und Studien, bis sie Zahlen hat, die keiner mehr anzweifeln kann.

Sie ist bestens informiert. Und genau das ist ihr Risiko. Wer zu tief bohrt, hat irgendwann lauter Fakten gefunden – aber die Orientierung verloren. Was brauche ich wirklich, was kostet es, und führt es zu meinem Financial Lifestyle Code?

Ihr Fallstrick: Frida verwechselt Recherche mit Entscheidung. Je tiefer sie gräbt, desto unklarer wird, wo eigentlich der nächste Schritt liegt. Damit hat sie viel Zeit mit der Strategie 9+1 verbracht und hätte sich besser mit den entscheidenden Stellschrauben 1–9 beschäftigt.

Code IV – Deine Finanzpartner

	Du setzt auf (1–5)
Finanzen verstehen	
Ratgeber: (Bücher, Web, Podcasts, KI)	○○○○○
Apps und Tools: (Budgetierung, Depot-Analyse, Excel)	○○○○○
Menschen: (Familie, Berater, Coach)	○○○○○
Finanzen planen	
Ratgeber: (Web, Bücher, AI)	○○○○○
Apps und Tools: (ZfDR, Dashboards, Excel)	○○○○○
Menschen: (Familie, Finanzplaner)	○○○○○
Umsetzen	
Ratgeber: (Web, Bücher, AI)	○○○○○
Apps und Tools: (Broker, Banking-App)	○○○○○
Menschen: (Berater, Vermögensverwalter)	○○○○○

V Deine Finanz-Balance

Gute Finanzentscheidungen brauchen eine Architektur, die verhindert, dass man im falschen Moment den richtigen Plan aufs Spiel setzt, sei es, weil man den Durchblick verloren hat, dann doch von Prinzipien abweicht, immer wieder prokrastiniert oder sich schlechten Rat holt. Mit den Hacks, die ich dir in diesem Teil vorstelle, kannst du dir eine belastbarere Entscheidungsarchitektur bauen, die dich auf Kurs zu deinem Wunsch-Lifestyle halten soll. Die Grundlagenarbeit dazu verdanken wir maßgeblich den Nobelpreisträgern Daniel Kahneman, Robert J. Shiller und Richard H. Thaler (mehr dazu im Anhang). Die Hacks sind kleine Regeln, die deinem Hirn den Job abnehmen, ständig fokussiert sein zu müssen – und dir mehr Energie für das lassen, was dir mehr Spaß macht, als dich um dein Geld zu kümmern.

- **Hacks, die dir helfen, überhaupt anzufangen:** Damit du nicht ewig planst, sondern den ersten Schritt wirklich gehst.
- **Hacks, die deinen Wunsch-Lifestyle retten:** Damit deine großen Ziele nicht untergehen, während du mit den Nachbarn mithältst.
- **Hacks, die dich beim Anlegen auf Kurs halten:** Damit du dranbleibst, auch wenn der Markt schwankt und Onlineshops mit Rabatten eskalieren.
- **Hacks gegen deine Big-Five-Spitzen:** Damit deine persönlichen Schwächen dich nicht ins Stolpern bringen.

Du kannst sicher keinen zusätzlichen Wust an weiteren To-dos gebrauchen. Du hast wahrscheinlich schon genug Aufgaben auf deiner Liste. Daher ist das Ziel, dass du dir aus dem Katalog die wenigen auswählst, die dir helfen, bei deiner persönlichen Strategie auf Kurs zu bleiben.

Warum wir beim Denken so leicht falsch abbiegen

Viele Finanzstrategien scheitern nicht am Geld, sondern am Kopf. Je komplizierter die Regeln, desto leichter findet das Gehirn eine Abkürzung – und bringt uns vom Kurs ab, ohne dass wir es merken. Daniel Kahneman, Nobelpreisträger, hat gezeigt, wie zuverlässig das passiert. Er unterscheidet zwei Denksysteme:

- *System 1:* schnell, automatisch, intuitiv. Es springt auf jede Abkürzung.
- *System 2:* langsam, bewusst, anstrengend. Es prüft, rechnet, hinterfragt – ist aber von Natur aus faul.

Das berühmte Schläger-und-Ball-Beispiel: »1,10 € kosten die beiden insgesamt, der Schläger 1 € mehr als der Ball – was kostet der Ball?« System 1 ruft sofort »10 Cent«. Falsch. Erst mit System 2 kommt die richtige Lösung: 5 Cent. Falsch gedachte Abkürzungen wie diese erklären, warum wir im Geldalltag in Fallen tappen – Psychologen sprechen von Bias. Also Verhaltensverzerrungen, die uns selbst schaden. Je mehr System 1, desto wahrscheinlicher ein Bias. Mehr als 350 sind inzwischen beschrieben.[1] Hier einige, die für dein Geld tückisch sind und die du dir bewusst machen solltest.

- **Selbstüberschätzung (»Overconfidence«):** Wir überschätzen unsere Fähigkeiten, vor allem dann, wenn wir nicht mit harten Fakten dagegen konfrontiert werden. Das führt beim Handeln nachweislich zu schlechteren Renditen. Damit verwandt ist der Dunning-Kruger-Effekt: Wer nur Halbwissen hat, ist oft besonders überzeugt, alles verstanden zu haben – ein Grund, warum so manche Finfluencer gefährlich sind.
- **Bestätigungs-Bias:** Wir suchen Belege für das, was wir ohnehin glauben. Wer denkt »Aktien sind nur was für Reiche«, findet garantiert Bestätigung. Und wer noch ganz frische Eindrücke von der letzten

Krise in den Knochen hat, der pfeift auch auf die langfristige Evidenz. Nach einem Crash heißt es reflexartig: »Nie wieder Aktien!« Rationale Gegenargumente haben keine Chance. Genau wie beim Herdenverhalten: Wenn keiner in unserem Umfeld Wertpapiere besitzt, machen wir das auch nicht. Wenn aber alle Bitcoins kaufen, machen wir das auch. Beliebt ist auch die Suche nach Trends in Kurscharts. Das Gehirn neigt dazu, Muster zu erkennen und in die Zukunft zu extrapolieren, obwohl unzählige Studien belegen, dass vergangene Kursverläufe nicht zur Prognose taugen.

- **Gegenwarts-Bias:** Wir genießen das Jetzt und schieben das auf, was erst morgen nützt. Aber das Morgen kommt nie, denn wenn es da ist, fühlt es sich wieder wie das Heute an. Die Folge sind chronisches Aufschieben und Prokrastinieren, zu wenig Altersvorsorge und verpasster Zinseszinseffekt. Passivität als Folge von Nichtwissen, Überforderung oder Trägheit hat ganz ähnliche Konsequenzen.
- **Verlustaversion:** Nicht dasselbe wie rational geringe Risikotoleranz, sondern die weitverbreitete Vorstellung, dass Verluste doppelt so weh tun, wie Gewinne Freude bereiten. Tatsächlich erlebt, halten sich die beiden jedoch die Waage.[2] Verlustaversion bremst uns also im Vorfeld wichtiger Entscheidungen unnötig aus.

Der Verhaltensökonom Dan Ariely hat es in seinem Buch *Denken hilft zwar, nützt aber nichts* so formuliert: Unsere Irrationalität ist vorhersagbar, weil die Verzerrungen nach einem gewissen Muster auftreten, mehr in stressigen Situationen und mehr bei Menschen mit anfälligen Persönlichkeitsmerkmalen. Weil die Bias systematisch sind, können wir ihnen glücklicherweise auch mit System entgegentreten.[3]

Darum: Gib deinem Denken als Allererstes ein Geländer, damit die Balance zur Routine wird. In der Forschung heißt das Defaults – Voreinstellungen, die dich vor spontanen Fehlgriffen schützen. Defaults sind die einfachsten (einmal eingestellt, kein Überlegen mehr) und gleichzeitig wirkungsvollsten (einmal eingestellt, dauerhaft aktiv) Hacks. Sie helfen gleich gegen mehrere Bias, weil der Autopilot dafür sorgt, dass dir dein System 1 weniger in die Quere kommt. Defaults wirken besonders gut gegen Selbstüberschätzung, Bestätigungs- und Gegenwarts-Bias. Wer etwa seine Sparrate einmal festlegt und sein Geld automatisch in das GMP investiert, der muss sich nicht um die Schwankungen an den Märkten, die aktuellen News oder die letzten Anlagetrends scheren, sondern imprägniert sein Zukunfts-Ich vor impulsiven Aktionen seines umtriebigen Jetzt-Ichs, das gerne Muster und Gelegenheiten sieht, die es in Wirklichkeit nicht gibt.

Wie du dein Hirn dazu bringst, sich an deine Pläne zu halten

Defaults helfen nicht nur gegen Hyperaktivität bei der Geldanlage, sondern auch gegen unsere Tendenz, kurzfristige Belohnungen über langfristigen Nutzen zu stellen. Nach dem Motto: »*Heute gönne ich mir die Chips, morgen bewege ich mich dann mehr.*« »*Heute shoppe ich mich schick, ich bin ja erst morgen im Soll.*« Du hast zwei Möglichkeiten, dein Finanzverhalten per Defaults umzustellen, ohne dass du es selbst im Alltag merkst. Die eine Möglichkeit ist technisch, sie funktioniert über voreingestellte Routinen wie zum Beispiel Daueraufträge und Sparpläne. Die andere Möglichkeit ist verhaltenspsychologisch: Du lockst dein Denken und dein Ego auf eine andere Spur. Und zwar so, dass beide sich nicht dagegen wehren. Fangen wir mit den technischen Lösungen an.

Bezahle Rechnungen per Dauerauftrag

Als Default ein alter Hut: Warum jeden Monat aufs Neue überlegen, ob du die Miete schon überwiesen hast? Oder das Spotify-Abo? Richte Daueraufträge für deine laufenden Fixkosten ein. Dann vergisst du nichts, kassierst keine Mahngebühren und kommst nicht in Versuchung, das Geld anderweitig auszugeben. Was nicht auf deinem Konto liegt, verführt auch nicht. Du musst nicht jeden Monat neu diszipliniert sein – die Disziplin passiert automatisch.

Es sei denn – und das ist kein Widerspruch, sondern eine Einladung zur Selbstbeobachtung –, du *willst* dich jeden Monat ganz bewusst daran erinnern, wie viele Abos du abgeschlossen hast, und alles manuell überweisen. Das kann sinnvoll sein, wenn du dazu neigst, den Überblick über deine Streamingdienste, Fitness-Apps und Zeitschriften-Abos zu verlieren. Was du jeden Monat einzeln bezahlst, tut dir jeden Monat weh und macht es dir leichter, dies und das wieder zu kündigen. Der beste Default ist der, der zu deinem Gehirn passt. Und zu deinen kleinen Ticks und Schwächen.

Spare per Default

Sparpläne sind der Dauerauftrag zum Vermögensaufbau und in Form eines ETF-Sparplans schon die erste Wahl für Millionen: Richte dir dafür einen Dauerauftrag vom Girokonto auf dein Sparkonto oder Investmentkonto ein – und zwar direkt nach Gehaltseingang. Nicht erst am Monatsende, wenn wieder nichts mehr übrig ist. Warum? Weil das klassische »Ich spare, was übrig bleibt«-Denken in den allermeisten Fällen bedeutet: »Ich spare nichts.«

Wiederanlage als Standard

Was man nicht hat, kann man nicht ausgeben. Greif also im Depot zu sogenannten thesaurierenden Fonds oder ETFs. Die schütten Dividenden gar nicht erst aus, sondern legen die Erträge als Standardeinstellung automatisch wieder an. So umgehst du die Versuchung, Ausschüttungen als »Zusatz-Einkommen« à la Miete zu sehen und gleich wieder zu konsumieren. Was im Moment harmlos wirkt, kostet dich langfristig den Zinseszinseffekt. Thesaurierung macht es einfach: Du siehst das Geld zwischendurch gar nicht – und dein Depot wächst stetig weiter.

GMP als Wertpapieranlage voreingestellt

Auch bei der Frage, wie du deine Wertpapieranlage konkret ausgestaltest, solltest du auf Defaults setzen, um nicht jedes Mal neu überlegen zu müssen, ob du nun dieses Mal mehr Aktien oder doch mehr Anleihen kaufen willst. Der »Goldstandard« aus der Wissenschaft ist das Globale Marktportfolio (GMP), weil es durch seine volle Abdeckung des Anlageuniversums maximale Streuung verspricht und so für die enthaltenen Risikoeinheiten die höchste langfristige Prämie. Wenn du dich am GMP orientierst, brauchst du nur einmal im Jahr die Anteile der GMP-Bausteine in deinem Depot zu prüfen. Sollten Aktien zum Beispiel besonders gut gelaufen und ihr Anteil damit über 60 % anstiegen sein, dann schichte entweder über Verkäufe und Käufe um oder fahre die Aktienfonds in deinem Sparplan für die nächsten Monate auf null.

Setze dir einen anderen Hut auf

Karin erzählte mir: »Ich versuche, besser zu planen und mehr zu sparen, aber es klappt nicht« – Mein Tipp: »Dann ändere den Satz.« Das macht einen Unterschied. Wer sagt: *»Ich versuche zu sparen«*, denkt noch wie ein Beobachter. Wer standardmäßig sagt: *»Ich bin Anlegerin«,* denkt wie ein Handelnder. Klingt banal – lässt sich aber belegen: Wenn wir unser Verhalten nicht bloß als mögliche Handlung, sondern als Teil unserer Identität begreifen, steigt die Wahrscheinlichkeit, dass wir dabeibleiben. In einer Studie von Bryan, Walton, Rogers und Dweck gingen mehr Menschen zur Wahl, wenn sie sich als »Wähler« verstanden – statt als Menschen, die wählen.[4] Wir Menschen haben eben ein starkes Bedürfnis, mit unserem Selbstbild im Reinen zu bleiben. Also: Wenn du deine Ausgaben strukturierst, sag nicht: *»Ich versuche, Ordnung zu schaffen«*, sondern mantraartig: *»Ich bin jemand, der seine Finanzen im Griff hat.«*

Auch wie du dir selbst Dinge verbietest, macht einen Unterschied. Die Studien von Vanessa M. Patrick und Henrik Hagtvedt zeigen: Wer sich sagt: »*Ich will das nicht*« statt: »*Ich darf das nicht*«, fühlt sich selbstbestimmter – und bleibt motivierter.[5] »*Ich esse keine Schokolade*« ist eben etwas anderes als »*Ich darf keine Schokolade essen*«. Das eine ist Souveränität. Das andere ist Mangel.

Falls du in deinem Umfeld laut sagst: »*Ich investiere jetzt regelmäßig!*«, dann wirkt das gleich doppelt: Du baust ein öffentliches Commitment auf – und niemand will der Mensch sein, der seine eigenen Ansagen kassiert. Dazu gleich mehr im nächsten Abschnitt.

Hacks, die dir helfen, überhaupt anzufangen

Viele scheitern nicht am Vorsatz, sondern an der Informationsflut: ETF, TER, Krypto, ELTIF, ESG, Limit – und schon fühlt sich der erste Schritt an wie ein Marathon mit Bleiweste. Das nennt die Forschung *Analyse-Paralyse*. Vor lauter Angst, etwas Falsches zu wählen, machst du lieber nichts.

1. **Problem Information Overload:** Unser Gehirn mag Abkürzungen. Aber wenn zu viele Wege offenstehen, fühlt es sich überlastet und friert ein. Das »schlaue« System 2, das eigentlich rechnen und prüfen sollte, ist von Natur aus träge. Es duckt sich weg. Und die Angst, danebenzugreifen, wiegt stärker als die Chance, richtig zu liegen. Also lieber nichts tun – was im Finanzleben fast immer eine schlechte Option ist. Google wurde groß mit einem leeren Bildschirm und einem Suchfeld. Yahoo versuchte, alles auf einmal zu zeigen – und ging im eigenen Durcheinander unter. Auch bei deinen Finanzen bringt Reduktion dich schneller ins Handeln.
2. **Problem Trägheit:** Trägheit ist die Neigung, was einmal eingerichtet ist, nicht mehr zu ändern. Menschen ändern ihre Routinen nicht, weil das Anstrengung erfordert oder gefühlt Unsicherheiten bringt. Die Forschung ist voll mit Studien, die zeigen, wie teuer das Nichthandeln mit der Zeit werden kann.[6] Will heißen: Manchmal ist Nicht-Wissen

das Problem, noch problematischer ist dann aber das Nicht-Handeln. Wer Trägheit durch kleine Hacks austrickst, um auf ein besseres Gleis zu wechseln, und dann per Defaults dort verbleibt, verschafft sich einen echten Vorteil.

Keep it simple

Einfachheit ist der Schlüssel gegen Überforderung und Trägheit. Die Reduktion aufs Wesentliche erlaubt Fokussierung und senkt Handlungsschwellen. Das ist auch die Grundidee hinter diesem Buch. Es will dir zeigen, dass die beste Finanzstrategie für dich kein kompliziertes Studium oder das ständige Lesen von Newsfeeds erfordert, sondern nur eine konsequente Ausrichtung an deinem persönliche Financial Lifestyle Code.

Neben einem klar strukturierten Prozess machen wissenschaftlich fundierte Faustregeln das Finanzleben einfacher. Hier noch einmal die Essenz in drei Regeln, die, falls konsequent umgesetzt, dich wahrscheinlich direkt unter die Top 10 % der Haushalte in Deutschland katapultieren, was den Umgang mit Finanzen anbelangt:

- Maximiere dein langfristiges Einkommen, ohne dass deine Gesundheit, deine Beziehungen oder deine Lebensphilosophie leiden, und spare so viel, dass auch dein Zukunfts-Ich den Wunsch-Lifestyle leben kann.
- Sofern du mindestens drei Monatsgehälter auf der Bank hast, kaufe das GMP aus günstigen ETFs, bis die Risikoeinheiten auf deiner Bilanz an deine Risikotoleranz heranreichen.
- Kaufe Versicherungen, wenn dich Schadensfälle finanziell in Bedrängnis führen könnten. (Sonst nicht.)

Wenn du dich auf deinen Financial Lifestyle Code und diese drei Regeln konzentrierst, hast du automatisch einen Filter gegen die Informationsflut. Relevant sind nur News, die an deinem Masterplan etwas ändern könnten.

Und falls du (aus welchen Gründen auch immer) auch mit diesen wenigen Faustregeln nicht loslegen kannst, dann solltest du dir einen Berater an die Seite holen, der dir Zeit, Nerven und Sorgen beim weiteren Recherchieren und Grübeln spart.[7]

Verpflichte dich

Ein Commitment-Instrument ist ein Vertrag mit dir selbst. Du triffst heute wohlüberlegt eine Entscheidung, die dein vielleicht später einmal überreiztes und daher unvernünftigeres Ich bindet. Die Palette reicht von weich bis hart. Weiche Commitments sind öffentliche Versprechen bei Freunden oder Familie oder Apps, die soziale Kontrolle einbauen. Harte Commitments sind gesperrte Sparkonten, bei denen Abhebungen nur zu festen Terminen möglich sind.

In Forscherkreisen berühmt ist das SEED-Programm auf den Philippinen: Teilnehmer mit diesen Sperrkonten sparten 81 % mehr als die Kontrollgruppe.[8] Neuere Plattformen gehen noch weiter – dort setzt du echtes Geld aufs Spiel, das verfällt, wenn du dein Ziel nicht erreichst. Das Überraschende: Menschen wollen solche Fesseln. Sie sind sogar bereit, dafür zu bezahlen, ihre eigenen Wahlmöglichkeiten einzuschränken. Der Perspektivwechsel ist entscheidend: Sparen wird nicht als Verzicht erlebt oder als Opfer, sondern als Freiheit, endlich den eigenen Weg zu gehen.

Trickse deine Trägheit aus

Wir wissen eigentlich, was zu tun wäre – tun es aber nicht. Drei kleine Tricks können helfen, das innere Standby auszuschalten:

- **Erstens: Frage, was du verlierst, wenn du nichts tust.** Unsere Verlustaversion führt dazu, dass wir bei drohenden Verlusten stärker reagieren als bei möglichen Gewinnen. Statt also zu denken »Ich könnte 3 % mehr Rendite machen, wenn ich mein Geld endlich richtig anlege«, sag dir: »Ich verliere jedes Jahr 1 200 €, wenn mein Geld auf dem Girokonto liegen bleibt.« Dieser Perspektivwechsel gibt vielleicht den nötigen Push, um endlich ins Handeln zu kommen.

- **Zweitens: Salamitaktik.** Die größte Hürde ist oft der erste Schritt. Deshalb: Die große Portion in dünne Scheiben schneiden, also klein anfangen und kleine Schritte gehen. Heute nur das Depot eröffnen. Morgen für 100 € das erste Wertpapier kaufen. Nächste Woche dann vielleicht 1 000 €. Und wenn sich das auch nach ein paar Wochen noch akzeptabel anfühlt, dann starte einen Sparplan und verstetige so das neue Verhalten. Psychologen nennen das »Chunking« – und es verhindert, dass du dich im Berg der To-dos verhedderst.
- **Drittens: Lass dich erinnern,** damit dein Vorhaben nicht wieder vom Radar rutscht. Schon frühe Studien zu Push-Nachrichten vom Smartphone haben gezeigt, dass der stete Aufmerksamkeitstropfen den Trägheitsstein auch bei Geldfragen höhlen kann.[9] In einem Feldexperiment hatten Push-Nachrichten der Bank mit Hinweisen auf Sparziele und finanziellen Vorteile die Sparmoral merklich verbessert. Trage dir daher vielleicht einfach Termine in deinen Kalender ein, die dich daran erinnern, zu starten und dann dranzubleiben. Dann wird aus einer abstrakten Idee eine konkrete Aufforderung. Mittlerweile kannst du dir auch von KI-Bots wie ChatGPT täglich zu bestimmten Uhrzeiten Erinnerungen schicken lassen – ob harsch oder herzlich formuliert, bestimmst du selbst.

Hacks, die deinen Wunsch-Lifestyle retten

Drei psychologische Stolpersteine stehen zwischen uns und finanzieller Zufriedenheit: Wir können die Zukunft nicht fühlen, gewöhnen uns zu rasch ans Bessere und verwechseln steigendes Einkommen mit wachsendem Wohlstand. Eins nach dem anderen:

- **1. Problem: Wir können die Zukunft nicht fühlen.** Psychologen wie Daniel Gilbert und Timothy D. Wilson haben gezeigt: Menschen sind miserable Wahrsager ihres eigenen Glücks. Der Fachbegriff lautet *affektiver Vorhersagefehler* und meint: Wir überschätzen fast immer, wie stark uns ein Ereignis in der Zukunft berühren wird und wie lange die Freude über ein zukünftiges Ereignis anhalten wird. Konkret: Wir malen uns den Urlaub aus, die Beförderung, das neue Auto und erwarten ein Dauerhoch. In der Realität sieht es anders aus: Der Strand hat Quallen, im Büro gibt's trotzdem Ärger, und das Auto riecht nur die ersten zwei Wochen nach neuen Ledersitzen. Der Alltag schleicht sich zurück, schneller als gedacht. Gilbert nennt das *Impact Bias:* wir überschätzen die Wirkung.
  Das kann für unser Geld gefährlich werden. Denn wer immer wieder glaubt, das nächste Upgrade – Wohnung, Uhr, Reise – bringe nun wirklich und endlich das ersehnte Glück, der rutscht in einen Teufelskreis des Immer-mehr-ismus. Und am Ende hat er wieder keine Euphorie, sondern nur Rechnungen.
- **2. Problem: Wir gewöhnen uns schnell ans Bessere.** Während der *affektive Vorhersagefehler* beschreibt, dass wir unsere zukünftigen Gefühle falsch einschätzen – also glauben, ein Ereignis werde uns länger oder stärker glücklich machen, als es das tatsächlich tut –, geht es bei der *hedonistischen Tretmühle* um einen Anpassungseffekt: Selbst wenn ein Ereignis kurz Freude bringt, verblasst diese rasch, und wir fallen erstaunlich schnell auf unser früheres Glücksniveau zurück.
  Wir gewöhnen uns also an das Bessere, so wie man sich an eine neue Matratze gewöhnt: erst OMG!, dann naja auch gut. Die Vorfreude war intensiver als das Erleben. Also jagen wir die nächste Verbesserung, in der Hoffnung auf ein dauerhaftes Hoch. Die Spirale des Immer-mehr-ismus dreht sich – Erwartungen steigen, das Konto schrumpft.
  Umgekehrt erreichten selbst Unfallopfer wieder fast ihr ursprüngliches Glücksniveau. Externe Umstände verändern weniger, als wir denken.[10] Spannend ist der Unterschied zwischen Dingen und Er-

lebnissen. Die Vorfreude auf eine Reise oder ein Konzert trägt länger und macht glücklicher als das Warten auf ein neues Gerät. Erlebnisse leben von Erinnerung und Erzählung, Gegenstände stumpfen ab.

- **3. Problem: Lifestyle-Inflation und der Joneses-Effekt.** Nach dem affektiven Vorhersagefehler (wir überschätzen die Freude vor einem Ereignis) und der hedonistischen Tretmühle (wir gewöhnen uns schnell daran) kommt der dritte Klassiker: die Aufstiegsfalle. Mehr Gehalt führt nicht automatisch zu mehr Wohlstand, sondern oft nur zu mehr Ausgaben. Psychologen sprechen von *Lifestyle Inflation* oder *Lifestyle Creep*.

  Ein Beispiel: Du bekommst 350 € netto mehr. Rational wäre, das Plus in Rücklagen oder Schuldentilgung zu stecken. Praktisch landet es bei Streaming-Abos, Restaurantbesuchen oder dem Leasing für das etwas größere Auto. Ergebnis: mehr Einkommen, aber kein Vermögenszuwachs. Drei psychologische Motoren treiben diesen Mechanismus an:

  - *Sozialer Vergleich:* »Keeping up with the Joneses« – wir wollen mithalten.[11] Heute verstärkt durch Social Media, wo man sein reales Leben mit den gefilterten Highlight-Reels anderer misst.
  - *Gefühl der Berechtigung.* »Ich habe hart gearbeitet, also gönne ich mir.« Klingt plausibel, killt aber den Zinseszins.
  - *Verschobene Standards.* Was gestern Luxus war – Premium-Fitnessstudio, Businessclass-Flug –, fühlt sich morgen wie eine Selbstverständlichkeit an.

  Die Aufstiegsfalle ist gefährlich, weil sie unmerklich zuschnappt. Der Alltag frisst das Mehr an Gehalt still und leise auf. Und weil man sich ans Bessere gewöhnt, wird der alte Standard nicht mehr akzeptiert. So wird aus jeder Gehaltserhöhung ein Nullsummenspiel.

Für deinen Wunsch-Lifestyle heißt das: Der Hack ist nicht das ständige Nachrüsten, sondern die bewusste Entscheidung, zusätzlichen Spielraum nicht sofort zu verfrühstücken.

Sei SMarT

Das SMarT-Prinzip ist das direkte Gegenmittel zur Lifestyle-Inflation und ein gekonntes Akronym: »SMarT: Save More Tomorrow.« Erfunden haben das Konzept Nobelpreisträger Richard H. Thaler und sein Kollege Shlomo Benartzi.[12] Und die Idee dahinter ist so einfach wie genial: Wenn wir Menschen bitten, heute mehr zu sparen, kommt meist ein reflexartiges: »Geht nicht. Zu knapp.« Wenn wir aber sagen: »Du musst jetzt gar nichts ändern – aber wie wär's, wenn du mit dem nächsten Gehaltssprung startest und bei weiteren Erhöhungen immer bisschen mehr draufpackst?«, dann sieht die Welt plötzlich ganz anders aus.

Das SMarT-Programm schlägt also vor, dass Menschen ihren Sparbetrag automatisch erhöhen, sobald ihr Gehalt steigt. Außerdem geht es nicht sofort los, sondern zu einem festen Punkt in der Zukunft: in sechs Monaten oder sobald mehr Einkommen reinkommt. Der Trick: Man spart langfristig mehr, ohne den Konsum von heute einschränken zu müssen. Das wirkt aus mehreren Gründen:

- Es nutzt unsere Trägheit – was einmal automatisch läuft, bleibt meist bestehen.
- Es umgeht unseren Present Bias – wir müssen nicht schon heute auf etwas verzichten.
- Es nutzt unsere zeitliche Inkonsistenz – wir sind bereit, dem Zukunfts-Ich Dinge zuzumuten, die dem heutigen Ich zu anstrengend wären.

In US-Studien war das Ergebnis beeindruckend: Die Teilnehmer verdoppelten oder verdreifachten ihre Sparbeträge über die Jahre – ohne es groß zu merken. Die Teilnehmer hatten dafür lediglich eine Vereinbarung mit ihrem Arbeitgeber getroffen, der die Sparraten nach festen Regeln vom Gehalt direkt in die Altersvorsorge steckte. Wie kannst du dir selbst einen SMarT-Plan bauen?

Schließe einen Vertrag mit deinem Zukunfts-Ich. Oder besser noch: mit echten Menschen. Besprich deinen Plan mit Menschen, die dir nahestehen, und vereinbart: »Ich fange in sechs Monaten damit an, 10 % meines Nettoeinkommens in einen Sparplan zu stecken. Wenn mein Gehalt steigt, erhöhe ich den Betrag automatisch proportional mit.« Und dann trefft ihr euch einmal im Jahr, redet kurz drüber, wie es gelaufen ist – und feiert. Sieh es als eine Art Selbstverpflichtungsrunde. Das wirkt stärker, als man denkt. Weil deine Verlustaversion plötzlich dein Ego schützt: Wer will schon beim nächsten Treffen zugeben: »Hatte kein Geld, weil Taschentick« oder »Hatte keine Zeit, weil TikTok«.

Sparpläne müssen nicht schmerzen, wenn sie zur Gewohnheit werden. Du musst auch nicht alles heute entscheiden. Aber heute kannst du entscheiden, welche finanziellen Freiheiten dein Zukunfts-Ich morgen hat.

Verdirb deiner inneren Shopping-Queen die Laune

Klick. Dopaminrausch. Zack – bestellt. Der Karton ist unterwegs, dein Konto um 89 € erleichtert. Impulskäufe sind die erwachsene Version des Trotzanfalls am Quengelregal der Supermarktkassen: Man weiß, man hätte anders handeln sollen – »Ich will aber!«. Anders als im Supermarkt guckt nur niemand zu, wenn so etwas passiert. Es ist also nicht einmal peinlich. Nichts und niemand wirft sich dem Online-Impulskauf in den Weg. Deshalb sind an dieser Stelle folgende »Cooling-off«-Hacks so wirksam:

- **Die Eine-Stunde-Regel:** Rechne in Arbeitszeit. Wenn etwas mehr kostet, als du in einer Stunde verdienst: kurz innehalten. Lohnt es sich wirklich, dafür eine Stunde Arbeit zu investieren? Diese Regel macht aus »Will ich haben« vielleicht doch ein WTF …
- **Die 24-Stunden-Regel:** Kauf nichts sofort. Wirklich. Nichts. Lege es in den Warenkorb, in die Wunschliste oder mach einen Screenshot – aber dann: Pause. 24 Stunden lang. Wenn du es am nächsten Tag immer noch willst, kannst du es dir überlegen. Wenn nicht, hast du nicht nur Geld gespart, du musst auch weniger ausmisten.

- **Die Ein-Monats-Regel**: Für große Käufe: Ein Monat Bedenkzeit. Fernseher, Fahrrad, Fritteuse? Wenn du es nach 30 Tagen immer noch willst – dann vielleicht. Wenn du dich in der Zwischenzeit nicht mehr daran erinnerst, funktioniert dein Leben offenbar auch ohne Fritteuse.

Nach der Vorstellung der Wissenschaft kaufen Menschen nur das, was ihnen auch wirklich nachhaltigen Nutzen verschafft, und sie bereuen den Kauf daher nie. In der Realität lassen sich Menschen permanent von Kaufimpulsen mitreißen, bezahlen im Laufe ihres Lebens enorme Beträge für Nonsens-Ausgaben und müssen dann noch extra Zeit und Geld investieren, um ihre Kleiderschränke, Dachböden und Keller zu entrümpeln. Bitte richtig verstehen: Es ist nicht notwendig, dass du dich jetzt in einen superasketischen Entrümpelungsmönch verwandelst. Eine Kombination aus kluger Verzögerungstaktik und ökonomischem Denken reicht aus. Sag dir selbst: »Ich verzichte nicht. Ich gönne meinem Zukunfts-Ich ein gutes Leben.«

Mach dich immun gegen die Joneses

Wir vergleichen uns ständig: mit Kollegen, Nachbarn, Insta-Feeds. Nur selten schneiden wir dabei in der eigenen Wahrnehmung gut ab – und fühlen uns schlechter, als wir müssten. Psychologen wie Leon Festinger haben schon in den fünfziger Jahren gezeigt: Soziale Vergleiche sind menschlich, aber sie sind auch Gift fürs finanzielle Wohlbefinden.[13] Eine Gegenmaßnahme: Dreh den Vergleichsrahmen um. Vergleich dich mit dir selbst, nicht mit den anderen. Schau dir an, was du vor fünf Jahren verdient oder gespart hast – und wo du heute mit deinem Lifestyle stehst. Dieser Selbstvergleich baut Stolz auf Fortschritt auf statt Neid auf andere. Statt dich am glänzenden Leasing-Auto des Nachbarn zu orientieren, schaue auf Ziele, die zu dir passen: schuldenfrei sein, drei Monatsgehälter Rücklage, ein solider ETF-Sparplan. Weniger schmeichelhaft: Auch Abwärtsvergleiche machen zufriedener und helfen, auf Kurs zu bleiben. Die US-Soziologen Glenn Firebaugh und Matthew B. Schröder zeigen, dass Menschen, die in einem wohlhabenden Viertel in einer sonst weniger wohlhabenden Gegend leben, besonders zufrieden sind, weil sie sich selbst als privilegierter wahrnehmen.[14]

Das Entscheidende: Wenn du dein »Gestern-Ich« oder dein realistisches »Gesellschafts-Ich« zum Maßstab machst statt das »Instagram-Ich« der anderen, dann wird aus Vergleichen plötzlich Motivation. Und dein Geld arbeitet für dein Leben statt für Likes.

Versteck dein Geld vor dir selbst

Manchmal musst du dich vor dir selbst schützen. Wer jederzeit ans Geld kommt, findet auch Gründe, es jederzeit auszugeben. Der Trick heißt Sperrfrist: Lege einen Teil deines Ersparten ins Festgeld oder in Anlageprodukte mit Laufzeit. So baust du dir ein Commitment-Instrument fürs Dranbleiben: eine freiwillige Selbstbindung mit Zinsbonus. Du kommst nicht ran, bevor die Zeit abgelaufen ist. Und genau das ist der Punkt: Dein Zukunfts-Ich dankt dir, dass dein Heute-Ich die Finger stillhält. Immobilien mit Hauskredit haben mit dem eingebauten Zwang, viele Jahre zu tilgen, die härteste Sperrfrist. Aber das allein sollte kein Grund sein, ein Haus zu kaufen.

Temptation Bundling: Zur Not hilft Zucker

Während viele Hacks darauf zielen, durch Automatisierung Reize zu umgehen, dreht Temptation Bundling die Logik um: Es macht die mühsame Aufgabe selbst attraktiver.[15] Plötzlich freut man sich fast auf die Budgetplanung – nicht wegen der Excel-Tabelle, sondern wegen der Belohnung daneben. Der Klassiker: Netflix läuft nur, wenn du gleichzeitig auf dem Hometrainer trittst. Für Finanzen lässt sich das direkt übersetzen: Lieblingspodcast beim Ausgabencheck; ein besonderer Nachtisch am Tag des Vermögens- und Risikochecks, und jedes Mal, wenn du dir etwas Teures gönnst, wandert ein fixer Prozentsatz parallel aufs Sparkonto. Hier ist Impulskontrolle gefragt und gleichzeitig Freude an Belohnungsimpulsen – gar nicht so einfach für's Gehirn …

Hacks, die dich beim Anlegen auf Kurs halten

Menschen fürchten empirisch belegt Verluste im Schnitt doppelt so stark, wie sie sich über Gewinne freuen. Das erklärt, warum so viele beim Wort »Aktien« innerlich schon die Hände über dem Kopf zusammenschlagen.

Das Problem: Verlustaversion. Die Psychologen nennen das *Loss Aversion*. Einer der robustesten Effekte überhaupt. Er sorgt dafür, dass wir lieber beim Tagesgeld hocken, obwohl dort langfristig kaum Rendite zu holen ist. Wer jeden Tag ins Depot starrt, sieht fast die Hälfte der Zeit rote Zahlen: Beim S&P 500 gibt es an 46 % aller Tage ein Minus. Klingt nach Horrortrip.

Dabei ändert sich das Bild drastisch, sobald man den Zeithorizont verlängert. Über ein Jahr schrumpft die Verlustwahrscheinlichkeit auf 27 %, über zehn Jahre auf 6 %. Wer 15 Jahre durchhält, hat historisch praktisch immer gewonnen. Der Unterschied liegt nicht in den Märkten, sondern in unserem Blickwinkel.

Stell den Fokus weit

Verlustangst lebt vom Tunnelblick. Wer das Depot täglich checkt und dort womöglich jede einzelne Position durchgeht, sieht Zickzacklinien und kriegt Magenschmerzen. Der Hack lautet also: Schau seltener hin und dann aufs Ganze. Entziehe deiner Verlustangst den Sauerstoff. Wer nicht jeden Tagesverlust sieht, an dem er eh nichts ändern kann, lebt zufriedener, und wer nicht auf jede einzelne Position schaut, sondern das große Ganze betrachtet, erkennt erst recht, dass die Gesamtbilanz stabil ist und das Ersparte vielleicht sogar noch etwas mehr Risikoprämie verträgt.

- **Langer Rückblick:** Nicht die Tageskurve zählt, sondern die Rendite über Jahre. Das ist die Kennzahl, die dich wirklich weiterbringt.
- **Weite Vorausschau:** Stell dir dein Depot in zehn oder 20 Jahren vor. Dann sind die heutigen Dellen nur kleine Ruckler auf einer langen Strecke.
- **Panoramablick:** Nie auf einzelne Aktien oder Fonds starren. Eigentlich nicht mal nur auf das Depot oder die Immobilie oder die Standmitteilung der Versicherung allein, sondern auf das Gesamtvermögen. Streuung sorgt im Idealfall dafür, dass es gleichzeitig grün und rot in der Bilanz leuchtet. Dann wird auch nicht alles gleichzeitig abrauschen, wenn die nächste Krise kommt.

Langfristig belohnt dich die Geduld – vorausgesetzt, du gibst nicht unterwegs auf, weil dich die täglichen Zuckungen nervös machen.

Bau dir einen Sorglos-Puffer

Falls es doch mal zu Verlusten kommt, muss du gewappnet sein. Das macht auch ohne Krise entspannter. Morgan Housel meint: Finanzielle Robustheit entsteht nicht durch akkurate Prognosen, sondern durch hinreichend Puffer. Kein Mensch kann die Zukunft exakt modellieren. Aber jeder kann sich Fehlertoleranz einbauen, einen *Sorglos-Puffer* für Zeiten, in denen alles aus dem Ruder läuft.

Lege dir daher einen Notfall-Fonds an. Mindestens sechs Monatsausgaben, geparkt auf einem sicheren, sofort zugänglichen Konto. Klingt langweilig, wirkt aber sehr heilsam auf deinen Blutdruck. Denn so musst du nicht in Panik verkaufen, wenn dein Auto einen Motorschaden meldet oder du im Briefkasten deine Kündigung findest. Du bleibst handlungsfähig und bewahrst so deine persönliche Handlungsfreiheit – für viele Menschen das wichtigste Gut überhaupt.

Nutze deine Angst als Antrieb

Es ist Typsache und passt nicht für jeden. Und doch: Verlustangst lässt sich auch bewusst als Motivation einsetzen. In der Werbung ist dieser Trick uralt: Erst wird ein Problem heraufbeschworen, dann bekommst du die Lösung geliefert: Zahnpasta gegen imaginäre Superkaries. Duftspray gegen soziale Ächtung. Die (extra zu groß berechnete) »Rentenlücke« als Argument für seltsame Anlageprodukte. Das alles ist Beeinflussung, weil jemand mit deiner Angst Geld verdienen will.

Du kannst dich aber auch in bester Absicht selbst manipulieren, um etwas für deinen eigenen Financial Lifestyle zu tun: Menschen lassen sich durch die Angst, etwas zu verlieren, zu erstaunlichen Leistungen motivieren.[16] Viele bevorzugen sogar Vereinbarungen, bei denen sie vorab einen Bonus aufs Konto erhalten und dort prominent sehen – diesen aber später zurücküberweisen müssen, falls die Leistung nicht stimmt. Der Bonus steht also als Drohung vor dem Nichtstun auf dem Konto und die Menschen nutzen ihre Verlustaversion als Ansporn. Diese Idee lässt sich auch im Umgang mit dem eigenen Vermögen nutzen.

Dreh das Narrativ um. Die Angst, etwas zu verlieren, kann je nach Persönlichkeit jede Menge Motivation freisetzen – deshalb kann dir ein Narrativ mit *unhappy end* helfen, deine Ziele zu erreichen. Sag nicht: »Wenn ich jetzt spare, habe ich später mehr Geld.« Sondern: »Wenn ich nicht spare, muss ich später jeden Wocheneinkauf zusammenstreichen.« Oder gemünzt auf Anlegen versus Sparen: »Wenn ich nicht investiere, verliere ich sicher an Kaufkraft – und das nimmt mir Lebensqualität.«

Sei dein eigener Controller

Wenn du bei neuen Rekordständen an den Börsen kribbelig wirst und dich fragst, ob du nicht besser jetzt deine Aktien verkaufen solltest, denke an die Klassiker Selbstüberschätzung und Bestätigungs-Bias. Denn wenn du der Meinung bist, dass es bald kracht, dann glaubst du effektiv mehr zu wissen als die Profis, denn die sind ja offensichtlich der Meinung, es lohne sich, investiert zu bleiben. Und das Muster, »erst Höchststand, dann Crash«, gab es zwar immer wieder, aber noch viel häufiger gab es das Muster »erst Höchststand, dann wieder Höchststand«.

Dazu zwei Fakten. Erstens bedeutet die dauerhafte Risikoprämie auf Aktien, dass es immer wieder neue Höchststände geben muss, und zwar im Mittel pro Jahr 6 % höher (sichere Rendite von 2 % plus 4 % Risikoprämie). Noch wichtiger ist die Feststellung, dass sich weder der Zeitpunkt des nächsten Crashs, noch wie schlimm er sein wird, noch wie lange die Erholung dauert, prognostizieren lassen. Es liegt in der Natur der Märkte, dass Market Timing nicht funktioniert. Klar, beim Ausstieg kann man Glück haben – aber wer den Wiedereinstieg verpasst, zahlt oft drauf.[17]

Falls du zur Fraktion derer gehörst, die auf die Auswahl von Unternehmen, Branchen, Ländern oder Phasen schwören, dann tue dir selbst den Gefallen und vergleiche die Performance deines Depots ehrlich mit dem Weltindex. »Ehrlich« heißt hier korrigiert für Unterschiede in den Risikoeinheiten. Wenn dein Depot mit Einzelaktien also 10 Risikoeinheiten hatte, dann müsste es doppelt so viel Rendite wie der Weltindex mit seinen zuletzt rund 5 Risikoeinheiten gebracht hat. In Feldstudien konnte nachgewiesen werden: Wer diesen Vergleich wagt, landet schnell auf dem Boden der Tatsachen. Viele Stock-Picker wechseln danach zu Indexfonds.[18]

Hacks gegen deine Big-Five-Spitzen

Rückblende auf Teil I: Deine Persönlichkeit ist ein Bestimmungsfaktor für deine Lebensphilosophie und damit auch für deine Lifestyle-Wünsche. Sie bedingt aber auch deine Stärken und Schwächen im Umgang mit Geld. Das macht einige Profile anfälliger für bestimmte Bias als andere und vielleicht auch empfänglicher für bestimmte Hacks und Tricks.

Emotionale Instabilität

Wer hier hohe Werte hat, kennt die innere Unruhe: Veränderungsangst, die Furcht vor dem nächsten Crash, das Bedürfnis, jeden Morgen ins Konto oder Depot zu schauen, oder für die meisten: erst gar nicht ins Risiko zu gehen.[19] Wenn das auf dich zutrifft, dann ist dein Gegengewicht der Blick auf das große Ganze. Deine Vermögensbilanz ist mehr als ein paar rote Zahlen im Depot: Da gibt es das sichere Geld auf der Bank, die stabilen Rentenansprüche, aber auch die ebenfalls verlässlichen Ansprüche an dein zukünftiges Selbst. Dieses Fundament steht insgesamt wahrscheinlich sicherer, als dein Bauch dir einreden will. Der Blick aufs Ganze heißt auch, den Blick weg vom Tagesgeschehen, hin zu langen Perioden an den Märkten zu lenken. Wenn du dir einmal die historischen Schwankungen bei Anlagen mit Risikoprämien über zehn, 20 Jahre anschaust, dann siehst du: Rückschläge kommen, aber sie werden auch schnell wieder aufgeholt, wenn du nicht panisch reagierst. Mit dem Blick aufs Ganze wächst vielleicht der Mut, dir die Rendite zuzutrauen, die eigentlich in dir steckt.

Extraversion

Wenn du sehr extravertiert bist, diskutierst du wahrscheinlich gerne über Anlagestrategien, deine Extraversion macht dich aber auch anfälliger für die Angst, eine »Chance zu verpassen«, also für die Verlockung des Finfluencers und seine »heißen Tipps«. Dein Schutz ist ganz schlicht: Bleib beim GMP, verzichte auf Einzeltitel. Und wenn dich der Spiel- und Erzähltrieb juckt – dann erlaube dir eine Experimentiernische, 10 % vom Vermögen, nicht mehr. Auch darüber kannst du diskutieren.

Bist du eher introvertiert, lauert die andere Falle: zu wenig aktiver Abgleich mit anderen und vielleicht auch zu wenig kritischer Austausch mit deinem Gegenüber, wenn du auf Beratung setzt. Eine Verständnisfrage zu wenig gestellt, und du verbringst Stunden mit Grübeln. Einmal zu wenig nach den Gebühren gefragt, und du zahlst mehr als nötig. Keine Vergleichsangebote eingeholt, und du verpasst den besten Deal für dich. Drei Tipps daher fürs Ratholen: Nimm dir jemanden mit mehr Extraversion zum Gespräch. Setze mehr auf asynchrone Kommunikation, also Mail oder Chat statt Telefon oder Filiale. Und nutze verstärkt die neuen Möglichkeiten von KI-Chatbots.

Gewissenhaftigkeit

Gewissenhafte Menschen haben es grundsätzlich leichter mit dem Planen, und das gilt besonders für das Thema Geld. Wer hier hoch punktet, hält sich an Regeln, spart, plant und zählt das Wechselgeld nach. Doch gerade diese Stärke kann in Überoptimierung kippen: zehn ETFs, fünf Excel-Tabellen, ein halbes Jahr Recherche und dann doch Analyse-Paralyse. Das Gegengewicht: ganz bewusst auf Vereinfachung setzen und die gewissenhafte Recherche eher in Richtung Lebensphilosophie und Lifestyle-Wünsche drehen.

Wer wenig Gewissenhaftigkeit mitbringt, hat die gegenteilige Baustelle: Trägheit gepaart mit einem Mangel an Struktur, vielleicht gar etwas Chaos: offene Rechnungen, kein Überblick über Kredite, Versicherungen, Abos. Dein Gegengewicht heißt Vollautomatik. Daueraufträge und Sparpläne direkt nach Gehaltseingang und dort vielleicht nur das einfach gestrickte »60 % Aktien – 40 % Anleihen«-ETF-Portfolio. Einmal im Jahr den dicken Eintrag im Kalender: Finanzcheck (gefolgt vom Lieblingsessen).

Umgänglichkeit

Die sehr Umgänglichen vertrauen gern. Das birgt Gefahren: Im Beratungsgespräch nickt man zu schnell, weil man niemanden enttäuschen will. Oder man lässt sich von schönen Bildern mit segelnden Menschen im Ruhestand blenden. Dein Gegengewicht heißt: Mini-Vertrag mit sich selbst oder Familie, vor der finalen Entscheidung zum Produktkauf auf jeden Fall Kosten abzufragen und zumindest ein zweites Angebot einzuholen. Noch besser wäre es, du kannst immer eine Vertrauensperson dazuholen, die auch mal die Rolle des Bad Cops übernehmen kann.

Wer dagegen sehr wenig umgänglich ist, läuft Gefahr, alles allein machen zu wollen, und sich dabei zu verheben. Oder man wechselt häufig den Finanzpartner, weil das Misstrauen doch immer wieder die Überhand gewinnt. Dein Gegengewicht könnte Controlling heißen. Ein regelmäßiger Review der eigenen Risikostrategie und der erzielten Rendite im Vergleich zum Benchmark macht vielleicht demütiger, was die eigenen Fähigkeiten anbelangt und erhöht die Wertschätzung der Arbeit von Profis.

Offenheit

Hohe Werte bringen Neugier und Begeisterung – und machen anfällig für Trends und verheißungsvolle Namen. Wer zu viel Offenheit hat, verliert sich leicht in Krypto-Seminaren oder dubiosen »Shiny Objects«. Dein Gegengewicht ist ein schlichter Filter: Verstehst du, wie Rendite entsteht? Kennst du alle Risiken und Kosten? Wenn nicht, Finger weg. Und wenn du dich dennoch nicht zurückhalten kannst, dann gilt wie bei Extraversion: Beschränke deine Experimente auf eine 10 %-Nische deines Vermögens.

Wenig Offenheit dagegen heißt: Festhalten am Status quo, zu großen Bedenken gegenüber Neuem und damit Gefahr laufen, Gelegenheiten zu verpassen und keine Risikoprämien mitzunehmen. Dann gelten für dich vor allem die Hacks, um den ersten Schritt zu machen. Gegengewicht ist also Chunking und Vereinfachung.

Vielleicht hast du bei einigen Hacks genickt und gibst ihnen eine Chance, dass sie dir dabei helfen werden, deine Stellhebel aus Teil III zusammen mit den Partnern aus Teil IV auch in die Tat umzusetzen. Dann nimm sie auf in deinen Code.

Falls du hier noch weitere Inspiration gebrauchen kannst, probiere es doch mal mit dem folgenden KI-Prompt:

Du bist Finanzexperte und Psychologe und mein Coach. Du hilfst mir, meine langfristige Finanzstrategie auch wirklich umzusetzen. Meine Big-Five-Persönlichkeit hat Hochs bei ___ und Tiefs bei ___. Bei Biases könnte ich anfällig sein für ___, ___, ___. Schlage mir passende Hacks vor.

Code V – Deine Finanz-Balance

Ich bin anfällig für:	(0 = gar nicht; 5 = sehr)
Selbstüberschätzung	○○○○○
Gegenwarts-Bias	○○○○○
Passivität	○○○○○
Verlustaversion	○○○○○

Diese Hacks probiere ich aus:

Defaults – Die klügeren Voreinstellungen

GMP als Standard-Depot nutzen
Breit gestreut, effizient, und mit wenig Anpassungsbedarf.

Sparplan einrichten
Automatische Abbuchung direkt nach Gehaltseingang.

SMarT-Strategie
Sparrate mit jedem Gehaltssprung automatisch mitwachsen lassen.

Selbstbild upgraden
»Ich bin jemand, der investiert« statt »Ich will sparen«.

Vereinfachung – Weniger Grübeln, mehr Umsetzung

Wissenschaftliche Faustregeln
Den eigenen Finanzprinzipien aus Code II treu bleiben.

Kleine Schritte (Chunking)
Lieber erstmal starten als gleich alles perfekt machen wollen.

Apps als Starthilfe
Neue Tools fürs Rechnen, Planen und Kontrollieren nutzen.

Informationsdiät
Recherchen begrenzen, um »Analyse-Paralyse« zu vermeiden.

Blick aufs Ganze – Big Picture gegen vorschnelle Aktionen

Blick auf Gesamtbilanz und die lange Frist
Rentenansprüche und Humankapital bestimmen das Anlagerisiko.

Sei dein eigener Controller
Halbjährlicher Finanz-Check: Wie lief's? Wo muss adjustiert werden?

Selten ins Depot schauen
Wegen kurzfristiger Schwankungen nicht stressen lassen.

Nutze deine Verlustangst, um aktiv zu werden
Niedrige Risikoprämien und hohe Kosten als Verluste betrachten.

Selbstbindung – Schütze dein Zukunfts-Ich

Cooling-off-Zeit vor Kaufentscheidungen
Ein paar Tage Pause, bevor etwas gekauft oder unterschrieben wird.

Weniger soziale Vergleiche
Vergleich mit eigener Situation gestern und nicht mit anderen.

Versteck dein Geld vor dir selbst
Ersparnisse in Anlagen ohne schnellen Zugriff verschieben.

Soziales Commitment abgeben
Freunden und Familie von konkreten Vorhaben und Zielen erzählen.

Outro

Vielleicht hattest du das Buch mit dem Wunsch aufgeschlagen, mehr aus deinem Geld zu machen. Vielleicht ging es dir um mehr Sicherheit. Oder um mehr Klarheit. Oder darum, dich finanziell freier zu fühlen, unabhängiger von Gehaltszetteln, Nachrichten oder immer neuen Finanztipps. Wenn du bis hierher gelesen hast, hast du mehr geschafft, als du denkst, und kannst dir ruhig mal auf die Schulter klopfen.

Du hast dich Themen zugewandt, die viele ein Leben lang meiden. Du weißt, wie du in Gelddingen tickst, hast dich mit deiner Persönlichkeit beschäftigt, hast deine Werte mit Blick auf deinen realistischen Geldbedarf abgeklopft. Du denkst jetzt größer: Du zoomst raus, schaust auf Jahre statt auf Börsentage und hast Gesamtvermögen und Gesamtrisiko im Blick. Und du hat herausgefunden, welche Finanzentscheidungen dich wirkungsvoll zum Wunsch-Lifestyle bringen. Klingt alles ziemlich erwachsen, oder? Ist es auch.

Bevor du das Buch zuklappst, wirf noch einmal einen Blick auf die fünf Codes, die du für dich entschlüsselt hast:

Code I Deine Finanzidentität: Wie deine Big Five und deine Lebensphilosophie deinen Wunsch-Lifestyle bestimmen; was dein aktueller Lifestyle kostet, wie viel Risiko du tolerierst.

Code II Deine Finanzprinzipien: Wie sehr du dir die Erkenntnisse der Forschung zu Herzen nimmst.

Code III Deine Finanzen: Wie groß dein heutiges Vermögen ist; wie stabil du finanziell aufgestellt bist; wohin der Weg führen wird; wie du ihn in Richtung Wunsch-Lifestyle lenken kannst.

Code IV Deine Finanzpartner: Bei welchen Aufgaben du Unterstützung brauchst und wo du sie dir holst.

Code V Deine Finanz-Balance: Wo du anfällig für Geldfehler bist und mit welchen Hacks du dich dagegen schützen willst.

Vielleicht hat sich schon während des Lesens ein roter Faden gezeigt. Oder ein blinder Fleck. Auf jeden Fall hast du jetzt ein vollständigeres Bild von dir selbst als Finanzstratege. Der Kreis schließt sich: Es ging nie nur ums Geld. Nicht nur um Märkte, Produkte, Rendite und Risiko. Sondern vor allem um dich und deine Ziele. Finanzen sind nur das Mittel. Der Zweck bist du selbst. Wer seinen Financial Lifestyle Code kennt, muss sich nicht an anderen orientieren – nicht an großen Versprechen, nicht an Börsenpropheten, nicht an Bekannten, die angeblich alles richtig gemacht haben. Du hast mit deinen persönlichen Antworten mehr Klarheit als die meisten – und vor allem hast du eine Perspektive nach vorne.

Stell dir vor, du blätterst in zehn Jahren noch einmal durch dieses Buch. Du entdeckst deine alten Notizen. Deine damaligen Einschätzungen. Ich wünsche dir, dass du dann lächelst und sogar etwas schmunzelst über deine damaligen Sorgen. Am besten wäre es, wenn du staunen kannst, wie viel sich verändert hat, weil du damals losgegangen bist. Dein Zukunfts-Ich wird wissen: Es hat sich gelohnt. Nicht, weil alles perfekt gelaufen ist. Sondern weil du Verantwortung übernommen hast, für dich, für dein Geld und für dein Leben.

Dein Code ist entschlüsselt. Jetzt beginnt dein Weg.

Anhänge

Wie Nobelpreis-Wissen deinen Lifestyle-Code prägt

Die zentralen Konzepte in diesem Buch gründen auf Ideen von elf Forschern, die mit dem »Nobelpreis für Wirtschaft« – offiziell: dem Preis der Schwedischen Reichsbank – ausgezeichnet wurden. Diese Theorien sind nicht einfach trockenes Lehrbuchwissen, sondern liefern die Grundlage für praktische Finanzentscheidungen. Hier stelle ich dir die Ideen vor und zeige, wo sie in den Financial Lifestyle Code einfließen.

Franco Modigliani (Nobelpreis 1985)

Franco Modiglianis Lebenszyklus-Hypothese erklärt, warum und wie wir sparen und planen sollten. Menschen streben danach, ihren Konsum über ihr gesamtes Leben hinweg zu glätten, unabhängig von den schwankenden Einnahmen in verschiedenen Lebensphasen. In jungen Jahren, wenn das Einkommen oft noch niedrig ist, nehmen wir vielleicht Kredite für Ausbildung oder Hauskauf auf. In den mittleren Berufsjahren sparen wir kräftig. Im Ruhestand leben wir von den angesparten Vermögenswerten und Rentenansprüchen. Seine Theorie unterstreicht die Notwendigkeit einer lebenslangen Finanzplanung, wie sie in Teil III (»Deine Finanzen«) entworfen wird. Dein Humankapital – der Wert deiner zukünftigen Arbeit – ist in jungen Jahren dein größtes Asset, das erst nach und nach in Finanzvermögen umgewandelt wird. Die Vermögensbilanz erfasst diesen Übergang. Die Prognosebilanz schaut voraus, ob das angesparte Vermögen für den gewünschten Lebensstandard (deinen Lifestyle, wie in Teil I definiert) dauerhaft ausreicht.

Harry Markowitz (Nobelpreis 1990)

Markowitz gilt als Vater der modernen Portfoliotheorie (»Was ist das beste Depot für mich?«). Er zeigte mathematisch, dass Anleger durch Diversifikation das Gesamtrisiko ihrer Anlagen massiv senken können, ohne dafür eine geringere erwartete Rendite in Kauf nehmen zu müssen. Anders formuliert: Durch Streuung lässt sich das Verhältnis von erwarteter Rendite zu eingegangenem Risiko optimieren (Teil II »Deine Finanzprinzipien«). Die Empfehlung, sich am Globalen Marktportfolio GMP zu orientieren, folgt direkt aus seiner Logik: Es stellt die maximal mögliche Diversifikation über Anlageklassen und Regionen hinweg dar. Markowitz' Arbeit liefert auch die Begründung dafür, warum die Anlage in Einzeltitel für Privatanleger unnötig riskant ist und Fonds oder ETFs die bessere Wahl sind, um das »Geschenk« der Diversifikation auszunutzen und ein effizientes Portfolio gemäß der eigenen Risikotoleranz (Teil I) aufzubauen.

William F. Sharpe (Nobelpreis 1990)

William F. Sharpe hat mit dem sogenannten Capital Asset Pricing Model (CAPM) unser Verständnis vom Zusammenhang zwischen Risiko und erwarteter Rendite revolutioniert. Seine zentrale Erkenntnis führt die Ideen von Markowitz weiter: Anleger erhalten eine Risikoprämie nur für das »gute« Marktrisiko – also das Risiko, das nicht durch Streuung eliminiert werden kann. Dieses Renditeplus ist für alle Marktteilnehmer gleich und es steigt proportional an, je mehr »gutes« Risiko eingegangen wird.

Die Unterscheidung zwischen vermeidbarem und entlohntem Risiko ist fundamental für Teil II (»Deine Finanzprinzipien«). Das Konzept der

Risikoeinheiten (RE) operationalisiert das proportionale Verhältnis von Risiko und Rendite: Pro »guter« (unvermeidbarer) Risikoeinheit kannst du langfristig etwa 1 % Risikoprämie (RP) erwarten. Sharpes Arbeit hilft dir in Teil III auch bei der Erstellung deiner Prognosebilanz, wenn es darum geht, dein Vermögen mit der passenden Risikoprämie in die Zukunft hochzurechnen.

Robert C. Merton (Nobelpreis 1997)

Robert C. Merton legte das theoretische Fundament zur Bewertung von komplexen Finanzinstrumenten. Außerdem zeigte er in einem eleganten Modell, wie Anleger über die Zeit hinweg ihr Vermögen zwischen einer risikofreien (Tagesgeld) und einer riskanten Anlage (Globales Marktportfolio GMP) ideal aufteilen sollten. Die Implikationen sind zentral für deinen Financial Lifestyle: Die ideale Aufteilung sollte sich über dein Leben hinweg in Abhängigkeit von Humankapital, Vermögensbilanz und Risikobilanz verändern. Ein junger Beamter mit sicherem, hohem Humankapital kann mehr Finanzrisiko tragen als ein Selbstständiger mit unsicherem Einkommen kurz vor dem Ruhestand. Diese Überlegungen fließen in Teil III ein, wenn es darum geht, deine Risikobilanz zu erstellen und die individuell optimale Vermögensaufteilung zu finden. Merton liefert die rigorose Basis für eine ganzheitliche Betrachtung deiner Finanzen.

Daniel Kahneman (Nobelpreis 2002)

Daniel Kahneman, oft gemeinsam mit seinem langjährigen Forschungspartner Amos Tversky genannt, ist einer der Gründerväter der Verhaltensökonomie. Er zeigte auf, dass Menschen nicht die rationalen Nutzenmaximierer sind, wie es die klassische Ökonomie annimmt, sondern oft mentalen Abkürzungen (Heuristiken) folgen, die zu systematischen

Fehlurteilen (Bias) führen. Kahnemans Arbeit ist zentral für Teil V (»Deine Finanz-Balance«), wo Bias wie Verlustaversion, Selbstüberschätzung, Bestätigungs-Bias und Gegenwarts-Bias erläutert werden. Sein Modell der zwei Denksysteme (schnell und intuitiv in System 1, langsam, analytisch und damit angebracht für Finanzentscheidungen in System 2) erklärt, warum wir oft in diese Fallen tappen, und inspiriert einige Hacks aus Teil V, um uns selbst zu überlisten.

Eugene F. Fama (Nobelpreis 2013)

Eugene F. Fama ist der Vater der Effiziente-Markt-Hypothese (EMH): Die Preise an den Finanzmärkten spiegeln alle verfügbaren Informationen sehr schnell und weitgehend korrekt wider. Damit ist es extrem schwierig, wenn nicht gar unmöglich, durch Analyse vergangener Kurse oder öffentlich zugänglicher Informationen höhere Risikoprämien zu erzielen als andere. Kurz gesagt: Den Markt dauerhaft zu schlagen, ist reine Glückssache oder gelingt nur mit Insiderinformationen. Diese Hypothese hat tiefgreifende Implikationen für deine Anlagestrategie, wie in Teil II diskutiert. Sie stützt die Empfehlung, nicht auf aktive Titelauswahl oder Market Timing zu setzen, da die Erfolgsaussichten sehr gering sind und die damit verbundenen Kosten (Handelsgebühren, Recherchezeit) die effektive Rendite schmälern. Stattdessen legt die EMH nahe, breit gestreut und stetig zu investieren – idealerweise orientiert am Globalen Marktportfolio GMP – und dabei die Kosten minimal zu halten. Auch die kritische Haltung gegenüber den »heißen Tipps« von Finfluencern (Teil IV) basiert auf dieser Erkenntnis.

Robert J. Shiller (Nobelpreis 2013)

Robert J. Shiller liefert eine entscheidende Ergänzung zur reinen Effizienzmarkthypothese von Fama. Er blickt auf die systemweiten Auswirkungen, wenn die individuellen psychologischen Muster, wie sie auch von Kahneman beschrieben wurden, auf den Finanzmärkten aufeinandertreffen. Seine Forschung betont die Rolle von sozialen Dynamiken, Herdenverhalten und Narrativen – also den Geschichten, die sich Anleger gegenseitig erzählen und die eine Eigendynamik entwickeln können. Die Emotionen und kognitiven Verzerrungen (Bias) vieler Anleger können sich so zu mächtigen Trends wie übertriebenem Optimismus (der zu Blasen führt) oder panikartigen Verkäufen (die zu Crashs führen) aufschaukeln. Seine Arbeit unterstreicht die Notwendigkeit, sich nicht von der Masse mitreißen zu lassen. Ein disziplinierter Finanzplan (Teil III), der auf langfristigen Prinzipien (Teil II) basiert und durch Verhaltensanker (Teil V) gestützt wird, ist der beste Schutz gegen die emotionalen Achterbahnfahrten der Märkte, die Shiller beschreibt.

Richard H. Thaler (Nobelpreis 2017)

Richard H. Thaler ist ein weiterer Pionier der Verhaltensökonomie. Er argumentiert, dass man kognitive Verzerrungen (Bias) nicht bekämpfen, sondern klug nutzen kann, indem man die Entscheidungsarchitektur geschickt gestaltet. So können Menschen durch subtiles »Anstupsen« (Nudging) zu besseren Entscheidungen bewegt werden. Nudging ist die Grundlage für viele der Hacks in Teil V. Die Idee der Defaults (Voreinstellungen) – wie die automatische Teilnahme an Sparplänen oder der Kauf automatisch reinvestierender Fonds – nutzt die Trägheit positiv. Thalers »Save More Tomorrow«-Konzept, das vorsieht, zukünftige Gehaltserhöhungen mit mehr Sparen zu verknüpfen, ist ein Paradebeispiel dafür, wie man Prokrastination beim Sparen überwindet. Kleine Änderungen im Umfeld können einen großen Einfluss auf den Umgang mit Geld haben, ohne die individuelle Freiheit einzuschränken.

Merton H. Miller (Nobelpreis 1990)

Merton H. Miller lenkt mit den Modigliani-Miller-Theoremen den Blick auf den Hebel-Effekt durch Schulden, der auch für Privatanleger relevant ist: Wer einen Kredit aufnimmt, zum Beispiel um eine Immobilie zu kaufen, hebelt die potenzielle Rendite auf seinen Eigenanteil, aber auch sein Risiko. Steigt der Wert der Investition, wächst der Gewinn durch Kredite überproportional. Fällt der Wert jedoch, fallen auch die Verluste viel höher aus. Das Kredithebel-Konzept wird in Teil II bei der Frage genutzt, wie man mit Wertpapierkrediten extra hohe Renditeprämien erzielen kann, und in Teil III im Kontext von Immobilienfinanzierungen.

George A. Akerlof (Nobelpreis 2001)

George A. Akerlof erhielt den Nobelpreis für seine Analysen von Märkten mit Informationsvorteilen auf Verkäuferseite. Sein berühmtestes Beispiel sind Gebrauchtwagen. Da Käufer schlechte Qualität fürchten und keine hohen Preise zahlen wollen, werden Verkäufer guter Autos (die einen höheren Preis wert wären) aus dem Markt gedrängt. Dieses Prinzip ist übertragbar auf Finanzmärkte. Komplexe Finanzprodukte können überteuert, intransparent und voller versteckter Risiken sein. Laut Akerlof ist Transparenz der Schlüssel. Deshalb der Appell in Teil IV (»Deine Finanzpartner«), Kosten zu hinterfragen, auf einfache, verständliche Produkte wie breit gestreute ETFs zu setzen, deren Qualität leichter einzuschätzen ist, die Interessen von Beratern und Anbietern kritisch zu prüfen und nach vertrauenswürdigen Qualitätssignalen von Anbietern (siehe Michael Spence) zu suchen.

Michael Spence (Nobelpreis 2001)

Michael Spence analysierte, wie Anbieter die tatsächliche Qualität ihrer Dienste glaubwürdig signalisieren können, wenn andere alles Mögliche versprechen. Die Finanzberatung ist ein Paradebeispiel. Auch nach dem Termin weißt du oft nicht, ob die Beratung in deinem Sinne war. Damit ein Qualitäts-Signal wirkt, so Spence, muss es für den Anbieter »kostspielig« sein. Beispiele sind bei Beratern staatlich anerkannte Qualifikationen oder unabhängige Studien zu Beratungsansatz und Kundennutzen. Beispiele für wertlose Signale sind wohlklingende Titel auf Visitenkarten oder interne Schulungen (siehe Teil IV »Deine Finanzpartner). Spence' Theorie hilft dir auch, irreführende Signale von Finfluencern zu durchschauen: Ein gemieteter Sportwagen oder Fotos aus Dubai sind keine ernst zu nehmenden Signale für Anlagekompetenz, sondern täuschen Reichtum vor, um Vertrauen zu erschleichen.

Tabellen

Tabelle A: Einmalanlage

Die Tabelle zeigt, was aus 1 € am Ende wird, wenn er zu einer der Renditen links in der ersten Spalte für eine Anzahl an Jahren oben aus der ersten Zeile angelegt wird.

	1	2	3	4	5	6	7	8	9	10	11	12
0 %	1,00	1,00	1,00	1,00	1,00	1,00	1,00	1,00	1,00	1,00	1,00	1,00
1 %	1,01	1,02	1,03	1,04	1,05	1,06	1,07	1,08	1,09	1,10	1,12	1,13
1,5 %	1,02	1,03	1,05	1,06	1,08	1,09	1,11	1,13	1,14	1,16	1,18	1,20
2 %	1,02	1,04	1,06	1,08	1,10	1,13	1,15	1,17	1,20	1,22	1,24	1,27
2,5 %	1,03	1,05	1,08	1,10	1,13	1,16	1,19	1,22	1,25	1,28	1,31	1,34
3 %	1,03	1,06	1,09	1,13	1,16	1,19	1,23	1,27	1,30	1,34	1,38	1,43
3,5 %	1,04	1,07	1,11	1,15	1,19	1,23	1,27	1,32	1,36	1,41	1,46	1,51
4 %	1,04	1,08	1,12	1,17	1,22	1,27	1,32	1,37	1,42	1,48	1,54	1,60
4,5 %	1,05	1,09	1,14	1,19	1,25	1,30	1,36	1,42	1,49	1,55	1,62	1,70
5 %	1,05	1,10	1,16	1,22	1,28	1,34	1,41	1,48	1,55	1,63	1,71	1,80
5,5 %	1,06	1,11	1,17	1,24	1,31	1,38	1,45	1,53	1,62	1,71	1,80	1,90
6 %	1,06	1,12	1,19	1,26	1,34	1,42	1,50	1,59	1,69	1,79	1,90	2,01
6,5 %	1,07	1,13	1,21	1,29	1,37	1,46	1,55	1,65	1,76	1,88	2,00	2,13
7 %	1,07	1,14	1,23	1,31	1,40	1,50	1,61	1,72	1,84	1,97	2,10	2,25
7,5 %	1,08	1,16	1,24	1,34	1,44	1,54	1,66	1,78	1,92	2,06	2,22	2,38
8 %	1,08	1,17	1,26	1,36	1,47	1,59	1,71	1,85	2,00	2,16	2,33	2,52
9 %	1,09	1,19	1,30	1,41	1,54	1,68	1,83	1,99	2,17	2,37	2,58	2,81
10 %	1,10	1,21	1,33	1,46	1,61	1,77	1,95	2,14	2,36	2,59	2,85	3,14

Beispiel: Aus 1 € werden bei 5 % nach 20 Jahren 2,65 €. Aus 50 € das entsprechend 50-Fache. Es geht auch rückwärts: 1 € in 20 Jahren ist heute etwa 1 ÷ 2,65 = 38 Cent wert.

13	14	15	16	17	18	19	20	21	22	23	24
1,00	1,00	1,00	1,00	1,00	1,00	1,00	1,00	1,00	1,00	1,00	1,00
1,14	1,15	1,16	1,17	1,18	1,20	1,21	1,22	1,23	1,24	1,26	1,27
1,21	1,23	1,25	1,27	1,29	1,31	1,33	1,35	1,37	1,39	1,41	1,43
1,29	1,32	1,35	1,37	1,40	1,43	1,46	1,49	1,52	1,55	1,58	1,61
1,38	1,41	1,45	1,48	1,52	1,56	1,60	1,64	1,68	1,72	1,76	1,81
1,47	1,51	1,56	1,60	1,65	1,70	1,75	1,81	1,86	1,92	1,97	2,03
1,56	1,62	1,68	1,73	1,79	1,86	1,92	1,99	2,06	2,13	2,21	2,28
1,67	1,73	1,80	1,87	1,95	2,03	2,11	2,19	2,28	2,37	2,46	2,56
1,77	1,85	1,94	2,02	2,11	2,21	2,31	2,41	2,52	2,63	2,75	2,88
1,89	1,98	2,08	2,18	2,29	2,41	2,53	2,65	2,79	2,93	3,07	3,23
2,01	2,12	2,23	2,36	2,48	2,62	2,77	2,92	3,08	3,25	3,43	3,61
2,13	2,26	2,40	2,54	2,69	2,85	3,03	3,21	3,40	3,60	3,82	4,05
2,27	2,41	2,57	2,74	2,92	3,11	3,31	3,52	3,75	4,00	4,26	4,53
2,41	2,58	2,76	2,95	3,16	3,38	3,62	3,87	4,14	4,43	4,74	5,07
2,56	2,75	2,96	3,18	3,42	3,68	3,95	4,25	4,57	4,91	5,28	5,67
2,72	2,94	3,17	3,43	3,70	4,00	4,32	4,66	5,03	5,44	5,87	6,34
3,07	3,34	3,64	3,97	4,33	4,72	5,14	5,60	6,11	6,66	7,26	7,91
3,45	3,80	4,18	4,59	5,05	5,56	6,12	6,73	7,40	8,14	8,95	9,85

	25	26	27	28	29	30	31	32	33	34	35	36
0 %	1,00	1,00	1,00	1,00	1,00	1,00	1,00	1,00	1,00	1,00	1,00	1,00
1 %	1,28	1,30	1,31	1,32	1,33	1,35	1,36	1,37	1,39	1,40	1,42	1,43
1,5 %	1,45	1,47	1,49	1,52	1,54	1,56	1,59	1,61	1,63	1,66	1,68	1,71
2 %	1,64	1,67	1,71	1,74	1,78	1,81	1,85	1,88	1,92	1,96	2,00	2,04
2,5 %	1,85	1,90	1,95	2,00	2,05	2,10	2,15	2,20	2,26	2,32	2,37	2,43
3 %	2,09	2,16	2,22	2,29	2,36	2,43	2,50	2,58	2,65	2,73	2,81	2,90
3,5 %	2,36	2,45	2,53	2,62	2,71	2,81	2,91	3,01	3,11	3,22	3,33	3,45
4 %	2,67	2,77	2,88	3,00	3,12	3,24	3,37	3,51	3,65	3,79	3,95	4,10
4,5 %	3,01	3,14	3,28	3,43	3,58	3,75	3,91	4,09	4,27	4,47	4,67	4,88
5 %	3,39	3,56	3,73	3,92	4,12	4,32	4,54	4,76	5,00	5,25	5,52	5,79
5,5 %	3,81	4,02	4,24	4,48	4,72	4,98	5,26	5,55	5,85	6,17	6,51	6,87
6 %	4,29	4,55	4,82	5,11	5,42	5,74	6,09	6,45	6,84	7,25	7,69	8,15
6,5 %	4,83	5,14	5,48	5,83	6,21	6,61	7,04	7,50	7,99	8,51	9,06	9,65
7 %	5,43	5,81	6,21	6,65	7,11	7,61	8,15	8,72	9,33	9,98	10,68	11,42
7,5 %	6,10	6,56	7,05	7,58	8,14	8,75	9,41	10,12	10,88	11,69	12,57	13,51
8 %	6,85	7,40	7,99	8,63	9,32	10,06	10,87	11,74	12,68	13,69	14,79	15,97
9 %	8,62	9,40	10,25	11,17	12,17	13,27	14,46	15,76	17,18	18,73	20,41	22,25
10 %	10,83	11,92	13,11	14,42	15,86	17,45	19,19	21,11	23,23	25,55	28,10	30,91

37	38	39	40	45	50	55	60	65	70	75	80
1,00	1,00	1,00	1,00	1,00	1,00	1,00	1,00	1,00	1,00	1,00	1,00
1,45	1,46	1,47	1,49	1,56	1,64	1,73	1,82	1,91	2,01	2,11	2,22
1,73	1,76	1,79	1,81	1,95	2,11	2,27	2,44	2,63	2,84	3,05	3,29
2,08	2,12	2,16	2,21	2,44	2,69	2,97	3,28	3,62	4,00	4,42	4,88
2,49	2,56	2,62	2,69	3,04	3,44	3,89	4,40	4,98	5,63	6,37	7,21
2,99	3,07	3,17	3,26	3,78	4,38	5,08	5,89	6,83	7,92	9,18	10,64
3,57	3,70	3,83	3,96	4,70	5,58	6,63	7,88	9,36	11,11	13,20	15,68
4,27	4,44	4,62	4,80	5,84	7,11	8,65	10,52	12,80	15,57	18,95	23,05
5,10	5,33	5,57	5,82	7,25	9,03	11,26	14,03	17,48	21,78	27,15	33,83
6,08	6,39	6,70	7,04	8,99	11,47	14,64	18,68	23,84	30,43	38,83	49,56
7,25	7,65	8,07	8,51	11,13	14,54	19,01	24,84	32,46	42,43	55,45	72,48
8,64	9,15	9,70	10,29	13,76	18,42	24,65	32,99	44,14	59,08	79,06	105,8
10,28	10,95	11,66	12,42	17,01	23,31	31,93	43,75	59,94	82,1	112,5	154,2
12,22	13,08	13,99	14,97	21,00	29,46	41,32	57,95	81,27	114,0	159,9	224,2
14,52	15,61	16,79	18,04	25,90	37,19	53,39	76,65	110,0	158,0	226,8	325,6
17,25	18,63	20,12	21,72	31,92	46,90	68,9	101,3	148,8	219	321	472
24,25	26,44	28,82	31,41	48,33	74,36	114,4	176,0	270,8	417	641	987
34,00	37,40	41,14	45,26	72,89	117,39	189,1	304,5	490,4	790	1 272	2 048

Tabelle B1: Sparplan mit 0 % Wachstum

Die Tabelle zeigt, was aus monatlich 1 € am Ende wird, wenn eine Rendite wie links in der ersten Spalte gilt, der Sparplan so viele Jahre wie oben in der ersten Zeile läuft und die **Sparrate sich nicht verändert.**

0%	1	2	3	4	5	6	7	8	9	10	11
0%	12,0	24,0	36,0	48,0	60,0	72,0	84	96	108	120	132
1%	12,1	24,2	36,5	48,9	61,5	74,2	87	100	113	126	139
###	12,1	24,3	36,8	49,4	62,3	75,3	88	102	115	129	143
2%	12,1	24,5	37,1	49,9	63,0	76,4	90	104	118	133	147
###	12,1	24,6	37,3	50,4	63,8	77,5	92	106	121	136	152
3%	12,2	24,7	37,6	50,9	64,6	78,7	93	108	124	139	156
###	12,2	24,8	37,9	51,4	65,4	79,9	95	110	126	143	160
4%	12,2	24,9	38,1	51,9	66,2	81,0	97	113	129	147	165
###	12,2	25,0	38,4	52,4	67,0	82,3	98	115	132	150	169
5%	12,3	25,2	38,7	52,9	67,8	83,5	100	117	135	154	174
###	12,3	25,3	39,0	53,4	68,6	84,7	102	120	138	158	179
6%	12,3	25,4	39,2	53,9	69,5	86,0	103	122	142	162	185
###	12,4	25,5	39,5	54,4	70,3	87,3	105	124	145	167	190
7%	12,4	25,6	39,8	55,0	71,2	88,6	107	127	148	171	195
###	12,4	25,7	40,1	55,5	72,1	89,9	109	130	152	176	201
8%	12,4	25,9	40,4	56,0	72,9	91,2	111	132	155	180	207
9%	12,5	26,1	40,9	57,1	74,7	93,9	115	138	163	190	219
10%	12,5	26,3	41,5	58,2	76,6	96,8	119	143	170	200	232

Beispiel: Aus monatlich 1 € werden bei 5 % Rendite nach 20 Jahren 406 €. Aus 50 € das entsprechend 50-Fache. Rückwärts: Um in 20 Jahren 1 000 € bei 5 % Rendite anzusparen, müssen monatlich 1 000 € ÷ 406 = 2,46 € eingezahlt werden.

12	13	14	15	16	17	18	19	20	21	22	23
144	156	168	180	192	204	216	228	240	252	264	276
153	166	180	194	208	222	236	251	265	280	295	310
158	172	187	202	217	232	248	263	279	296	312	329
162	178	193	209	226	242	259	277	294	312	331	349
167	184	200	218	235	253	272	291	310	330	350	371
173	190	208	226	245	265	285	306	327	349	371	395
178	196	216	235	256	277	299	321	345	369	394	420
184	203	223	245	267	290	313	338	364	391	418	447
189	210	232	255	278	303	329	356	384	414	445	477
195	217	241	265	290	317	345	375	406	438	473	508
202	225	250	276	303	332	363	395	429	465	503	543
208	233	259	287	316	348	381	416	453	493	535	579
215	241	269	299	331	364	400	439	480	523	570	619
221	249	279	311	345	382	421	463	508	555	607	662
229	258	290	324	361	400	443	488	537	590	647	708
236	267	301	338	377	420	466	515	569	627	690	757
252	287	325	367	412	462	516	575	639	709	785	868
268	308	351	398	451	508	572	642	718	803	895	998

0 %	24	25	26	27	28	29	30	31	32	33	34
0 %	288	300	312	324	336	348	360	372	384	396	408
1 %	325	340	356	372	387	403	419	436	452	469	485
1,5 %	346	363	381	399	417	435	454	472	492	511	531
2 %	368	388	408	428	449	470	491	513	536	558	582
2,5 %	393	415	437	460	484	508	533	558	584	611	639
3 %	419	443	469	495	522	550	579	608	639	670	702
3,5 %	447	475	504	533	564	596	629	664	699	736	774
4 %	478	509	541	575	611	647	685	725	766	809	854
4,5 %	511	546	583	621	661	703	747	793	841	891	943
5 %	546	586	627	671	717	765	815	868	924	983	1 044
5,5 %	585	629	676	726	778	833	891	952	1 017	1 085	1 157
6 %	626	676	729	785	845	908	975	1 045	1 120	1 200	1 284
6,5 %	671	727	787	851	918	990	1 067	1 149	1 236	1 328	1 427
7 %	720	783	850	922	999	1 081	1 169	1 264	1 365	1 472	1 588
7,5 %	773	843	919	1 000	1 088	1 182	1 283	1 392	1 508	1 634	1 769
8 %	830	909	994	1 086	1 185	1 293	1 409	1 534	1 669	1 815	1 972
9 %	959	1 058	1 165	1 283	1 411	1 550	1 702	1 868	2 048	2 245	2 460
10 %	1 110	1 233	1 369	1 519	1 683	1 864	2 063	2 282	2 522	2 787	3 078

35	36	37	38	39	40	45	50	55	60	70	80
420	432	444	456	468	480	540	600	660	720	840	960
502	519	537	554	572	589	681	777	878	985	1 214	1 467
551	571	592	613	634	656	769	890	1 021	1 162	1 478	1 845
605	630	654	680	705	731	871	1 024	1 194	1 381	1 816	2 347
667	695	725	755	786	818	989	1 183	1 402	1 651	2 249	3 015
735	770	805	841	879	917	1 128	1 372	1 655	1 983	2 805	3 909
813	853	896	939	984	1 031	1 290	1 597	1 962	2 396	3 523	5 112
900	948	998	1 050	1 105	1 161	1 479	1 865	2 336	2 908	4 451	6 735
998	1 055	1 115	1 177	1 242	1 311	1 700	2 186	2 791	3 545	5 656	8 934
1 108	1 176	1 247	1 322	1 400	1 483	1 960	2 569	3 347	4 339	7 223	11 919
1 233	1 313	1 398	1 487	1 581	1 680	2 265	3 028	4 027	5 331	9 265	15 984
1 374	1 468	1 569	1 675	1 788	1 908	2 622	3 579	4 859	6 572	11 931	21 530
1 532	1 644	1 763	1 890	2 026	2 170	3 043	4 239	5 879	8 125	15 418	29 108
1 711	1 844	1 985	2 136	2 298	2 472	3 538	5 033	7 130	10 072	19 983	39 482
1 914	2 070	2 237	2 418	2 611	2 820	4 120	5 987	8 667	12 515	25 968	53 697
2 143	2 326	2 525	2 739	2 971	3 221	4 806	7 134	10 555	15 582	33 821	73 197
2 694	2 949	3 226	3 529	3 859	4 219	6 567	10 178	15 735	24 285	57 682	136 743
3 399	3 751	4 139	4 565	5 034	5 550	9 015	14 596	23 584	38 058	98 913	256 755

Tabelle B2: Sparplan mit 2 % Wachstum

Die Tabelle zeigt, was aus monatlich 1 € am Ende wird, wenn eine Rendite wie links in der ersten Spalte gilt, der Sparplan so viele Jahre wie oben in der ersten Zeile läuft und die **Sparrate um 2 % pro Jahr wächst.**

2%	1	2	3	4	5	6	7	8	9	10	11
0%	12,1	24,5	37,1	49,9	63,0	76,4	90	104	118	133	147
1%	12,2	24,7	37,6	50,9	64,6	78,6	93	108	123	139	155
###	12,2	24,8	37,9	51,4	65,3	79,8	95	110	126	143	160
2%	12,2	24,9	38,1	51,9	66,1	80,9	96	112	129	146	164
###	12,2	25,0	38,4	52,4	66,9	82,1	98	114	132	150	168
3%	12,3	25,2	38,7	52,9	67,7	83,3	100	117	135	153	173
###	12,3	25,3	39,0	53,4	68,6	84,5	101	119	138	157	178
4%	12,3	25,4	39,2	53,9	69,4	85,8	103	121	141	161	183
###	12,4	25,5	39,5	54,4	70,2	87,0	105	124	144	165	188
5%	12,4	25,6	39,8	54,9	71,1	88,3	107	126	147	169	193
###	12,4	25,8	40,1	55,5	71,9	89,6	109	129	150	173	198
6%	12,4	25,9	40,4	56,0	72,8	90,9	110	131	154	178	204
###	12,5	26,0	40,6	56,5	73,7	92,2	112	134	157	182	209
7%	12,5	26,1	40,9	57,1	74,6	93,6	114	137	161	187	215
###	12,5	26,2	41,2	57,6	75,5	94,9	116	139	164	192	221
8%	12,5	26,3	41,5	58,1	76,4	96,3	118	142	168	197	228
9%	12,6	26,6	42,1	59,2	78,2	99,2	122	148	176	207	241
10%	12,7	26,8	42,7	60,4	80,1	102,1	127	154	184	217	255

Beispiel: Aus anfangs monatlich 1 € (und dann jedes Jahr 2 % mehr) werden bei 5 % Rendite nach 20 Jahren 482 €. Aus 50 € das entsprechend 50-Fache. Rückwärts: Um in 20 Jahren 1 000 € bei 5 % Rendite und pro Jahr um 2 % wachsenden Einzahlungen anzusparen, muss mit monatlich 1 000 € ÷ 482 = 2,07 € gestartet werden.

12	13	14	15	16	17	18	19	20	21	22	23
162	178	193	209	226	242	259	277	294	312	331	349
172	189	207	225	244	263	282	303	323	345	366	389
177	195	214	233	253	274	295	317	339	362	386	411
182	201	221	242	263	285	308	332	356	381	407	435
188	208	229	251	274	297	322	347	374	402	430	460
193	215	237	260	285	310	337	364	393	423	454	487
199	222	245	270	296	323	352	382	413	446	480	516
205	229	254	281	308	338	368	401	435	470	508	547
211	237	263	291	321	352	386	421	458	497	538	581
218	244	273	303	334	368	404	442	482	524	569	617
224	253	282	314	348	385	423	464	508	554	603	656
231	261	293	327	363	402	443	488	535	586	640	697
238	270	303	340	378	420	465	513	564	620	679	742
246	279	315	353	395	439	488	540	596	656	721	790
253	288	326	367	412	460	512	568	629	694	765	842
261	298	338	382	429	481	537	598	664	736	814	898
278	319	364	413	468	527	592	663	741	827	920	1 023
296	341	392	448	510	578	653	737	829	931	1 043	1 167

2%	24	25	26	27	28	29	30	31	32	33	34
0%	368	388	408	428	449	470	491	513	536	558	582
1%	412	436	460	485	511	537	564	592	620	649	679
1,5%	436	462	489	517	546	575	605	637	669	702	736
2%	462	491	521	552	584	617	651	686	722	760	799
2,5%	491	523	556	590	626	663	701	741	782	825	869
3%	521	556	593	631	671	713	756	801	848	896	947
3,5%	553	593	634	676	721	768	816	867	920	976	1 034
4%	589	632	678	725	775	828	883	940	1 001	1 064	1 130
4,5%	627	675	725	779	835	894	956	1 021	1 090	1 162	1 238
5%	667	721	777	837	900	966	1 036	1 111	1 189	1 272	1 359
5,5%	711	770	833	900	970	1 045	1 125	1 209	1 299	1 394	1 494
6%	759	824	894	969	1 048	1 133	1 223	1 319	1 421	1 529	1 645
6,5%	810	883	961	1 044	1 133	1 228	1 330	1 439	1 556	1 681	1 814
7%	865	946	1 033	1 126	1 226	1 334	1 449	1 573	1 707	1 850	2 003
7,5%	925	1 015	1 111	1 216	1 328	1 450	1 580	1 722	1 874	2 038	2 215
8%	990	1 089	1 197	1 313	1 440	1 577	1 725	1 886	2 060	2 249	2 453
9%	1 134	1 257	1 391	1 537	1 697	1 871	2 062	2 270	2 498	2 747	3 018
10%	1 303	1 454	1 620	1 804	2 006	2 228	2 473	2 744	3 041	3 369	3 731

35	36	37	38	39	40	45	50	55	60	70	80
605	630	654	680	705	731	871	1 024	1 194	1 381	1 816	2 347
710	741	773	806	840	875	1 062	1 274	1 512	1 781	2 424	3 234
771	807	843	882	921	961	1 179	1 430	1 716	2 043	2 839	3 864
839	880	922	966	1 011	1 058	1 314	1 612	1 958	2 358	3 354	4 673
914	962	1 011	1 062	1 114	1 168	1 470	1 826	2 246	2 740	3 999	5 717
999	1 054	1 110	1 169	1 230	1 294	1 649	2 077	2 590	3 204	4 810	7 077
1 094	1 157	1 222	1 291	1 362	1 436	1 857	2 373	3 003	3 770	5 834	8 858
1 200	1 272	1 348	1 428	1 511	1 598	2 098	2 722	3 498	4 462	7 134	11 204
1 318	1 402	1 491	1 584	1 681	1 783	2 378	3 134	4 095	5 311	8 790	14 311
1 451	1 549	1 651	1 760	1 874	1 995	2 703	3 623	4 815	6 356	10 909	18 446
1 601	1 713	1 833	1 960	2 094	2 236	3 081	4 202	5 686	7 645	13 627	23 971
1 768	1 899	2 038	2 187	2 344	2 512	3 522	4 891	6 741	9 237	17 126	31 381
1 956	2 108	2 271	2 444	2 630	2 828	4 037	5 710	8 022	11 210	21 641	41 351
2 168	2 345	2 534	2 737	2 956	3 190	4 638	6 687	9 580	13 658	27 480	54 805
2 406	2 611	2 833	3 071	3 328	3 605	5 341	7 852	11 476	16 700	35 048	73 001
2 673	2 912	3 171	3 451	3 753	4 081	6 165	9 244	13 788	20 487	44 874	97 665
3 314	3 638	3 991	4 376	4 797	5 256	8 260	12 899	20 058	31 094	74 289	176 696
4 128	4 567	5 049	5 580	6 165	6 809	11 143	18 141	29 432	47 639	124 277	323 212

Tabelle B3: Sparplan mit 4 % Wachstum

Die Tabelle zeigt, was aus monatlich 1 € am Ende wird, wenn eine Rendite wie links in der ersten Spalte gilt, der Sparplan so viele Jahre wie oben in der ersten Zeile läuft und die **Sparrate um 4 % pro Jahr wächst**.

4 %	1	2	3	4	5	6	7	8	9	10	11
0 %	12,2	24,9	38,1	51,9	66,2	81,0	97	113	129	147	165
1 %	12,3	25,2	38,7	52,9	67,8	83,4	100	117	135	154	173
1,5 %	12,3	25,3	39,0	53,4	68,6	84,6	101	119	138	157	178
2 %	12,3	25,4	39,2	53,9	69,4	85,8	103	121	141	161	183
2,5 %	12,4	25,5	39,5	54,4	70,2	87,0	105	124	144	165	187
3 %	12,4	25,6	39,8	54,9	71,1	88,3	107	126	147	169	192
3,5 %	12,4	25,8	40,1	55,4	71,9	89,5	108	128	150	173	197
4 %	12,4	25,9	40,4	56,0	72,8	90,8	110	131	153	177	203
4,5 %	12,5	26,0	40,6	56,5	73,6	92,1	112	133	157	181	208
5 %	12,5	26,1	40,9	57,0	74,5	93,4	114	136	160	186	214
5,5 %	12,5	26,2	41,2	57,6	75,4	94,8	116	139	163	190	219
6 %	12,5	26,4	41,5	58,1	76,3	96,1	118	141	167	195	225
6,5 %	12,6	26,5	41,8	58,7	77,2	97,5	120	144	171	200	231
7 %	12,6	26,6	42,1	59,2	78,1	98,9	122	147	174	205	238
7,5 %	12,6	26,7	42,4	59,8	79,0	100,3	124	150	178	210	244
8 %	12,7	26,8	42,7	60,3	80,0	101,7	126	153	182	215	251
9 %	12,7	27,1	43,3	61,5	81,9	104,7	130	159	190	226	265
10 %	12,8	27,3	43,9	62,6	83,8	107,7	135	165	199	237	279

Beispiel: Aus anfangs monatlich 1 € (und dann jedes Jahr 4 % mehr) werden bei 5 % Rendite nach 20 Jahren 577 €. Aus 50 € das entsprechend 50-Fache. Rückwärts: Um in 20 Jahren 1 000 € bei 5 % Rendite und pro Jahr um 2 % wachsenden Einzahlungen anzusparen, muss mit monatlich 1 000 € ÷ 577 = 1,73 € gestartet werden.

12	13	14	15	16	17	18	19	20	21	22	23
184	203	223	245	267	290	313	338	364	391	418	447
194	216	238	262	287	312	339	368	397	428	460	494
199	222	246	271	297	325	354	384	415	449	483	520
205	229	254	281	308	338	368	401	435	470	508	547
211	236	263	291	320	351	384	419	455	494	534	577
217	243	271	301	332	365	400	438	477	518	562	608
223	251	280	312	345	380	418	458	500	544	592	642
230	259	290	323	358	396	436	479	524	572	624	678
236	267	300	335	372	413	455	501	550	602	658	717
243	276	310	347	387	430	476	525	577	634	694	758
251	284	321	360	403	448	497	550	607	667	733	803
258	294	332	374	419	467	520	576	637	703	774	850
266	303	344	388	436	488	544	605	670	741	818	901
274	313	356	402	453	509	569	634	705	782	866	956
282	323	368	418	472	531	595	666	742	826	916	1 015
290	334	381	434	491	554	623	699	782	872	970	1 078
308	356	409	468	533	605	684	772	868	974	1 090	1 219
327	380	439	506	579	661	752	853	965	1 090	1 228	1 381

4 %	24	25	26	27	28	29	30	31	32	33	34
0 %	478	509	541	575	611	647	685	725	766	809	854
1 %	529	566	604	644	686	730	776	823	873	925	979
1,5 %	558	598	640	683	729	777	827	879	934	991	1 051
2 %	589	632	678	725	775	828	883	940	1 001	1 064	1 130
2,5 %	622	669	718	771	826	883	944	1 008	1 074	1 145	1 218
3 %	657	708	763	820	880	944	1 011	1 081	1 155	1 234	1 316
3,5 %	695	751	811	873	940	1 010	1 084	1 162	1 245	1 332	1 424
4 %	736	797	862	931	1 004	1 082	1 164	1 251	1 343	1 440	1 543
4,5 %	780	847	918	994	1 075	1 160	1 251	1 348	1 451	1 560	1 676
5 %	827	900	979	1 062	1 151	1 246	1 348	1 455	1 570	1 693	1 823
5,5 %	878	958	1 044	1 136	1 235	1 340	1 453	1 573	1 702	1 840	1 987
6 %	932	1 020	1 115	1 217	1 326	1 443	1 569	1 703	1 848	2 003	2 169
6,5 %	991	1 087	1 192	1 304	1 425	1 555	1 696	1 847	2 009	2 184	2 372
7 %	1 054	1 160	1 275	1 399	1 533	1 679	1 835	2 005	2 188	2 385	2 598
7,5 %	1 122	1 239	1 365	1 503	1 652	1 813	1 989	2 179	2 385	2 608	2 850
8 %	1 195	1 323	1 463	1 615	1 781	1 961	2 158	2 371	2 604	2 857	3 131
9 %	1 360	1 514	1 685	1 872	2 077	2 302	2 548	2 819	3 116	3 441	3 797
10 %	1 550	1 738	1 946	2 176	2 430	2 711	3 022	3 366	3 746	4 165	4 628

35	36	37	38	39	40	45	50	55	60	70	80
900	948	998	1 050	1 105	1 161	1 479	1 865	2 336	2 908	4 451	6 735
1 035	1 094	1 155	1 219	1 286	1 355	1 750	2 235	2 830	3 561	5 550	8 523
1 113	1 178	1 247	1 318	1 392	1 470	1 913	2 461	3 139	3 974	6 267	9 723
1 200	1 272	1 348	1 428	1 511	1 598	2 098	2 722	3 498	4 462	7 134	11 204
1 296	1 377	1 462	1 551	1 645	1 743	2 309	3 023	3 919	5 041	8 188	13 049
1 402	1 493	1 589	1 689	1 795	1 906	2 551	3 372	4 414	5 732	9 479	15 368
1 520	1 623	1 730	1 844	1 964	2 090	2 827	3 778	4 998	6 557	11 068	18 305
1 652	1 767	1 889	2 017	2 153	2 297	3 144	4 250	5 688	7 549	13 037	22 056
1 798	1 928	2 066	2 213	2 368	2 532	3 508	4 802	6 507	8 746	15 490	26 879
1 961	2 109	2 266	2 432	2 609	2 797	3 928	5 448	7 483	10 195	18 560	33 124
2 143	2 311	2 489	2 680	2 883	3 099	4 412	6 207	8 648	11 954	22 420	41 259
2 347	2 537	2 741	2 959	3 192	3 441	4 971	7 098	10 041	14 097	27 296	51 917
2 574	2 790	3 023	3 274	3 542	3 831	5 619	8 149	11 713	16 716	33 478	65 952
2 827	3 075	3 342	3 630	3 940	4 274	6 369	9 389	13 724	19 924	41 345	84 517
3 112	3 395	3 701	4 033	4 391	4 779	7 240	10 856	16 146	23 863	51 388	109 175
3 430	3 754	4 106	4 489	4 904	5 355	8 252	12 592	19 070	28 712	64 246	142 045
4 186	4 613	5 081	5 592	6 152	6 764	10 801	17 097	26 887	42 077	101 983	244 942
5 139	5 704	6 326	7 013	7 771	8 607	14 265	23 463	38 382	62 540	164 704	430 889

Quellen und Anmerkungen

Ein Schlüssel zum Glück

1 Der Frankfurter Professor Yigitcan Karabulut hat mit Kollegen untersucht, ob sich ein mehrjähriges Wirtschaftsstudium für den Anlageerfolg auszahlt. Antwort: Ja, aber den Unterschied machen letztlich simple Regeln, die man sich auch in zwei Stunden anlesen kann. Siehe Altmejd, Jansson, Karabulut (2025): *Business education and portfolio returns*, SSRN Working Paper 4280536.

I Dein Lifestyle

1 Kahneman, Deaton (2010): »High income improves evaluation of life but not emotional well-being«, *Proceedings of the National Academy of Sciences of the USA*, 107, S. 16489–16493
2 Killingsworth (2021): »Experienced well-being rises with income, even above $75,000 per year«, *Proceedings of the National Academy of Sciences of the USA*, 118, e2016976118
3 Killingsworth, Kahneman, Mellers (2023): »Income and emotional well-being: a conflict resolved«, *Proceedings of the National Academy of Sciences of the USA*, 120, e2208661120
4 Goldberg (1990): »An alternative ›description of personality‹: The big-five factor structure«, *Journal of Personality and Social Psychology*, 59, S. 1216–1229
5 Siehe Tharp et al. (2020): »Big Five personality traits, dispositional affect, and financial satisfaction among older adults«, *Personality and Individual Differences*, 166, 110211; Greene, Shy, Stavins (2023): *Personality traits and financial outcomes*, Federal Reserve Bank of Boston Research Department Working Paper No. 23-4; Busseri, Erb (2024): »The happy personality revisited: Re-examining associations between Big Five personality traits and subjective well-being using meta-analytic structural equation modelling«, *Journal of Personality*, 92, S. 968–984.
6 Srivastava et al. (2003): »Development of personality in early and middle adulthood: Set like plaster or persistent change?«, *Journal of Personality and Social Psychology*, 84, S. 1041–1053
7 Uneigennütziges Verhalten, bei dem man anderen hilft, ohne selbst direkt zu profitieren.

8 Parks-Leduc, Feldman, Bardi (2015): »Personality traits and personal values: A meta-analysis«, *Personality and Social Psychology Review*, 19, S. 3–29
9 Schwartz (1992): »Universals in the content and structure of values: Theoretical advances and empirical tests in 20 countries«, *Advances in Experimental Social Psychology*, 25, S. 1–65
10 Siehe Blanchflower, Oswald (2008): »Is well-being U-shaped over the life cycle?«, *Social Science & Medicine*, 66, S. 1733–1749 und Blanchflower, Bryson, Xu (2024): *The declining mental health of the young and the global disappearance of the unhappiness hump shape in age*, NBER Working Paper 32337
11 Buber (2021): *Ich und Du*, Stuttgart: Reclam, S. 32
12 Die klassische Quelle hierzu ist: Brickman, Coates, Janoff-Bulman (1978): »Lottery winners and accident victims: Is happiness relative?«, *Journal of Personality and Social Psychology*, 36, S. 917–927
13 Zahlen der Studie »Konsumausgaben von Familien für Kinder« des Statistischen Bundesamtes aus dem Jahr 2018 wurden hier hochgerechnet auf heutige Preise.
14 Rund 64 % der aktuell ausstehenden Kredite gehören zu eigengenutzten Immobilien und bei Kauf machte der Kredit im Schnitt circa 80 % des konservativ geschätzten Immobilienwertes aus. Siehe: https://europace.de/datenportal/#rate. Abgerufen am 12.11.2025.
15 Hershfield (2023): *Your future self: How to make tomorrow better today*, Piatkus Books
16 Die Schätzungen zu Einkommen, Abgabenquoten und Sparen basieren auf der ifo-Studie »Gerechtigkeit für die Mitte« im Auftrag der Hans-Seidel-Stiftung aus 2023 und dem Arbeitspapier 347 *Wer trägt die Steuerlast?* der Hans-Böckler-Stiftung aus 2016. Für die Konsumaufteilung wurden Daten für die Niederlande (opendata.cbs.nl/statline) auf Deutschland adaptiert. Alle Werte sind in Kaufkraft von 2025 ausgewiesen.
17 Inflation: Preissteigerung über die Zeit, die dazu führt, dass Geld an Kaufkraft verliert und du dir bei gleichem Verdienst weniger leisten kannst.
18 In der Bevölkerung verteilen sich die Antworten quer über alle Werte, mit den meisten Antworten in der Mitte und etwas mehr bei 0 und 1 als bei 9 und 10. Siehe: Dohmen et al. (2011): »Individual risk attitudes: Measurement, determinants, and behavioral consequences«, *Journal of the European Economic Association*, 9, S. 522–550
19 Ich habe mit Bedacht hohe Geldbeträge genommen, damit es sich bei dem Gedankenexperiment nicht um Spielgeld handelt, sondern um einen Betrag, der definitiv einen Unterschied für den eignen Lifestyle macht. Sollte das bei den Summen im Beispiel für dich noch nicht der Fall sein und du denkst »Was soll's?«, dann hänge bitte bei allen Beträgen eine Null dran.
20 Siehe Weber, Blais, Betz (2002): »A domain-specific risk-attitude scale: Measuring risk perceptions and risk behaviors«, *Journal of Behavioral Decision Making*, 15, S. 263–290
21 Falk et al. (2018): »Global evidence on economic preferences«, *Quarterly Journal of Economics*, 133, S. 1645–1692

II Deine Finanzprinzipien

1 In dieser Arbeit weisen wir nach, dass es bei vielen Anlegern ein Missverständnis zur Natur von Dividenden gibt: Bräuer, Hackethal, Hanspal (2022): »Consuming dividends«, *Review of Financial Studies*, 35, S. 4802–4857. Und hier, wie man es durch Aufklärung heilen kann: Hackethal et al. (2025): »Educating investors about dividends«, *Review of Financial Studies*, im Erscheinen.

2 Das Standardwerk für die Dokumentation langfristiger Renditen auf große Anlageklassen ist das *Global Investment Returns Yearbook*, das jährlich von Elroy Dimson, Paul Marsh und Mike Staunton im Auftrag der Schweizer Bank UBS aktualisiert wird.

3 Siehe *The Economist:* »Investors should not fear a stock market crash«, Ausgabe vom 24.10.2024

4 Siehe https://www.bloomberg.com/quote/WCAUWRLD:US, abgerufen am 9.11.2025

5 Siehe https://www.oecd.org/en/publications/global-debt-report-2025_8ee42b13-en.html, abgerufen am 20.9.2025

6 Siehe Goldman Sachs (2025): *Investing in everything, everywhere, all at once*, Global Strategy Paper 15.10.25

7 Siehe https://www.gold.org/goldhub/data/how-much-gold, abgerufen am 20.9.2025

8 Siehe https://preqin.com/insights/research/reports/future-of-alternatives-2029, abgerufen am 20.9.2025

9 Siehe https://coinmarketcap.com/, abgerufen am 9.11.2025. Ich habe im GMP den Bitcoinanteil auf Kosten des Aktienanteils um 1 % erhöht. Dies reflektiert das Global Strategy Paper von Goldman Sachs vom 15.10.2025

10 Siehe https://www.efama.org/sites/default/files/files/international-statistical-release-q1-2025.pdf, abgerufen am 20.9.2025

11 Doeswijk, Swinkels (2025): *The risk and reward of investing*, SSRN Working Paper 4937996

12 Odermatt, Stutzer (2022): »Does the dream of home ownership rest upon biased beliefs? A test based on predicted and realized life satisfaction«, *Journal of Happiness Studies*, 2, 3731

13 Amaral et al. (2025): »Superstar returns? Spatial heterogeneity in returns to housing«, *Journal of Finance*, 80, S. 3057–3094

14 Das deckt sich sehr gut mit Eichholtz et al. (2021): »The total return and risk to residential real estate«, *Review of Financial Studies*, 34, S. 3608–3646

15 Siehe https://data.bis.org/topics/RPP/tables-and-dashboards. Abgerufen am 12.11.2025

16 Jermann (2025): »Gold's value as an investment«, *Review of Financial Studies*, 38, S. 422–456

17 Schnorpfeil, Weber, Hackethal (2025): »Inflation and trading«, *Journal of Financial Economics*, 173, 104166

18 Siehe *The Economist:* »What explains bitcoin's latest boom?«, Ausgabe vom 9. Januar 2021

19 Das ist dein persönliches Risiko. Aber es gibt auch ein Risiko für alle: Wenn wir länger leben und womöglich auch noch früher in Rente wollen, dann steigen die Ausgaben der Rentenversicherung im Vergleich zu ihren Einnahmen. Dann müssen entweder die Leistungen für alle gekürzt werden, Beiträge erhöht werden oder der Staat muss Steuermittel dazugeben, die aber auch wieder von jemandem bezahlt werden müssen. Wenn also nicht durch längere Lebensarbeitszeit oder eine Welle neuer Beitragszahler gegengesteuert wird, dann wird die Rentenversicherung für die kommenden Einzahler ein Verlustgeschäft.

20 Siehe Abbildung 4 im IMK Policy Brief Nr. 186 (2025): *Stabilisierung des Rentenniveaus: Wer verliert und wer gewinnt wirklich?*

21 Duraj et al. (2024): *Rethinking the stock market participation puzzle: A qualitative approach*, SAFE Working Paper No. 441

22 Siehe Laudenbach et al. (2024): »Beliefs about the stock market and investment choices: Evidence from a survey and a field experiment«, *Review of Financial Studies*, hhae063.

23 Bessembinder (2024): *Which U.S. stocks generated the highest long-term returns?* SSRN Working Paper 4897069

24 Siehe Hartford Funds (2024): *Timing the market is impossible.* Verfügbar unter: https://www.hartfordfunds.com/practice-management/client-conversations/managing-volatility/timing-the-market-is-impossible.html; Abgerufen am 12.10.2025.

25 Diese Studie deckt die Missverständnisse von Privatanlegern auf: Andre, Schirmer, Wohlfart (2023): *Mental models of the stock market*, Univ. of Copenhagen Dept. of Economics Discussion Paper 07/23

26 Die Anteile lassen sich mit statistischen Verfahren messen. Siehe zum Beispiel Statman (1987): »How many stocks make a diversified portfolio?«, *Journal of Financial and Quantitative Analysis*, 22, S. 353–363

27 Die wichtigsten Quellen, auf die ich meine eigenen Schätzungen neben Marktdaten gestützt habe, sind Dimson, Marsh, Staunton (2025): *UBS Global Investment Returns Yearbook 2025*; Doeswijk, Swinkels (2026): »The risk and reward of investing«, *Journal of International Money and Finance*, 160, 103453; Gupta, van Nieuwerburgh (2021): »Valuing private equity investments strip by strip«, *Journal of Finance*, 76, S. 3255–3307; Jermann (2025): »Gold's value as an investment«, *Review of Financial Studies*, 38, S. 422–456

28 Siehe *The Economist*: »Investing like the ultra-rich is easier than ever«, Ausgabe vom 24.09.2025.

III Deine Finanzen

1 Housel (2020): *The Psychology of Money: Timeless Lessons on Wealth, Greed, and Happiness*, Harriman House, Petersfield

2 Der Tabelle liegen ein paar vereinfachende Annahmen zugrunde: Deine Risikotoleranz ändert sich nicht mit deiner Vermögenshöhe, das Risiko aus Human-

kapital lässt sich nicht diversifizieren, der Risikoaufschlag ist proportional zum Schwankungsrisiko (Varianz), die Einkommenssprünge treten von Jahr zu Jahr unabhängig auf und du kommst im Mittel immer auf den ursprünglichen Wachstumspfad zurück. Gerade die letzten beiden Annahmen unterschätzen die Gefahren von dauerhafter Arbeitslosigkeit, sodass du gegebenenfalls 2–3 RE aufschlagen solltest.

3 Siehe zum Beispiel Ibbotson, Milevsky, Chen, (2007): »Lifetime financial advice: Human capital, asset allocation, and insurance«, *Private Wealth*, 23.

4 Gallant (2024): Bundesbank-Bericht: So ungleich ist Vermögen in Deutschland verteilt. In: *WirtschaftsWoche online*, https://www.wiwo.de/politik/deutschland/bundesbank-bericht-so-ungleich-ist-vermoegen-in-deutschland-verteilt/29758634.html, abgerufen am 12.10.2025.

5 Siehe https://www.bcg.com/ja-jp/press/10july2024-nettovermogen-steigt-wiederum-mehr-als-vier-prozent-auf-401-billionen, abgerufen am 12.10.25

6 Wenn du deinen genauen Wert bei den Renditen in der ersten Spalte nicht findest, bilde einen Näherungswert zwischen zwei Werten oder nutze den Rechner auf www.financial-lifestyle.de.

7 Schön für den Einzelnen, schlecht für die Rentenkasse, denn das Verhältnis von Beitragszahlern und Rentenempfängern verringert sich immer weiter. 2035 werden voraussichtlich nur noch zwei Zahler einen Empfänger finanzieren müssen.

8 Wenn du akkurater vorgehen möchtest, unterteile die monatliche Rente aus dem Rentenbescheid in die dir bereits sicher zustehende Rente aus früheren Beiträgen und die zusätzliche Rente aus voraussichtlichen zukünftigen Beiträgen. Die schon sichere Rente zinst du mit der Risikoprämie von 1 % ab (also einem Zins von 3 %), die zusätzliche Rente mit der oben ermittelten, meist höheren Prämie für dein Humankapital.

9 Bei den zwei Bausteinen »Zukünftiges Sparen« und »Gesetzliche Rente« gibt es Folgendes zu berücksichtigen. Die Gegenwartswerte in der Vermögensbilanz spiegeln die Risikoeinheiten des Humankapitals wider. Für die Prognosebilanz ist jedoch auschlaggebend, welche Risikoprämie du später verdienen wirst, also in welche Anlagevariante du deine späteren Sparraten geben wirst. Wir dürfen daher nicht die Gegenwartswerte aus der Vermögensbilanz hochrechnen, sondern müssen für die Prognosebilanz eigene Gegenwartswerte zugrunde legen. Für diese kalkulatorischen Gegenwartswerte gehst du rechnerisch genauso vor wie für die Vermögensbilanz. Du verwendest beim Abzinsen aber nicht die RE für dein Humankapital, sondern bei »Gesetzliche Rente« eine Risikoprämie von 1 % (plus sicherer Zins) und bei »Zukünftiges Sparen« die für die späteren Sparraten angepeilte Risikoprämie (plus sicherer Zins). Wenn du die Gegenwartswerte der beiden Bausteine für die sieben zwischen Vermögens- und Prognosebilanz vergleichst, sieht du vor allem bei Jana und Benno mit ihren hohen Risikoprämien auf zukünftige Sparraten Unterschiede.

10 Die Prognosebilanz nimmt der Einfachheit halber an, dass dein gesamtes Vermögen – also auch Immobilien – im Ruhestand schrittweise aufgebraucht wird. Wenn du deine Wohnung oder dein Haus auch im Alter weiterhin selbst nutzen

willst, musst du sie bei der Schätzung deiner monatlichen Rente außen vor lassen. Gleichzeitig entfällt mit der Miete eine große regelmäßige Ausgabe.

11 Rechnerisch gibt es eine Vereinfachung, weil Zukunftswert und Gegenwartswert des Vermögens dieselbe Kaufkraft haben. Du musst nur das aktuelle Gesamtvermögen durch die Anzahl an Monaten zwischen Renteneintritt und Lebensende teilen und Abzüge für Steuern und Kranken- beziehungsweise Pflegeversicherung abziehen.

12 Im Falle der gesetzlichen Rente ist das schlechte Szenario nicht der Worst Case. Falls du hier konservativ sein möchtest, behandle die gesetzliche Rente separat und übernehme aus dem Rentenbescheid die voraussichtliche Rente bei 0 % Anpassungsfaktor.

13 Mit einer gängigen Annahme zur Verteilung der Risikoprämien (Mittelwert und Streuung gemäß Risikoeinheiten) lässt sich abschätzen, in wie vielen Fällen die Rendite niedriger als 2 % gewesen sein würde. Im Fall von Frida würden in 15 von 100 Zukunftsszenarien die realisierten Renditen unter oder bei 2 % liegen.

14 Rechenfaktoren für Renditen oder Jahre, die nicht in der Tabelle verzeichnet sind, findest du auf www.financial-lifestyle.de.

15 Deming (2022): »Four facts about human capital«, *Journal of Economic Perspectives*, 36, S. 75–102

16 Haliassos, Jansson, Karabulut (2025): *Wealth inequality: Opportunity for me or for others?*, SSRN Working Paper 3862010

17 Pressemitteilung Nr. N050 vom 7. Oktober 2024

18 Statman (1995): »A behavioral framework for dollar-cost averaging«, *Journal of Portfolio Management*, 22, S. 70–78

19 Es ist kein Zufall, dass das Ergebnis mit dem vom Vermieter genannten Preis übereinstimmt, denn die zukünftigen Mieteinnahmen sind die zentrale Bemessungsgrundlage für Immobilien – genau wie die zukünftigen Dividenden bei Aktien.

20 Gerne werden Immobilien als Quelle passiven Einkommens dargestellt. Dabei wird oft vergessen, dass Vermietung eher wie das aktive Führen eines kleinen Unternehmens ist. Es gibt die Mieter als Endkunden und eine lange Liste an »Zulieferern« (Versorger, Heizkostenableser, Schornsteinfeger, Handwerker, Hausmeisterdienste etc.). All jene müssen engagiert und koordiniert werden. Dazu kommt der Verwaltungsaufwand für Abrechnungen, Mieterkommunikation, Mahnungen, Reparaturen, Versicherungsschäden et cetera.

21 Die im Vergleich zu Deutschland wesentlich höheren Studiengebühren in den USA haben viele Amerikaner bis in die Rente am Bein. Laut *Wall Street Journal* vom 30.9.2025 hat jeder siebte Amerikaner zwischen 50 und 61 im Schnitt 50 000 US-Dollar Restschulden aus Studienkrediten auf der Bilanz.

22 Siehe eine interessante Analyse von Andreas Fagereng und Co-Autoren zu aktiven (aus dem Einkommen) und passiven (aus Vermögenswachstum) Sparquoten in Norwegen: https://www.nber.org/papers/w26588. Abgerufen am 12.11.2025.

IV Deine Finanzpartner

1 Balakina et al. (2024): *Personal financial advice and portfolio quality*, SSRN Working Paper 4150243
2 Ich möchte im Buch keine konkreten Anbieter nennen. Suche daher am besten selbst nach »Rechner private Rentenversicherung« und füge den Namen einer dir vertrauten Versicherung hinzu.
3 Gennaioli, Shleifer (2015): »Money doctors«, *Journal of Finance*, 70, S. 91–114
4 Hackethal, Haliassos, Jappelli (2012): »Financial advisors: A case of babysitters?«, *Journal of Banking and Finance*, 36, S. 509–524
5 Bucher-Koenen et al. (2025): »Gender differences in financial advice«, *American Economic Review*, im Erscheinen
6 Berk, Van Binsbergen (2025): »The impact of impact investing«, *Journal of Financial Economics*, 164, 103972
7 Diese Studie weist nach, dass Berater Kunden mit geringem Finanzwissen unnötig teure ESG-Fonds empfehlen: Laudi, Smeets, Weitzel (2025): »Do financial advisors charge sustainable investors a premium?«, *Management Science*, im Erscheinen
8 Siehe Bursztyn et al. (2023): *NOMO: How People Are trapped by their beliefs about social norms*, NBER Working Paper No. 31131. Bereits in den fünfziger Jahren zeigte der Psychologe Solomon Asch in einem berühmt gewordenen Experiment, wie stark Gruppendruck selbst auf einfache Wahrnehmungsurteile wirken kann.
9 Bartosiak, Lee, Loibl (2025): »Fear of missing out, social media influencers, and the social, psychological and financial wellbeing of young consumers«, *PloS one* 20.4 (2025), e0319034
10 Siehe Kakhbod et al. (2023): *Finfluencers, Swiss Finance Institute Research Paper No. 23-30* und Gerritsen, de Regt (2025): »Influencers and consumer financial decision-making«, *International Journal of Consumer Studies*, 49, e70037
11 Leuz et al. (2025): »Who falls prey to the wolf of Wall Street? Investor participation in market manipulation«, *Management Science*, im Erscheinen
12 Benetton et al (2025): *Celebrity Persuasion*, SSRN Working Paper 5310337
13 Finanztest (2017): Gewinnen statt Glänzen, Ausgabe 4/2027, S. 26-31
14 Kalda et. al. (2025): *Smart(phone) investing? A within investor time analyis of new rechnologies and trading behavior*, NBER Working Paper w28363
15 Die Handelsplattformen verdienen außerhalb der Börsenzeiten sechsmal so viel Geld an Trades wie während des Tages. Siehe Hoffmann, Jank (2024): *What is the value of retail order flow?*, Deutsche Bundesbank Discussion Paper Nr. 33/2024
16 Bali et al. (2023): »Do the rich gamble in the stock market? Low risk anomalies and wealthy households«, *Journal of Financial Economics*, 150, 103715

V Deine Finanz-Balance

1 Liu et al. (2022): »Taming the bias zoo«, *Journal of Financial Economics*, 143, S. 716–741

2 Merkle (2022): »Financial loss aversion illusion«, *Review of Finance*, 24, S. 381–413
3 Ariely (2015): Denken hilft zwar, nützt aber nichts: Warum wir immer wieder unvernünftige Entscheidungen treffen. München: Droemer Taschenbuch
4 Bryan et al. (2011): »Motivating voter turnout by invoking the self«, *Proceedings of the National Academy of Sciences of the USA*, 108, S. 12653–12656
5 Patrick, Hagtvedt (2012): »›I Don't‹ versus ›I Can't‹: When empowered refusal motivates goal-directed behavior«, *Journal of Consumer Research*, 39, S. 371–381
6 Siehe zum Beispiel Beshears et al. (2009): *The Importance of default options for retirement saving outcomes: evidence from the United States, Social Security Policy in a Changing Environment*, University of Chicago Press, S. 167–195
7 Kim, Maurer, Mitchell (2016): »Time is money: Rational life cycle inertia and the delegation of investment management«, *Journal of Financial Economics*, 121, S. 427–447
8 Ashraf, Karlan, Yin (2006): »Tying Odysseus to the mast: Evidence from a commitment savings product in the Philippines«, *Quarterly Journal of Economics*, 121, S. 635–672
9 Karlan et al. (2016): »Getting to the top of mind: How reminders increase saving«, *Management Science*, 62, S. 3393–3411
10 Siehe zum Beispiel Pagán-Rodríguez (2009): »Onset of disability and life satisfaction: Evidence from the German Socio-Economic Panel«, *European Journal of Health Economics*, 11, S. 471–485
11 Langtry (2023): »Keeping Up with ›The Joneses‹: Reference-dependent choice with social comparisons«, *American Economic Journal: Microeconomics*, 15, S. 474–500
12 Thaler, R. H., & Benartzi, S. (2004). »Save more tomorrow™: Using behavioral economics to increase employee saving«, *Journal of Political Economy*, 112, S. 164–187
13 Festinger (1954): »A theory of social comparison processes«, *Human Relations*, 7, S. 117–140
14 Firebaugh, Schroeder (2009): »Does your neighbor's income affect your happiness?«, *American Journal of Sociology*, 115, S. 805–831
15 Siehe Milkman et al. (2014): »Holding the Hunger Games hostage at the gym: An evaluation of temptation bundling«, *Management Science*, 60, S. 283–299. In diesem Feldexperiment hatten Teilnehmende nur Zugang zu spannenden Hörbüchern, wenn sie gleichzeitig im Fitnessstudio trainierten. Ergebnis: Die Trainingsfrequenz stieg.
16 Imas, Sadoff, Samek (2017): »Do people anticipate loss aversion?«, *Management Science*, 63, S. 1271–1284
17 Bhattacharya et al. (2017): »Abusing ETFs«, *Review of Finance*, 21, S. 1217–1250
18 Meyer, Urban, Ahlswede (2015): *Does feedback on personal investment success help?*, SSRN Working Paper 2616294
19 Jiang, Peng, Yan (2024): »Personality differences and investment decision-making«, *Journal of Financial Economics*, 153, 103776